Norbert Teupert

DIE FISCHE
und ihre Lebensrätsel

Lesen Sie zu diesem Buch auch den ebenfalls im Ariston Verlag erschienenen Einführungsband von

Norbert Teupert

DIE RÄTSEL DES LEBENS
Energetische Astrologie und Traumarbeit

Norbert Teupert, 1957 in Kulmbach geboren, ist diplomierter Sozialpädagoge. Nach einer dreijährigen Ausbildung zum astroenergetischen Berater bei Hans Taeger hat er eine eigene Traumtherapie und eine Ausbildung zum Traumtherapeuten bei der Traumtherapeutin Hildegard Schwarz absolviert, mit der er auch das *»Bilderbuch der Träume«* im Ariston Verlag veröffentlicht hat (1992). In freier Praxis führt er Traumseminare und Beratungen durch. Er arbeitet in Bayreuth, wo er auch mit seiner Familie lebt.

Norbert Teupert

DIE FISCHE

UND IHRE LEBENSRÄTSEL

Astroenergetische Deutungen
für Alltag und Traumerleben

Ariston Verlag · Genf/München

Die Deutsche Bibliothek - CIP-Einheitsaufnahme

Teupert, Norbert:
Die Fische und ihre Lebensrätsel:
astroenergetische Deutungen für Alltag
und Traumerleben/Norbert Teupert. -
Erstaufl. - Genf; München: Ariston Verlag 1995
ISBN 3-7205-1855-8

Gestaltung des Einbandes:
Studio Höpfner-Thoma, GraphicDesign BDG, München
Einbandmotiv: The Bedford Hours (AKG, Berlin)

Satz: Teamsatz & Litho GmbH, Neudrossenfeld
Druck und Bindung: Wiener Verlag, Himberg bei Wien

Erstauflage: März 1995
Printed in Austria 1995

ISBN 3-7205-1855-8

Inhalt

Widmung

Dem FISCHE-Archetypen gewidmet – und allen, die sich der Führung der inneren Weisheitsquelle anvertrauen.

Auf ein Wort – bevor wir mit den FISCHEN auf Tauchstation gehen

Jeder ist (auch) ein FISCH – und hat Anteil an dieser kosmisch-archetypischen Energie, welche uns mit der Fähigkeit ausstattet, die Rätsel unseres Daseins zu lösen, die gestellten Aufgaben zu einem Ende zu bringen, und uns auf wundervolle Weise durch die vielfältigen Lebenserfahrungen führt; schließlich finden wir im Horoskop eines *jeden* Zeitgenossen den FISCHE-Planeten NEPTUN konstelliert!

Wie wesentlich die Integration dieser Energie für ein vertrauensvolles, gelassenes Leben *eines jeden Menschen* ist, soll in diesem Buch der Tierkreisreihe *»Lebensrätsel«* vermittelt werden. Auch wenn Sie, liebe Leserin und lieber Leser, nicht im Monat der FISCHE geboren wurden und FISCHE nicht »Ihr Tierkreiszeichen« ist, so darf ich doch versprechen, daß Sie im Verlauf der Ausführungen und Beispiele einen Bezug zu Ihrem individuellen Dasein herstellen werden. Die Vorstellung, daß die Astrologie jeden Menschen auf *ein* Tierkreiszeichen beschränkt und festlegt, ist *das* grundlegende Mißverständnis! Dem ist – Gott sei Dank! – nicht so, denn sonst wären wir furchtbar einseitig ausgerichtet und müßten die charakteristischen Wesensmerkmale dieses Zeichens auf Gedeih und Verderb ausleben. Jeder FISCHE-Geborene wäre dann ausschließlich ein illusionärer Phantast ohne Realitätsbezug, mit unterentwickelter Ich-Identität, mimosenhaftem Wesen, ohne initiative Kraft und ohne Mut für die Lebensbewältigung, jeder WIDDER wäre nur aggressiver Kämpfer und so weiter.

»Das ist ja Unsinn«, wird jeder mit etwas gesundem Menschenverstand urteilen. Eine Astrologie, die sich auf solche Vereinfachungen beruft, wäre als Vermittler eines geistlosen Schubladendenkens abzulehnen. Aber so ist die Astrologie nicht, sie bildet ein viel differenzierteres Modell zur Darstellung und zur Lösung der Lebensrätsel. Sie ist das *differenzierteste* »Ordnungsprinzip« der Wirklichkeit, das die Menschheit jemals hervorgebracht hat, auch wenn viele »Stilblüten« die astrologische Praxis in Mißkredit gebracht haben. Aber wie sich die Menschheitsseele in einer Entwicklung befindet, so eben auch ihr

Umgang mit Methoden der Selbsterkenntnis. Je mehr sich das menschliche Bewußtsein erweitert, desto größer wird das Verständnis für die Astrologie und damit der Lebensrätsel werden.

Jeder Mensch trägt in sich die *Einheit* (die wir astrosymbolisch im Tierkreis erkennen) und hat somit Teil an allen zwölf Tierkreiszeichen und Planetenkräften. Der Unterschied zwischen den einzelnen Individuen besteht in den *verschiedenen Konstellationen* dieser archetypischen Urbausteine des Lebens und natürlich im Reifegrad der Seele. Jede verantwortliche astrologische Arbeit und Traumtherapie wird sich deshalb vor pauschalen Deutungen hüten und das Individuum vorrangig mit in den Deutungsprozeß einbeziehen. Unser Schicksal ist nicht so starr festgelegt, wie wir vielleicht befürchten. Und wenn der Volksmund behauptet, daß »jeder seines eigenen Glückes Schmied« sei, dann finden wir darin die menschliche Freiheit widergespiegelt, unser Leben zum Guten oder Schlechten hin mitzugestalten – im Rahmen unserer Möglichkeiten, versteht sich! Freies Handeln und Entscheiden hängt jedoch von bewußtem Erkennen ab. Wem die eigenen Handlungsmöglichkeiten und der eigene Spielraum bei der Lebensgestaltung nicht bewußt ist, der kann auch nicht frei wählen und muß sich mit dem zufriedengeben, was ihm zufällt, wenn er sich treiben läßt. Ob wir das FISCHE-Prinzip beziehungsweise die NEPTUN-Energie (unsere Verbindung zum Ursprung) *erlösen* können, ist eine Frage des Bewußtseins, das im Gegensatz zum bloßen Wissen die Gefühlsebene mit einbezieht.

Die von mir entwickelte Methode der *energetischen Astrologie und Traumarbeit* besteht in der Kombination einer lebendigen, nachvollziehbaren Astrologie und der Arbeit mit unseren Träumen. Viel mehr als bloße Wissensvermittlung will diese Buchreihe die Bedeutung der einzelnen astroenergetischen Symbole und Archetypen *ganzheitlich* vermitteln, das heißt Gefühl und Verstand gleichermaßen ansprechen. Es handelt sich also keineswegs um die üblichen astrologischen Lehrbücher; *astrologische Vorkenntnisse sind nicht erforderlich.* Die theoretischen Grundlagen, Hintergründe und näheren Erläuterungen zu den einzelnen Themen sind in dem Einführungsband zur energetischen Astrologie und Traumarbeit *»Die Rätsel des Lebens«* enthalten und können dort bei Bedarf nachgeschlagen werden. Ich habe diesen Weg der Darstellung gewählt, um nicht in jedem weiteren Tierkreisband dieselben grundlegenden Erklärungen wiederholen zu müssen. Statt dessen ist jedem Kapitel eine komprimierte Einführung vorangestellt, die in aller Kürze die wesentlichen Punkte erläutert.

Ich bin überzeugt, daß neben den Laien auch die »Astroprofis« auf ihre Kosten kommen werden, da der *energetische Blickwinkel* und die Verbindung mit den Träumen eine interessante Ergänzung der eigenen astrologischen Praxis sein mag. Auf der anderen Seite bringt die Berücksichtigung astrologischer Symbolik eine neue Höhendimension in die Traumarbeit ein, die uns ein Gefühl des Eingebettetseins in übergeordnete Zusammenhänge vermittelt und wesentlich zum Traumverständnis beiträgt.

Sie, liebe Leserin und lieber Leser, werden sehen, daß die Astrologie durch das Einbeziehen der Träume an Lebensnähe zunimmt und die Alltagserlebnisse an Tiefe gewinnen, wenn wir sie vom astroenergetischen Blickwinkel aus betrachten. Dabei ist die Allgemeinverständlichkeit der Ausführungen vorrangig; komplizierte, innerlich nicht mehr mitzuverfolgende Deutungen von Astrokonstellationen bleiben Ihnen erspart. Statt dessen konzentriert sich der Deutungshintergrund für Träume und Ereignisse auf den Stand der SONNE im Tierkreis – in diesem Fall sind es die FISCHE – zum jeweiligen Traum- und Erlebniszeitpunkt. Die SONNE ist unser Zentralgestirn und verkörpert das *zentrale* Thema, das der jeweilige (Tierkreis-)Monat zum Inhalt hat. Als Ursymbol der *Ganzheit* spiegelt ihre Tierkreis-Position ein *ganzheitliches* Bild unseres Seins und unserer Entwicklung wider. Und als Kraftquelle für Licht, Erleuchtung und Bewußtsein verkörpert die SONNE jene Qualität, die der energetischen Astrologie und Traumarbeit am Herzen liegt: durch das Lösen der Lebensrätsel ein glückliches, weil *bewußtes* und *selbst*bestimmtes Leben zu führen. CARL GUSTAV JUNG bezeichnete diesen lebenslangen Prozeß als *Individuationsweg*.

Die Bände dieser Reihe wollen Impulse und Anregungen für die Beschäftigung mit den zwölf Lebensrätseln geben und dem Leser Wegweiser und »Schlüssel« für die Auflösung seiner individuellen Rätsel sein. Die zwölf den Tierkreiszeichen gewidmeten Bücher und das Einführungsbuch bilden eine Einheit. Die einzelnen Themen beziehen sich aufeinander und ergänzen einander, sind aber zugleich in sich selbst abgeschlossen, so daß sie einzeln gelesen werden können. Zahlreiche Traum- beziehungsweise Fallbeispiele erläutern die

Darstellungen praxisnah; dies gilt vor allem auch für die astroenergetische Traumdeutung, die hier als Novum vorgestellt wird. Jeder Band behandelt die Träume ausführlich, die im Monat des Tierkreiszeichens geträumt wurden, dem der jeweilige Band gewidmet ist; im FISCHE-Buch sind es die Träume im *FISCHE-Monat*, also in der Zeit vom *19.2. bis 20.3.* eines jeden Jahres.

Diese Deutungsmethode ist unabhängig davon, unter welchem »Stern« der Leser geboren ist. Jeder Mensch träumt in jeder Nacht des Jahres, wie in Schlaflabors wissenschaftlich nachgewiesen wurde. Man muß also kein FISCHE-Geborener sein, um in dieser Zeit zu träumen! Die Traumdeutungen für den FISCHE-Monat beziehen sich auf die Träume aller Menschen in diesem Zeitraum. Die ersten Buchkapitel führen in die Thematik und Symbolik der FISCHE ein und bereiten den Leser auf das Traumdeutungskapitel vor.

Herzlich bedanken möchte ich mich bei allen Traumfreundinnen und Traumfreunden, die das Buch durch ihre Träume und kreativen Beiträge wesentlich bereichert haben.

Norbert Teupert

1
Einführung in die Lebensrätsel der FISCHE und deren Planeten NEPTUN

Initiation in die FISCHE-Energie

All-Einssein! Verließen wir mit dem Raumschiff des WASSERMANN die irdische Sphäre, *tauchen* wir mit den FISCHEN jetzt endgültig in die *unendliche* Weite und Tiefe des Weltalls *ein.* Nicht zufällig war es im FISCHE-Monat, genaugenommen am 18.3.1965, daß mit dem sowjetischen Kosmonauten ALEXEI LEONOW der erste Mensch im Weltall schwebte. Für zehn Minuten hatte er sein Raumschiff, die »Woschod II«, verlassen und die *Grenzenlosigkeit* des Alls hautnah erlebt; in der Bewußtseinsdimension der FISCHE haben wir jegliche zeitlichen oder räumlichen »Krückstöcke« hinter uns gelassen. In den Regionen der Unendlichkeit hilft uns keine äußere Landkarte, unseren Weg zu finden. Statt dessen sind wir gefordert, darauf zu vertrauen, daß die FISCHE-Seite in uns – der »Meeresgott« NEPTUN – uns heil durch den *Urozean* führen wird.

Auch im Diesseits der sinnlichen Erfahrungswelt durchlaufen wir Lebensphasen, in denen wir ziemlich orientierungslos sind. Das trifft meist dann zu, wenn sich alte Strukturen, Denkweisen, Gewohnheiten *auflösen* und neue sich noch nicht gefestigt haben. Dann gilt es besonders, *Vertrauen* in den natürlichen Gang der Entwicklung zu haben, sich nicht aus Angst gegen die inneren Prozesse zu stemmen und die bevorstehenden inneren oder äußeren Neugeburten dadurch zu gefährden. In einer Phase der Neuorientierung hatte ich in einem FISCHE-Monat folgenden Traum:

»Ich wandere allein und ohne Landkarte. Es ist Frühling oder Sommer. Ich komme in ein Dorf, das sehr alt anmutet. Mir kommt der Name ›Weismain‹ in den Sinn.«

Dieses kurze Traumstück wollte mich daran erinnern, wie wichtig es für mich gerade in dieser Zeit war, ohne Erwartung, Plan oder Ziel dem Leben entgegenzugehen. Als SCHÜTZE-Geborener ist das keine leichte Angelegenheit, da ein SCHÜTZE vor allem nach Zukunftsperspektiven und Zielorientierung strebt. Aber auch ein SCHÜTZE muß die FISCHE integrieren! Der Name des Traumortes ist ein weiteres Indiz dafür, daß die Weisheit der Lebensführung im *Mitfließen-Können* liegt. Weismain, ein oberfränkisches Städtchen, dient hier als Wortspielerei des Traumregisseurs und verbindet die »Weisheit« mit dem »Fließen« (nach dem fränkischen Fluß Main).

Das Zeichen der FISCHE nun, als die *letzte* Station auf dem Weg durch den Tierkreis (bevor mit dem nachfolgenden WIDDER eine Neugeburt erfolgt), ist der Archetyp der *Lösung*, *Auflösung*, *Erlösung*. Kurzum: Ein jegliches *Zu-Ende-Gehen*, die letzte Sequenz jedes Zyklus, jeder Entwicklung, ist von der Energie der FISCHE erfüllt. Das reicht vom kleinsten Zeitintervall – etwa dem Zustand nach dem Ausatmen vor dem erneuten Einatmen – bis hin zur endgültigen Auflösung des gesamten Universums. Ja wir können sagen, daß wir durch die »kleinen« FISCHE-Erfahrungen, wie dem Zu-Ende-Gehen eines Tages und dem Sich-in-den-Schlaf-fallen-Lassen oder dem Abschluß einer Unternehmung, langsam auf unseren letzten Atemzug in dieser Inkarnation vorbereitet werden. Leben als Vorbereitung auf das Sterben – das wäre ein Leitsatz des FISCHE-Archetypen. Und in dieser Hinsicht beginnt der Prozeß des Sterbens schon mit der Geburt, eigentlich bereits mit der Empfängnis.

Mit dem »In-Erscheinung-Treten«, dem »In-die-Welt-hineingeboren-Werden«, das heißt mit dem Start unter der »Schirmherrschaft« des WIDDER-Archetypen, beginnen wir die Reise, die uns zu einem Ziel, einem *Ende* führen wird; und dieses Ende symbolisieren astroenergetisch die FISCHE. Als Vertreter des *Elementes Wasser* legen uns die FISCHE nahe, daß jedes Ende einem *Eintauchen* in das innere Meer, ins *Unbewußte* gleicht. Wollen wir eine Angelegenheit abschließen, uns ernstlich wandeln und veraltete Lebens- oder Denkgewohnheiten ändern beziehungsweise durch neue ersetzen, müssen wir zuvor den Sprung ins Wasser wagen und das tatsächlich *loslassen*, was aus unserem Leben treten will oder verschwinden soll.

So, wie uns das Wasser trägt, wenn wir schwimmen gelernt haben, werden wir auch von den positiven Kräften des Unbewußten getragen, anstatt darin zu versinken, wenn wir uns nur *auf die rechte Weise treiben lassen* können. Was ist damit gemeint? Da es sich dabei um einen gefühlshaften Zustand in unserem Inneren handelt, läßt es sich nur schwer in Worte fassen – und dann nur in Form eines Gleichnisses. *Christus*, der Meister des FISCHE-Zeitalters, brachte die rational unfaßbaren Geheimnisse des FISCHE-Bereiches durch Gleichnisse zum Ausdruck.

Mit dem Zeichen der FISCHE verbindet sich in letzter Konsequenz die Dimension der *tiefsten Tiefe*, der *innersten Inwendigkeit* – der Meeresgrund beziehungsweise jenseitige Urgrund, aus dem alle Erscheinungen entspringen, die Leere des Seins (das »Shunyata« der Buddhisten), die doch alle Lebensfülle in sich birgt und verbirgt. Daß die FISCHE alle anderen Tierkreisenergien enthalten, legt deren Position als letzte Station im Kreis nahe. Gehen wir vom Tierkreis als Entwicklungsmodell aus, dann fließt die Essenz oder, genauer, die Erfahrung des vorangegangenen Tierkreiszeichens in das ihm folgende ein. Beginnen wir den Kreis mit dem WIDDER, der neugeborenen und damit noch rohen, unerfahrenen Lebenskraft, dann vollzieht sich die weitere Entwicklung dieses Lebenskeimes sinnbildlich entlang der Tierkreisstationen (in Richtung der Planetenbewegungen, entgegen dem Uhrzeigersinn). Im positiven Falle werden die Aufgaben der jeweiligen Archetypen integriert und finden ihren Abschluß, ihre Abrundung im FISCHE-Zeichen. Von daher ist es nachvollziehbar, wenn dieses Zeichen auch als »Archetyp der *Einheit*« bezeichnet wird. In dem Bild zweier Fische, die durch ein Band miteinander *vereinigt* sind, findet dieses Tierkreiszeichen seine anschaulichste Darstellung. Die *zwei* Fische drücken die beiden Pole Yin und Yang *und* deren Vereinigung aus; von diesem Zeichen in der Einzahl als »FISCH« zu sprechen, ist also nur die »halbe Wahrheit«.

Im Monat der FISCHE geboren zu sein bedeutet natürlich nicht, schon von vornherein allein dadurch die Einheit in sich gefunden zu haben. Da die Elemente des Horoskopes ja keineswegs den Entwicklungsstand, sondern vielmehr die energetische Verteilung und Aufgabenstellung des Individuums ausdrücken, sind auch FISCHE-Menschen nicht von vornherein »ganzheitlicher« als etwa ihre WIDDER-Mitmenschen. Nur werden die unter dem Zeichen der FISCHE

Geborenen sich in größerem Maße den entsprechenden Themen, wie Einheit, Loslassen und Auflösung, gegenübersehen. Es ist für diese Zeitgenossen eben der *zentrale* Themenkomplex des Lebens, der gelöst werden will – in unserer heutigen oberflächlichen und schnelllebigen Zeit sicherlich nicht die »einfachste Übung«.

Die Erfahrungen des FISCHE-Bereiches lassen sich jedoch nicht für alle Zeit aus dem individuellen Leben hinausdrängen. Spätestens zum Zeitpunkt des eigenen leiblichen Todes, der unausweichlichen Auflösung und Beendigung dieser Inkarnation, werden wir mit der Notwendigkeit konfrontiert, völlig loszulassen und uns dem, was dann kommt – und das nicht mehr von der Ratio kontrolliert werden kann –, anzuvertrauen. Was bleibt uns auch anderes übrig? Soweit bekannt, ist es noch niemandem gelungen, die Auflösung unseres irdischen Körpers aufzuhalten. Die moderne Schul- beziehungsweise Gerätemedizin vermag den Verfall der physischen Hülle zwar hinauszuzögern und den natürlichen Tod des Körpers zuweilen künstlich zu verhindern – aber eben nur vorübergehend. »Gott sei Dank!« möchte man mit den FISCHEN sagen, denn das Anklammern an die Welt der Materie erträgt die Seele nur beschränkte Zeit.

Die Seele, welche auch dem Wasserelement (KREBS/MOND) angehört, fühlt sich im Bereich der FISCHE zu Hause. Haben wir zu Lebzeiten einen guten Kontakt zwischen dem Ich-Bewußtsein und der Seele hergestellt, werden wir unser individuelles Sein, geborgen im »Seelenschiff«, sicher durch das Meer des NEPTUN bringen. Im Nachtodzustand, wenn alle äußeren Hüllen gefallen und wir der »Strohhalme« beraubt sind, an denen wir uns im Erdendasein festklammerten, haben wir keine andere Wahl, als uns der *inneren Führung* zu überlassen. Wir bedürfen ihrer vor allem deshalb, weil in diesem Zwischenzustand (dem »Bardo« des tibetanischen Totenbuches) auch *Verführungen* lauern. Es sind die unerlösten Stimmen, die »niederen Geister«, die noch an irdischen Gütern, Menschen, Ansehen oder Gefühlen haften und massiv zu neuen Inkarnationen hindrängen. Wenn wir uns davon täuschen lassen, bleiben wir im »Kreislauf der Existenzen« (dem »Rad der Wiedergeburt« im Buddhismus) gefangen.

Diese scheinbar so fernen Aussichten – wer lebt schon im Bewußtsein des Todes? – halten sich in kleinerem Maßstab auch in unserem Alltag bereit. Verführungen lauern besonders dort, wo wir uns in einem *Zwischenzustand* befinden, wo wir Gewohntes loslassen und dadurch *durchlässiger*, *offener* und *verletzbarer* werden. Wer kennt sie nicht, die falschen Propheten oder selbsternannten Gurus, die sich der Seelen von *orientierungslosen*, *haltlosen* Mitmenschen zu bemächtigen versuchen? Im weitesten Sinne betrachtet, entspringt jegliche Art von *Lug* und *Trug*, *Täuschung* und *Illusion* dem FISCHE-Bereich, wenn dieser auf einer unerlösten Ebene gelebt wird. Hier zeigt sich, ob wir ein gutes Maß an Vernunft integrieren konnten – nicht zuviel, um für die »übersinnlich-seelische Dimension« des Lebens offen zu bleiben, aber auch nicht zu wenig, um nicht leichte Beute der Seelenfänger beziehungsweise der zwielichtigen Bereiche der inneren wie äußeren *Unterwelt* zu werden.

Das FISCHE-Rätsel zu lösen ist keine leichte Aufgabe, weshalb dieses Zeichen eben am Schluß des Rätselweges auf uns zukommt. Wir müssen erst viele vorbereitende Übungen absolvieren, bevor wir den letzten und entscheidenden Schritt gehen können, der in der vollständigen *Hingabe*, dem *Verschmelzen* mit der Welt, dem *Eintauchen* in die *Einheit* gipfelt, wie das von den Mystikern beschrieben wird. Am Ende steht die mystische Erfahrung, die Heimkehr des »verlorenen Sohnes«, der sich in der Welt der Erscheinungen und des Egos verloren hatte. Es ist die Rückkehr zu Gott beziehungsweise in die Dimension des *göttlichen Allbewußtseins*. Doch war der Weg nicht umsonst, denn wir kehren mit einem anderen, gewachsenen Bewußtsein zurück und bereichern das vormals Göttlich-Unbewußte mit der kostbaren Perle der Individualität. Zunächst war es notwendig, ein Ego beziehungsweise Erden-Ich zu entwickeln – es ist die Krone des Menschseins, die wir durch das Beschreiten des Individuationsweges erlangen. Um die letzte Station unserer Pilgerreise zu erreichen, gilt es zwar, das polarisierende Ich loszulassen, um in die Einheit einzutauchen, doch kann damit keineswegs gemeint sein, diese mühsam erworbene Kostbarkeit in den »Mülleimer« zu werfen. Vielmehr bedeutet es das *vertrauensvolle Einbetten* des kleinen Ichs in die grenzenlose Weite des All-Bewußtseins, das der Mystiker und Dichter ANGELUS SILESIUS mit den Worten beschreibt: »Wenn ich in GOTT vergeh, so komm ich wieder hin, wo ich von Ewigkeit vor mir gewesen bin.«

Die FISCHE-Seite des Ursprunges ist das »Ur-« vor dem »Sprung« – hinein ins Dasein der Erscheinungswelt. Der Urbereich, in dem die Seele vor dem »Sprung« in die Welt verweilt, ist das *Jen-*

seits sinnlich-rationaler Erfahrungen. Es ist die »Milchsuppe«, von der unsere Eltern auf die Frage, wo denn die kleinen Kinder her-

In dieser Darstellung gibt die oberfränkische Künstlerin ELVIRA WALSCH eine individuelle Nachempfindung des FISCHE-Zeichens wieder.

kämen, erzählten. Der Bereich, in dem die ungeborenen Seelen schwimmen, bevor der »Storch« sie holt und als Babys in die Welt trägt.

Der Moment, der zwischen dem Sterben und vor der Neugeburt liegt, befindet sich auf der Ebene der FISCHE, die nach außen hin als *Vakuum* erscheint, als das gähnende Nichts, das den Atheisten nach dem Ableben zu verschlingen droht. Doch wenn Religionen und Philosophien den Rationalisten schon nicht davon überzeugen konnten, daß ein »Leben« hinter beziehungsweise nach den Erscheinungen existiert, dann gelingt es vielleicht der modernen Wissenschaft. Der bekannte Physiker und Wendezeitphilosoph FRITJOF CAPRA untersucht in seinem Buch *»Das Tao der Physik«* dieses ominöse »Nicht-Sein«: »Wie die östliche Lehre ist das ›physikalische Vakuum‹, wie es in der Feldtheorie genannt wird, kein Zustand des bloßen Nichts, sondern enthält die Möglichkeit für alle Formen der Teilchenwelt. Diese Formen sind wiederum keine unabhängigen physikalischen Einheiten, sondern nur vergängliche Manifestationen der zugrundeliegenden Leere. ... Das Vakuum ist in der Tat eine ›lebende Leere‹, die in endlosen Rhythmen von Erzeugung und Vernichtung pulsiert.

Aus seiner Rolle als leerer Behälter der physikalischen Phänomene wuchs das Vakuum zu einer dynamischen Größe von höchster Bedeutung hervor.«

Runden wir unser Bild vom Tierkreiszeichen der FISCHE durch Naturbeobachtungen ab. Die Vorgänge in der äußeren Natur sind ein Spiegel der inneren Prozesse. Den FISCHEN entspricht die Zeit des *Überganges* vom Winter zu einem neuen Frühling. Es ist zweifellos der radikalste Wandel im Jahreslauf, der sich hier vollzieht: der Übergang vom Tod zum neuen Leben, besser gesagt, die *Vorbereitung* auf die Neugeburt. Und ebenso wie auf jeden Winter ein neuer Lenz folgt, ist auch jeder winterlichen Lebensperiode ein neuer Frühling, ein neues Aufblühen beschert. Und der Monat der FISCHE – das Stadium der Auflösung der Winterszeit – bedeutet das äußere wie innere »Tauwetter«. Konnten wir den WASSERMANN als den »Eisbrecher« definieren, geht der FISCHE-Archetyp noch einen Schritt weiter und *löst* die aufgebrochenen Eisschollen endgültig auf. Auf die menschliche Seele übertragen sind es die inneren Verhärtungen, die durch *Abschiednehmen*, *Loslassen* und *Trauerarbeit* aufgelöst werden, damit die Seele immer wieder neu geboren werden kann beziehungsweise frei (»leer«) und aufnahmefähig für Neues wird.

Und welches Bild bietet sich uns während der FISCHE-Phase im Pflanzenreich? Es ist das Entwicklungsstadium, da sich die Hüllen der Samen auflösen, damit der Keimling in der anschließenden WIDDER-Phase durch den vom Tauwetter aufgeweichten Boden nach oben ans Licht dringen kann. Die Schneeschmelze liefert dem sich noch im Verborgenen entwickelnden neuen Leben das nötige Lebenselixier Wasser. Und in den Bäumen und Sträuchern steigen die Säfte aus der Unterwelt der Wurzeln vermehrt wieder in Stamm, Äste und Zweige. Die Natur demonstriert uns dadurch, daß auch in Zeiten, in denen sich in unserer äußeren Lebenssituation nichts zu bewegen scheint, in denen unser Bewußtsein das Gefühl hat, im Nichts zu schwimmen, (weil rational nicht nachvollziehbar ist, was innerlich vor sich geht), doch ganz entscheidende Vorgänge ablaufen. Die Natur lehrt uns auf diese Weise, *Vertrauen* zu entwickeln, loszulassen – vor allem wenn wir den Eindruck haben, es rege sich nichts, und wir in bedrückenden Situationen meinen, wir würden nie mehr »Land sehen« –, um dann im richtigen Moment zuzugreifen und loszulegen.

Natürlich kommt es im Bereich der *äußeren* Natur auch vor, daß sich die FISCHE-Phase bei der Pflanzenentwicklung wetterbedingt etwas verschiebt und bei einem milden Winter schon im WASSERMANN-Monat oder bei einem strengen Winter im WIDDER-Monat stattfindet. Die »Hauptphase« des FISCHE-Stadiums in der Naturentfaltung bildet in jedem Fall jener Monat, in dem die SONNE das Zeichen der FISCHE durchwandert.

Die Abbildung zeigt das 1892 entstandene Gemälde »Die Pferde des Neptun« von WALTER CRANE.

Das obenstehende Bild drückt in anschaulicher Weise den Übergang der FISCHE zum WIDDER aus. Der Künstler beschreibt den Moment, in dem die Lebenskraft, dargestellt im Bild der Pferde, aus dem Urmeer, dem Herrschaftsbereich NEPTUNS auftaucht und an Land stürmt, das heißt in die Welt der Erscheinungen und des Bewußtseins hereinbricht. Aus der Einheit der Weltseele, den tiefen, unergründlichen und unendlichen Bereichen des »kollektiven Unbewußten«, wird das individuelle Bewußtsein und damit der persönliche Wille geboren.

Das Sigel der FISCHE

Auf den ersten Blick lassen sich in den beiden einander entgegengesetzten Bögen die zwei Fische oder, anders ausgedrückt, Yin und Yang erkennen. Die Linie, durch die sie miteinander verbunden sind, läßt auf die Verbindung der Gegensätze schließen. In den FISCHEN, dem letzten Zeichen im Zyklus des Tierkreises, vollzieht sich die *Wiedervereinigung* der Pole. Die Einheit des Seins, welche durch den Archetypen ZWILLINGE in zwei Hälften – die Dualität des Lebens – aufgeteilt wurde, ist wiederhergestellt.

Dringen wir tiefer in die Bedeutung des Sigels ein, verrät uns dieses ein weiteres Geheimnis des rational nicht faßbaren FISCHE-Prinzipes. Inmitten der Bögen, welche das Diesseits vom Jenseits scheiden, befindet sich der *Zwischenbereich*, der »Bardo« des tibetanischen Totenbuches, den die Seele nach dem physischen Tod zu durchqueren hat, bevor – im nachfolgenden Zeichen des WIDDERS – eine Wiedergeburt beziehungsweise eine neue Inkarnation (auf welcher Ebene auch immer) erfolgt. In den FISCHEN geschieht also der geheimnisvolle *Übergang* zwischen den Welten. Der links positionierte WASSERMANN, der ja auch die Quintessenz aller vorangegangenen Tierkreiszeichen ist (vom WIDDER beginnend), wird durch die linke Schale des FISCHE-Sigels aufgenommen. Durch das Reich der FISCHE bekommt aber nur die Essenz des Daseins, die »Geist-Seele«, einen »Passierschein«. Der waagerechte Strich dringt durch die beiden Schalen hindurch und baut auf diese Weise eine Brücke. Es ist ein schmaler Grat, der durch das Reich des Meeresgottes NEPTUN (die *Astralwelten* der Theosophie) führt. Und wenn die Seele die rechte Schale durchschritten hat, steht sie kurz vor ihrer Reinkarnation.

Aber auch auf eine alltägliche Ebene bezogen, hat dieser Vorgang seine Bedeutung. Der Weg auf dem schmalen Grat ist uns allen nur zu gut bekannt, wenn wir im übertragenen Sinne meinen, daß wir uns in einer bestimmten Angelegenheit auf einer »Gratwanderung« befinden. Es sind jene Situationen im Leben gemeint, in denen sich eine Kluft vor uns auftut und wir uns zwischen dem Alten und Neuen vorsichtig – zuweilen auch zu unvorsichtig – durch das *Niemandsland* des FISCHE-Bereiches vortasten. Manchmal fallen wir zurück, vielleicht tiefer als dort, wo wir herkamen, manchmal – vor allem wenn wir einen guten Führer haben, wie es die Träume sind – gelingt uns dieser Transfer, und ein neues Land tut sich vor unseren Augen auf. Dies sind die Phasen, in denen sich überholte Lebens- und Denkstrukturen auflösen und, noch *verborgen* im Innern, das unbekannte Neue sich vorbereitet. Das Ich fühlt sich in diesen Lebensphasen, wie das Bild *»Nachtmeerfahrt«* es im Zeitalter der Romantik beschrieben hat, in der Regel äußerst unwohl. Denn in diesem Stadium müssen wir zugeben, daß wir tatsächlich nicht wissen können, was geschehen wird. Um so mehr sind wir gefordert, Vertrauen zu entwickeln und der »Stimme« unseres Innern zu folgen, die allein den Weg kennt und uns gefahrlos durch die Untiefen und Meerengen, vorbei an Eisbergen in den heimatlichen Hafen bringen kann. Gut ist es, wenn wir beizeiten gelernt haben, die vielen Stimmen in »unserer Brust« zu *unterscheiden*, und die »Spreu vom Weizen« zu trennen vermögen.

Fassen wir zusammen: In den FISCHEN erfolgt die *Vereinigung* zweier grundlegend verschiedener Bereiche, die Zusammenführung von Yin und Yang. Einerseits beinhaltet die Entwicklungsphase der FISCHE das Zu-Ende-Gehen, die vollständige Auflösung des Alten (die linke Schale des Sigels), andererseits den Übergang der unvergänglichen Wesensessenz (entlang der horizontalen Linie) hinüber in die rechte Schale, von der aus die Vorbereitung auf die Neugeburt erfolgt. Auflösung und Neuwerdung, das Stirb-und-Werde, sind in diesem Zeichen vereinigt – und das bedeutet, daß Sterben und Leben die zwei Seiten derselben Medaille sind.

In der biblischen Mythologie verkörpert der Querbalken zwischen den beiden »Ufern« der FISCHE Noahs »Arche«. Es ist der Bereich des »Arche«typischen der Schöpfung damit gemeint, die Essenz der Schöpfung, welche vor der Sintflut (des kollektiven Unbewußten) bewahrt werden muß. Dieses biblische Gleichnis verleiht uns Mut und will unser Vertrauen stärken, daß in Zeiten einer »inneren Sintflut« unsere »innere Arche« das Wesentliche unseres Seins aufnehmen und sicher durch die Fluten tragen wird.

Und schließlich gibt uns auch die Tierkreisposition der FISCHE – zwischen WASSERMANN und WIDDER – einen Hinweis auf die Bedeutung des Sigels. Der Bereich der FISCHE ist der schmale Pfad (die horizontale Linie), welche die Ebene des WASSERMANNS (von der nach links gerichteten Schale eingerahmt) und des WIDDERS (auf der rechten Seite) verbindet. – Was bedeutet das nun praktisch gesehen? Nehmen wir als Beispiel die WASSERMANN-Entsprechung »innerer Umbruch/Durchbruch« und das dazugehörige WIDDER-Thema »Neugeburt«, zwei Aspekte des Seins, die häufig zusammen genannt werden. In der Logik der Tierkreise ist zwischen den inneren Umbrüchen und der anschließenden äußeren Neugeburt aber noch ein Zeichen »dazwischengeschaltet« – das FISCHE-Prinzip des Loslassens. Käme nicht das labile Element Wasser nach dem Zeichen der Luft, würden wir an den Revolutionen unseres Lebens, an den Umbrüchen und Durchbrüchen festhalten. Doch damit wir *wirklich* neu geboren werden können, müssen wir alles *dahingeben*, loslassen, Gott überlassen – alle Hoffnungen, alle Befürchtungen. FISCHE – dieser Bereich ist das Übergangsstadium, die Verbindung zwischen den inneren und äußeren Durchbrüchen.

FISCHE, das labile Wasserelement

Die Kraft, die das Wasserelement *auflöst*, wurde von unseren Urvätern in dem Symbol der FISCHE ausgedrückt. Da die *labile* Kraftausrichtung wiederum dem Wasserelement am nächsten kommt, begegnen wir bei den FISCHEN einer Potenzierung der Kraft des Wassers. Steht das Wasser beispielsweise als Symbol für das Loslassen, dann bedeuten die FISCHE eben das »Loslassen des Loslassens«. Das mag paradox klingen, doch wenn wir darüber meditieren, wird uns bewußt, wie sehr wir manchmal bemüht sind loszulassen und dadurch gerade das Gegenteil bewirken. So geschieht es etwa, wenn wir eine Blockade der Traumerinnerung auflösen wollen und nun um so verkrampfter versuchen, uns zu erinnern, oder wenn wir meinen, das »Loslassen« sei durch »Handeln« zu erreichen. Nichts dergleichen! Loslassen kann man nur durch Loslassen – auch der Vorstellungen und des Willens, der hinter dem Loslassen steht –, durch *Geschehenlassen.*

Noch deutlicher wird die labile Qualität des letzten Zeichens im Tierkreiszyklus, wenn wir bedenken, daß sich hier die Lösung und Loslösung von allen Anhaftungen vollziehen soll. Und damit ist vor allem auch gemeint, vom »Festhalten an der Loslösung« loszulassen, was dem Erlangen eines Bewußtseinszustandes der *Absichtslosigkeit* entspricht. Wie oft habe ich schon davon gehört, daß der »spirituelle Weg« vorsehe, »das Ego abzutöten« oder, gelinder ausgedrückt, »das Ich aufzulösen«. Doch verrät eine solche Einstellung häufig einen unerlösten, weil »anhaftenden« Charakter. Weder schreiben die FISCHE als die Archetypen der Ich-Auflösung vor, das Ego auflösen »wollen zu müssen«, noch sonstige Verrenkungen zu vollbringen. Das labile Wasserelement meint vielmehr: »Der Frosch springt ins Wasser – platsch!«

Diese Weisheit des Zen weist uns verstandesbetonte Menschen des Westens darauf hin, daß wir das letztgültig Wesentliche nicht einmal erahnen. Wir können auch gar nichts davon wissen, weil der Bereich der letztendlichen Wirklichkeit, jenseits der Erscheinungen, eben nicht zu wissen ist. Eine wahrhaft geniale FISCHE-Erkenntnis formulierte jener Weise, der da sagte: »Ich weiß, daß ich nichts weiß.«

Die vier Elemente sind in erster Linie energetische Wesenskräfte, die in der irdischen Welt in sinnlich wahrnehmbare Erscheinung treten. Die labile Phase eines jeden Elements hat diese wäßrige, auflösende Wirkung, und so findet das Wasserelement im Zeichen der FISCHE seinen intensivsten Ausdruck. Hier kann es, seinem Wesen gemäß, am ungehindertsten fließen – beispielsweise im Gegensatz zum fixen Wasserzeichen SKORPION, bei dem wir nicht selten »stehende Gewässer« oder »Sümpfe« erkennen. Genaugenommen entspricht das Wasserelement in seiner labilen Erscheinungsform dem fortwährenden Fluß des Seins, und das Bild der Fische spiegelt jene Wesenskräfte wider, welche in diesem Element zu Hause sind.

Die labile Phase des Wasserelementes ist dessen Aspekt der Einheit. Alles Wasser auf Erden bildet eine Einheit, von der Quelle bis zum Meer, und es drängt danach, zur Einheit zu werden, zum Meer zu gelangen. Alles Wasser trägt den Impuls in sich, zum Meer zu fließen und sich zu vereinen. Auf seelischer Ebene ist es die Sehnsucht der Seele nach Wiedervereinigung mit dem göttlichen Urgrund, mit der Einheit des Seins. Die labile Qualität ist das Prinzip des Hergebens, des »Sichverschwendens« – und die Seele will sich an »Gott verschenken«. Häufig ist es aber eher der Fall, daß wir uns und unsere Seele an Unwürdiges, wertlose Situationen oder unpassende Beziehungen verschwenden und, biblisch ausgedrückt, unsere »Perlen vor die Säue werfen«.

Die Konjunktion, der Aspekt der Einheit

Das Wesen der Konjunktion ist von *solaren* (LÖWE) und *neptunischen* (FISCHE) Aspekten geprägt. Ihre Seite der FISCHE besteht aus deren Drang nach *Vereinigung* und *Verschmelzung* der (Planeten-) Kräfte, welche eine Konjunktion miteinander bilden. Der Begriff stammt aus dem Lateinischen, »conjunctio«, und meint »Verbindung«. Die diesem Aspekt zugeordnete Zahl ist die Eins, welche *Einheit*, *Ursprung* und *Vereinigung* bedeutet.

Die an der Konjunktion beteiligten Planeten befinden sich meist im selben Tierkreiszeichen und Haus. Sind sie jedoch auf zwei Zeichen und/oder Häuser verteilt, wirkt dieser Aspekt abgeschwächt, wobei auch die Größe des *Orbis* (das ist die Abweichung vom exakten Konjunktions»winkel«, der null Kreisgrade beträgt) einen Einfluß hat. Exakte Konjunktionen, bei denen die beteiligten Kräfte einander gleichsam »auf den Füßen stehen« (die gleiche Position einnehmen), kommen dagegen eher selten vor; meist weichen die Positionen voneinander ab. Bis zu welcher Abweichung vom »Idealfall« man noch von einer Konjunktionswirkung sprechen kann, ist im allgemeinen nicht so eindeutig zu bestimmen, sondern im Einzelfall »herauszuspüren«.

Wie wirkt nun der Konjunktionsaspekt? Gleichgerichtete Kräfte tendieren am ehesten zur Verschmelzung, was einer Summierung, Bestärkung und Unterstützung ihrer Wirkungen entspricht. Dies tritt auf, wenn zum Beispiel zwei Feuerplaneten (etwa MARS und JUPITER) ihre Feuerkraft vereinen und die betreffende Person dadurch eine intensivere Emotionalität, Triebkraft, Ego-Kraft erlebt – mit allen Licht- und Schattenseiten, die dazugehören. Umgekehrt blockieren und behindern wesensfremde Kräfte einander, wenn etwa ein Feuer- und ein Erdeplanet zusammentreffen und die ERDE das Feuer erstickt oder umgekehrt das Feuer die Erde zu verbrennen droht.

Natürlich ist keine Konjunktion von vornherein als gut oder schlecht zu klassifizieren. Jede Harmonie hat auch ihre dunklen Seiten, etwa wenn sie den Betreffenden kritiklos werden läßt, während schwierige Aspekte neben den unbestreitbaren Problemen, die sie mit sich bringen, zur Weiterentwicklung drängen. Wie jeden Aspekt des Horoskopes versuchen wir zunächst auch die Konjunktionen *wertfrei* zu betrachten, um dann herauszufinden, auf welcher Ebene wir diese Energieverbindungen derzeit zu leben imstande sind.

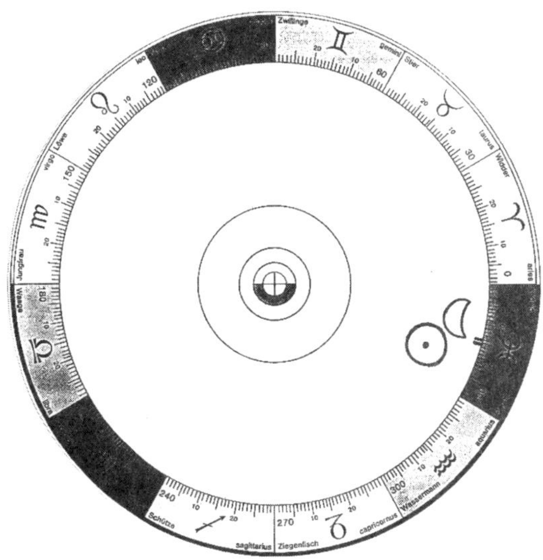

Diese Konjunktion zwischen der SONNE und dem MOND (hier in den FISCHEN) ist uns unter dem Begriff des Neumondes geläufig.

Von der Seite des FISCHE-Prinzipes aus betrachtet, besteht bei Konjunktionen die Gefahr, daß man die beteiligten Kräfte nicht voneinander zu unterscheiden vermag, sie zu einem »gordischen Knoten« zusammengefügt sind und in einer symbiotischen Beziehung zueinander stehen. Der bekannte Astrologe THOMAS RING meint dazu in seiner *»Astrologischen Menschenkunde«*: »Die zur klaren Entfaltung des oft hindernd Zusammengedrängten nötige Unterscheidung muß der betreffende Mensch erst leisten, sollen die Kräfte nicht beim Einsatz in derselben Sache verworren ineinandergreifen.«

Diese Aufgabe, eine unbewußte Einheit erst zu lösen, zu differenzieren, um diese dann wieder – diesmal bewußt – zusammenzusetzen, formulierte JOHANN WOLFGANG VON GOETHE mit den Worten:

»Dich im Unendlichen zu finden,
mußt unterscheiden und dann verbinden.«

Beherzigen wir das Dichterwort, dann verwandeln wir den unbewußten energetischen »Einheitsbrei« oder »Eintopf« in ein differenziertes Menü (integrieren somit die LÖWE-Seite der Konjunktion). Die beteiligten Kräfte können dann – aus dem unbewußten, »verwunschenen« Schlafzustand erlöst – ihre Wirkungen aufeinander und miteinander zum Wohle des Betreffenden entfalten.

Die FISCHE-Seite der Konjunktionen wird auch in den Träumen offenbar, etwa im Bild von symbiotischen Verbindungen, dichtem Beisammensein, bis hin zum Verschwimmen der Grenzen zwischen den Traumfiguren. Positiv erscheinen Traumkonjunktionen, wenn zwei oder mehrere Kräfte, die eng miteinander verbunden sind, zusammenarbeiten, zusammenstehen und vorliegende Aufgaben gemeinsam bewältigen.

NEPTUN, der Botschafter des FISCHE-Archetypen

In der Astrologie verkörpern die Planeten die lebendig erfahrbaren, innerlich nachvollziehbaren Wesenskräfte. Es sind die »energetischen Seiten« der Tierkreisarchetypen, welche eine *Verbindung* zwischen der Welt der Erscheinungen und den Urbildern herstellen. In der mittelalterlichen Astrologie, die nur sieben Planeten in unserem Sonnensystem kannte, hatte JUPITER eine Doppelfunktion zu erfüllen und wurde sowohl dem SCHÜTZEN als auch den FISCHEN zugeordnet. Als dann der Astronom JOHANN GOTTFRIED GALLE am 23.9.1846 den Planeten NEPTUN entdeckte, bereicherte das auch die Astrologie um ein neues Symbol und Deutungselement. Endlich war auch im äußeren Himmel eine Entsprechung jener Kraft gefunden, die das FISCHE-Prinzip differenzierter darzustellen vermochte als zuvor als »Lückenfüller« der Feuerplanet JUPITER.

Wie bei der Entdeckung von URANUS vermittelt uns auch im Falle des NEPTUN das Zeitgeschehen (im Sinne der *Synchronizität* – siehe dazu den Einführungsband) einen Eindruck seiner astroenergetischen Bedeutung und bestätigt die Zugehörigkeit zum FISCHE-Archetypen. Der Zeitgeist, die Energetik der Epoche, in der die Entdeckung NEPTUNS erfolgte, war stark vom *Einheits*gedanken geprägt. Die *Einigung* Deutschlands, Italiens und der USA sind Beispiele für Grenzauflösungen und Völkervereinigungen. Auch die Entstehung des *Kommunismus* darf als NEPTUN-Ereignis gewertet werden. Im Jahre 1848 schrieben KARL MARX und FRIEDRICH ENGELS das *»Kommunistische Manifest«* und initiierten damit die kommunistische Ideologie, welche das Ziel verfolgte, Klassenunterschiede aufzuheben und einheitliche Lebensbedingungen herzustellen. Daß die Menschheit zu einer wirklichen *Einigung* noch nicht reif gewesen ist und statt dessen in kommunistischen Staaten eine diktatorische Gleichmacherei betrieben wurde, ist natürlich eine andere Angelegenheit; dies zeigt, wie schwierig die Bewältigung des FISCHE-/NEPTUN-Rätsels ist.

Ist der FISCHE-Archetyp gleichsam das *Urbild* der Einheit und des Loslassens, verkörpert NEPTUN alle Erscheinungen, Entsprechungen und Impulse in unserer Welt, die mit den FISCHE-Themen in Berührung stehen. Betrifft es die Einheit einer Zelle, des körperlichen Organismus oder des Universums – NEPTUN ist die Wirkkraft, die den FISCHE-Archetypus zur »Geltung« bringt.

Die Umlaufzeit NEPTUNS um die Sonne beträgt etwa 168 Jahre. Das sind durchschnittlich vierzehn Jahre pro Tierkreiszeichen, innerhalb derer er sich den Menschen, die in einer solchen Periode leben, im »selben Gewand« (Sternzeichen) offenbart. Es handelt sich hier also um einen kosmischen Uhrzeiger für *Generationsthematiken*. Seine Stellung im Tierkreis spiegelt die jeweilige kollektive »Zeitatmosphäre« beziehungsweise »Hintergrundschwingung« wider, welche die Geborenen einer solchen NEPTUN-Position miteinander teilen. Seine Häuserstellung im Horoskop zeigt dagegen die Lebensbereiche und Aufgaben an, durch welche der einzelne an diese überpersönliche Energie am direktesten angeschlossen ist und diese individuell in seinem Dasein erfährt. Es sind Bereiche, in denen wir besonders sensibel reagieren, für die wir eine besonders feine *Sensibilität* besitzen oder erwerben sollen.

NEPTUN gilt als die »höhere Oktave« der VENUS, denn während letztere »Gottheit« bestrebt ist, eine Harmonie zwischen dem Ich und dem Du, ein Gleichgewicht zwischen den Polen, herzustellen, beruht die NEPTUN-Harmonie auf einer Vereinigung der Gegensätze. Freilich ist die WAAGE-Ebene eine notwendige Vorstufe für das ungleich schwieriger zu lösende FISCHE-Rätsel.

Im Horoskop läßt die Position des NEPTUN sich durch Ephemeriden oder Astrokalender auffinden. NEPTUN-Energie ist – parallel zum Vorhandensein des Planeten Neptun im Sonnensystem beziehungsweise Tierkreis – ständig vorhanden. Da sie eine überindividuelle Kraft darstellt, die wir mit CARL GUSTAV JUNG das *kollektive Unbewußte* oder, differenzierter, das *kosmische Überbewußtsein* (der Einheit, des Göttlichen) nennen können, liegt es auf der Hand, daß diese Energie nicht direkt wahrnehmbar ist. Der Bereich des von Jung benannten *persönlichen Unbewußten* – die MOND-Ebene in der Astrologie – ist das Medium, welches die persönliche mit der überpersönlichen Dimension verbindet. Anders ausgedrückt, wird unsere individuelle Reaktion auf die vorherrschende atmosphärische Hintergrundschwingung (NEPTUN im Tierkreiszeichen) durch den MOND-Bereich des »persönlichen Unbewußten« (Gefühlsbereich) gefiltert. Das bedeutet, daß wir über unsere subjektiv gefärbte

Gefühlswahrnehmung (individuelle MOND-Konstellation im Horoskop) mit dem kollektiven Unbewußten verbunden sind und Zugang zu der Zeitschwingung haben.

Über das Erleben der NEPTUN-Kraft schrieb der französische Schriftsteller ROMAIN ROLLAND an SIGMUND FREUD: »... ein Gefühl, das ich die Empfindung der ›Ewigkeit‹ nennen möchte, ein Gefühl wie von etwas Unbegrenztem, Schrankenlosem, gleichsam ›Ozeanischem‹.«

Der Bewußtseinsforscher STANISLAV GROF gibt uns ein weiteres Zeugnis der persönlichen Erfahrung mit dem inneren NEPTUN: »Ich verlor mein Identitätsbewußtsein: mein Ich löste sich auf, und ich umfaßte in mir die Gesamtheit der Existenz. Manchmal war diese Erfahrung immateriell und inhaltslos, manchmal war sie von vielen schönen Visionen begleitet – archetypischen Bildern des Paradieses, der höchsten Fülle, des Goldenen Zeitalters, der jungfräulichen Natur. Ich wurde zu Fischen, die in kristallklaren Wassern schwimmen, Schmetterlingen, die über Bergwiesen gaukeln, Möwen, die übers Meer hingleiten. Ich WAR das Meer, die Tiere, Pflanzen, Wolken – manchmal alle diese Dinge gleichzeitig.«

Sowohl FISCHE als auch NEPTUN beinhalten dieselben Qualitäten, und wenn wir in diesem Buch von »FISCHE-Energie« oder »NEPTUN-Kraft« sprechen, so sind diese Bezeichnungen austauschbar. Der Unterschied besteht in der *Ebene*, auf der die Tierkreiszeichen und die Planeten wirken. Die Archetypen als *Urbausteine* des Seins entziehen sich unserer bewußten Realisation, während die Planeten gleichsam als Bindeglieder zwischen der menschlichen Psyche und den (im Hintergrund der Schöpfung wirkenden) Tierkreisenergien fungieren – wenngleich NEPTUN sicherlich als die *ungreifbarste* Wesenskraft bezeichnet werden darf.

NEPTUN ist der »Botschafter« des FISCHE-Archetypen. Als *auflösendes*, *vereinigendes* Prinzip und römischer Meeresgott (das griechische Pendant dazu ist Poseidon) ist er wie für dieses Amt geschaffen.

Das Tierkreiszeichen, in welchem er sich im Horoskop befindet, charakterisiert unter anderem,

- wie wir uns am besten *hingeben* beziehungsweise wie wir am besten *loslassen* können und welche Bedingungen das Lassen-Können begünstigen;

- die Prägung und Entwicklung unseres *Urvertrauens*;
- unsere persönliche *Glaubensfähigkeit* beziehungsweise das, was wir brauchen, um ohne Hintertürchen glauben und vertrauen zu können;
- wie wir (die innere und äußere) *Einheit* erleben; was Einheit für uns bedeutet;
- wie wir mit *Auflösungen* beziehungsweise *zu Ende gehenden* Situationen umgehen, und was Beendigungen in uns bewirken.

Das von NEPTUN durchdrungene Tierkreiszeichen ist der Daseins-Bereich, der von dieser »NEPTUN-Generation« im besonderen Maße *erlöst* und *transzendiert* werden soll, aber auch stark mit *Illusionen* und *Täuschungen* verbunden ist.

Das Haus, in das NEPTUN gestellt ist, liefert im einzelnen Aussagen darüber,

- *was* wir in dieser Inkarnation individuell loslassen, aufgeben, auflösen, hergeben oder opfern müssen (das werden in erster Linie Vorstellungen über den jeweiligen Bereich sein);
- *womit* wir in dieser Inkarnation abschließen und zu einer Lösung kommen sollen;
- über *welchen Bereich* beziehungsweise auf *welche Art* wir zum Urvertrauen zurückfinden können und sollen;
- in *welchen Bereichen* wir zu symbiotischen Verschmelzungen neigen;
- *wo* wir besonders gefordert sind, uns hinzugeben, einzulassen, möglicherweise aber auch zu distanzlos reagieren;
- *welcher Lebensbereich* und *welche Situationen* zunächst besonders stark mit Illusionen und Täuschungen behaftet sind;
- *wo* wir am empfindlichsten reagieren;
- auf *welche Art und Weise* und zu *welcher Tageszeit* wir am empfänglichsten für Inspirationen sind und am tiefsten in die Meditation kommen;
- *wo* wir vordringlich nach Einheit streben (sollen).

Weitere Entsprechungen kann der Leser aus dem Inhalt des Buches selbst ableiten.

Im *Geburtshoroskop* deuten wir die NEPTUN-Stellung als das generelle Lebensrätsel, das wir in diesem Bereich im Laufe dieser Inkarnation zu lösen haben. Es sind die Aufgaben und Probleme, welche sich innerhalb der betreffenden Zeitspannen als Generationsthematiken manifestieren und für die unter den jeweiligen Konstellationen Geborenen prägende Bedeutung gewinnen. Ein aktuelles Beispiel ist NEPTUN im STEINBOCK (von 1984 bis 1998). NEPTUN hat auflösende Wirkung, und aufgelöst werden soll immer das, was seinem Ende entgegengeht, was ausgedient hat. Und da der STEINBOCK die Ebene des Staatswesens, der Staatsgrenzen und politischen Strukturen verkörpert, läßt sich leicht ableiten, welche historischen Ereignisse unter diese Konstellation fallen: die Auflösung des Ostblocks, der Zerfall der Sowjetunion, damit verbunden die Auflösung des Kommunismus sowjetischer Prägung, der Fall der Berliner Mauer, aber auch das Aufweichen der politischen Moral (siehe die unzähligen Skandale und Rücktritte in dieser Zeit).

Auf der Ebene des *Solar-* beziehungsweise *Jahreshoroskopes* – vor allem beim FISCHE-Aszendenten oder bei SONNE im FISCHE-Haus – beziehen wir die obigen Feststellungen auf das *jeweilige Lebensjahr*, in dem das *Solar* gültig ist, und fragen uns beispielsweise, was in dieser Lebenszeit aufgelöst oder zu einem Ende gebracht werden soll.

Im *Compositehoroskop* gelten diese Aussagen im Hinblick auf die NEPTUN-Kraft der Partnerschaft; der »Beziehungs-NEPTUN« und die NEPTUN-Stellungen im *astrologischen Partnervergleich* geben an, wo wir die NEPTUN-Kraft des Partners am deutlichsten spüren und wie diese uns berührt.

NEPTUN-*Transite* auf die Planetenkonstellationen und durch die Häuser unseres Geburtshoroskopes zeigen an, in welchen Lebensbereichen sich die oben genannten Themen *momentan* am deutlichsten offenbaren (Transit-NEPTUN im Häuserbereich) und welche Wesensseiten (Planeten) durch das auflösende Wasserelement derzeit besonders stark beeinflußt werden.

Zur Deutung der *individuellen* NEPTUN-Konstellation empfehle ich dem Leser, die Aussagen zu diesem Prinzip mit den Darstellungen »seines Sternzeichens« im entsprechenden Band dieser Reihe zu kombinieren. Als Beispiel sei NEPTUN im SKORPION im dritten Haus (ZWILLINGE-Haus) genannt: Im SKORPION-Band ist die in diesem Fall *anlagegemäße Prägung* der NEPTUN-Kraft beschrieben. Und das ZWILLINGE-Buch gibt Auskünfte zu den *Umwelt-*

einflüssen und *Lebensaufgaben*, die sich der NEPTUN-Energie in dieser Existenz gegenüberstellen, und nennt die Lebensbereiche/Umfelder, in denen diese Kraft am deutlichsten erfahren wird und wirkt. Durch diese individuelle Vorgehensweise wird der Leser nicht durch pauschale Deutungen entmündigt, sondern ist selbst zur aktiven Mitwirkung bei der Lösung seiner Lebensrätsel eingeladen.

Das Sigel des NEPTUN

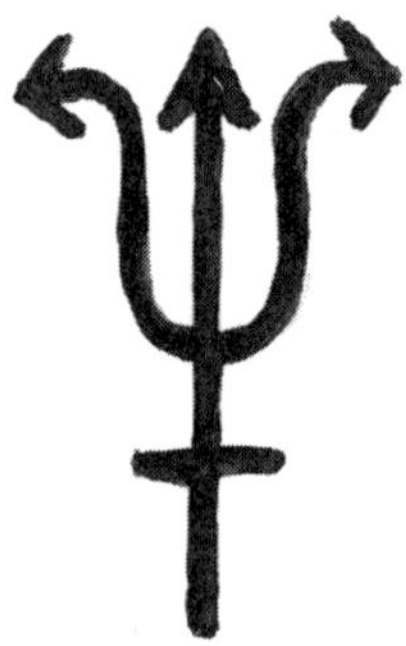

Man könnte geneigt sein, das NEPTUN-Sigel scherzhaft als die »kosmische Mistgabel« zu deklarieren – vor allem, wenn wir ratlos am FISCHE-Rätsel knobeln und uns dessen unlogische Wesensart einfach nicht erklären können. Mythologisch betrachtet handelt es sich um den Dreizack des Meeresgottes Neptun oder Poseidon, der hinduistischen Gottheit Schiwa, wie auch im Urchristentum der Dreizack ein verschleiertes Symbol für CHRISTUS war. Es fällt nicht schwer, das FISCHE-Thema der Einheit in der Zahl Drei zu erkennen. Es ist die *Gleichzeitigkeit* von These, Antithese und Synthese, die Gleichzeitigkeit der *Trinität* Gottes. Der nach links zielende Pfeil reicht in die Vergangenheit, die geradeaus gerichtete Spitze bedeutet die Gegenwart, und der nach rechts führende Zacken weist in die Zukunft. In ihrem Beisammensein legen die drei Enden des Dreizakkes die Gleichzeitigkeit der (für unsere Ratio verschiedenen) Zeitausrichtungen nahe. Als Parallele dazu verkörpert der hinduistische Gott

Schiwa die göttliche Trinität des Schöpfers, Erhalters und Zerstörers der Welt. Im Reiche NEPTUNS, in den Tiefen des kollektiven Unbewußten beziehungsweise All-Bewußtseins, befinden wir uns auf einer Ebene der Gleichzeitigkeit von Erschaffung, Ausformung und Auflösung des Kosmos. Als Zeichen dafür präsentiert der Meeresgott sein Attribut.

Ein Zenspruch mag zur Verdeutlichung oder weiteren Verwirrung beitragen, die Einheit in der Dreiheit zu entdecken. Ein Zenmeister könnte den dreifachen Weg zur bewußten Realisation der Einheit etwa folgendermaßen beschreiben: »Zunächst ist eine Teetasse eine Teetasse, dann ist eine Teetasse keine Teetasse, aber danach ist eine Teetasse wieder eine Teetasse.«

Eine rationale Übersetzung dieses Spruches wäre etwa, daß wir zunächst auf einer unbewußten Ebene alles so wahrnehmen, wie es eigentlich ist. Im Laufe unserer Bewußtseinsentwicklung erscheinen uns die Objekte auf jede mögliche Art und Weise – je nachdem, was wir in sie hineinlegen. Und wenn wir gelernt haben, hinter die Illusionen, durch die wir die Welt sehen, zu blicken, erkennen wir alles wieder in seiner wahren Gestalt, seinem wahren Wesen, diesmal jedoch bewußt.

Dreiheit ist gleich Einheit – ein Paradox, das den Hauptaspekt des christlichen Glaubensbekenntnisses darstellt. Gottvater, Sohn und Heiliger Geist sind nicht verschiedene Wesen, sondern drei grundlegende Aspekte ein und desselben All-Bewußtseins. Das Dreizacksymbol drückt diese Gleichzeitigkeit von Dreiheit und Einheit bildhaft aus, indem die drei Enden in einem Strang wurzeln, aus einem Fluß herausfließen, aus der Einheit entspringen und lediglich drei verschiedene Richtungen annehmen. Diese drei grundlegenden Energieausrichtungen kennen wir in der astrologischen Sprache unter der Bezeichnung »kardinale«, »fixe« und »labile« Phase.

Lesern, die sich mit Astrologie beschäftigen und mit deren Symbolen vertraut sind, mag vielleicht das NEPTUN- oder FISCHE-Sigel als Traumbild erscheinen, wenn es sich um die Integration dieses Archetypen handelt. Abweichungen von der »Norm« des Sigels können auf Defizite im FISCHE-Bereich hinweisen. Ist der linke Zacken verbogen, mag das auf unverarbeitete Probleme in der Vergangenheit hindeuten, fehlt die rechte Spitze, mangelt es uns eventuell an Zukunftsperspektiven.

Dieses Gemäde aus Rajasthan – es stammt aus dem 18. Jahrhundert – zeigt den Dreizack Schiwas als hinduistisches Symbol für die Trinität.

FISCHE/NEPTUN in ihrer erlösten und unerlösten Form

Wenn wir an dieser Stelle die erlösten (entwickelten) und unerlösten (unentwickelten) Seiten einander gegenüberstellen, dann sind damit die beiden Enden der Skala gezeichnet, wie die FISCHE-/NEPTUN-Energie in Erscheinung treten kann. Zwischen diesen Extrempunkten der Licht- und Schattenaspekte liegen viele Abstufungen, so wie der Mensch bei seiner Entwicklung unterschiedliche Reifegrade durchlebt. Wenn wir versuchen herauszufinden, an welcher Stelle der genannten Gegensätze wir uns befinden, ist es wichtig, auch die dunkle Seite dieser Kraft (in den Volksmärchen als »verwunschen« oder »verhext« bezeichnet) zu akzeptieren. Denn wenn wir uns ihrer entledigen wollten, beraubten wir uns gleichzeitig der positiven Kräfte, die darin schlummern und auf ihre Entfaltung warten. Die positiven und negativen Aspekte der Tierkreiszeichen lassen sich nicht auseinanderreißen, sondern sind die zwei Seiten der gleichen Medaille, gleichsam deren dunkles und helles Antlitz. Verdrängen wir ein Urprinzip in die Katakomben der unbewußten Psyche, etwa aus falscher Moralität, dann wird es zwangsläufig sein Schattengesicht zeigen. Akzeptieren wir dagegen seine Existenz als Teil im kosmischen Reigen, dann wird es uns mit seiner lichten Kraft in der Lebensbewältigung beistehen, *ohne* daß sich dies negativ auf die Umwelt auswirken muß. Astrologisch gesehen bedingt die Erlösung des FISCHE-Rätsels vor allem die Integration des oppositionellen JUNGFRAU-Archetypen, und das bedeutet, daß wir kritische Vernunft entwickeln müssen, um nicht der illusionserzeugenden Seite der FISCHE zu erliegen.

FISCHE/NEPTUN

erlöst/entwickelt		*unerlöst/unentwickelt*
Hingabefähigkeit	–	Haltlosigkeit
Fähigkeit loszulassen	–	Unfähigkeit festzuhalten
Leidensfähigkeit	–	Wehleidigkeit/ Märtyrertum
Sensitivität	–	Mimosenhaftigkeit
Mitgefühl	–	Selbstmitleid
Durchlässigkeit	–	Überfremdung
Einfühlungsvermögen	–	Distanzlosigkeit
innere Tiefe	–	Selbstversunkenheit
Fähigkeit, nötige Opfer zu bringen	–	Selbstaufopferung
Mystik/Transzendenz	–	Illusionen/Täuschung
innere Einheit	–	symbiotische Beziehungen
Absichtslosigkeit	–	Willenlosigkeit

Glaubensfähigkeit	–	Realitätsferne
Urvertrauen	–	Manipulierbarkeit
innere Führung	–	Verführbarkeit
Selbstlosigkeit	–	Ich-Schwäche
Medialität	–	Hokuspokus/Wahnideen
Trauerfähigkeit	–	Rührseligkeit
Fähigkeit mitzufließen	–	Ziellosigkeit
Fähigkeit, sich einzulassen	–	Zerfließen im Du
innere Einkehr/Meditation	–	Abtauchen/ Fluchtverhalten
Fähigkeit zum Alleinsein	–	Isolation
Weichheit	–	Schwammigkeit
Offenheit für Inspirationen	–	Überschwemmung des Bewußtseins
Phantasiefähigkeit	–	Phantasterei
Inspiration	–	Halluzination

Auf welcher Seite der Medaille wir uns befinden, hängt vor allem davon ab, ob wir den FISCHE-Archetypen verdrängen, uns von ihm überfluten lassen, oder ob wir an seiner Integration arbeiten. Auch FISCHE-betonte Zeitgenossen mögen feststellen, daß ihnen die oben genannten Fähigkeiten gar nicht so geheuer sind. Das liegt in der Regel an einer Unterdrückung dieses Urprinzipes, das in unserer heutigen schnellebigen und veräußerlichten Zeit nicht gerade hoch im Kurs steht. Dennoch – vor allem bei FISCHE-betonten Menschen und Personen mit aktuellem NEPTUN-Transit – fordert es sein Recht und will integriert werden.

Wenn Sie unerlöste beziehungsweise unentwickelte Eigenschaften an sich oder vielmehr Ihrem Verhalten entdecken, ist das kein Grund, diese abzulehnen oder sich deshalb zu schämen. Versuchen Sie statt dessen, sich langsam auf die andere Ebene der Medaille zuzubewegen, indem Sie die unterentwickelten Kräfte kultivieren. Wenden Sie sich diesen Themen bewußt zu und erkennen Sie vor allem auch, was an positivem Potential in den negativen Aspekten steckt. Wenn Sie beispielsweise durch Ihre Träume auf eine gewisse Distanzlosigkeit aufmerksam werden, so denken Sie daran, daß diese unerlöste NEPTUN-Entsprechung lediglich die Schattenseite der Durchlässigkeit und Einfühlungsgabe darstellt. Beispiele dazu finden Sie im Kapitel über die Deutung der Träume und natürlich in Ihren eigenen Träumen und im Alltagserleben.

Die obige Abbildung zeigt eine Karikatur des FISCHE-Prinzips (aus: ZOODIAC von Ronald Searle).

Das Haus der FISCHE: das zwölfte Haus

Das zwölfte Haus beginnt im äqualen Häusersystem, das wir in der energetischen Astrologie heranziehen, bei Grad dreißig des elften Hauses (= null Grad des zwölften Hauses) und wächst gegen den Uhrzeigersinn an, bis es bei einer Ausdehnung von weiteren dreißig Grad den Endpunkt erreicht, den Aszendent »von hinten« berührt und das erste Haus beginnt.

Nachfolgend finden Sie eine Checkliste zur Bedeutung des zwölften Hauses, welches durch das jeweilige Tierkreiszeichen, in das es fällt, und durch die Planetenstellungen darin, modifiziert wird:

- Es hat als labiles Haus *vermittelnde* und *auflösende* Qualität, was sich auf das Tierkreiszeichen und die Planeten im zwölften Haus entsprechend auswirkt.
- Als Wasserhaus bezieht es sich auf die *seelische* Dimension; im labilen Stadium ist es die *Tiefebene* der *innersten Inwendigkeit.*
- In der »Felderwanderung« (Sechsjahreszyklus) beinhaltet es die Art und Weise der Erfahrungen vom 66. bis 72. Lebensjahr.
- Es beinhaltet die Lebensbereiche und Aufgabenstellungen des FISCHE-Archetypen (siehe dazu die Ausführungen im zweiten Kapitel).

Planeten und Zeichen im zwölften Haus zeigen weiterhin:

- was wir in dieser Inkarnation hauptsächlich *loslassen* sollen;
- auf welche Lebensbereiche, Situationen, Wesensseiten, Lernaufgaben wir uns in diesem Dasein besonders *einlassen* sollen;
- die Art und Weise, wie wir Situationen, Beziehungen oder innere Angelegenheiten zu *Ende* bringen;
- die (inneren oder äußeren) Bereiche, die sich in einer *Auflösung* befinden beziehungsweise die in dieser Inkarnation aufgelöst werden sollen;
- was vor allem *erlöst* werden soll beziehungsweise erlösungsbedürftig ist;
- wie und auf welcher Ebene wir mit der *inneren Führung* am direktesten verbunden sind;

- wo wir *Niederlagen* erleben werden, wenn wir unsere Egoismen und Vorstellungen nicht freiwillig loslassen;
- von welcher Art unsere *Verlusterlebnisse* sind;
- was für ein *Opfer* wir in diesem Leben zu erbringen haben;
- Bereiche der (freiwilligen oder zwangsweisen) *Isolation* und *Weltabkehr*;
- wo uns *metaphysische* Erfahrungen am direktesten zuteil werden.

Mit der Deutung von Tierkreiszeichen und Planeten im zwölften Haus ist wie bei der Interpretation der NEPTUN-Stellung zu verfahren. Ein kurzes Beispiel diene der Anleitung: WIDDER im zwölften Haus. Worauf sich der Betreffende lernen muß *einzulassen*, sind Aggressionen, Auseinandersetzungen, »Neugeburten«, neue Situationen, Sex, Lust und Trieb (WIDDER-Themen). In diese Bereiche soll sich der Horoskopinhaber *fallenlassen*, das heißt, er soll behindernde Vorstellungen, Vorbehalte oder zu enge Moralvorstellungen, die er davon haben mag, loslassen. Die Synthese von WIDDER und FISCHEN besteht zum Beispiel darin, Vertrauen zu entwickeln, daß ein tieferer Wille als der Ego-Wille existiert, und zu lernen, diesen Willen des »himmlischen Vaters« zu vernehmen und ihm zu folgen – die »Pferde« der individuellen Willenskraft vor die Kutsche des All-Bewußtseins zu spannen, unter dem Motto »Dein Wille geschehe«. Die Aufgabe lautet, diesen göttlichen Willen, den der Betreffende suchen und dem er folgen soll, nicht in andere Menschen zu projizieren, also nicht falschen Propheten zu folgen.

SONNE, MOND und Aszendent im FISCHE-Zeichen

Als »Inhaber« des Sternzeichens der FISCHE sind wir im FISCHE-Monat geboren und finden die SONNE in dieses Zeichen gestellt. Wenn man sagt, man sei ein FISCH, trifft diese Aussage natürlich nur begrenzt zu. Tatsache ist, daß wir an allen zwölf Archetypen des Tierkreises teilhaben, doch das SONNEN-Zeichen hat überragende, *zentrale* Bedeutung für diese bestimmte Existenz, ob wir das nun wissen oder nicht.

Mit der SONNE in den FISCHEN finden wir uns vor die Aufgabe gestellt, uns mit der FISCHE-/NEPTUN-Energie und deren Entsprechungen zu *identifzieren*, diese vorrangig in die Persönlichkeitsstruktur zu *integrieren* und ein *Bewußtsein* vom eigenen Selbst in diesem Bereich zu entwickeln. FISCHE-Geborene sind, bewußt oder unbewußt, ein *Medium* des FISCHE-Archetypen. Je nach Aszendent und NEPTUN-Stellung wird dies nach außen in Erscheinung treten und sich in den Lebensbereichen des Hauses, in dem die SONNE steht, ausdrücken.

Die FISCHE-Themen, die in diesem Buch dargestellt sind, haben für FISCHE-Geborene lebenslang, ebenso für *alle* Menschen im jeweiligen FISCHE-Monat und bei entsprechenden individuellen NEPTUN-Transiten, Priorität. In der Regel werden wir, am Anfang des Individuationsweges stehend, uns stärker mit den Themen des Aszendentenzeichens (des niederen Selbst) identifizieren. Das ist schon deshalb notwendig, um einen Bezug zur Erde beziehungsweise zum irdischen Dasein herzustellen. Es überrascht also keineswegs und widerlegt die Gültigkeit astrologischer Aussagen nicht, wenn sich mancher bei oberflächlicher Betrachtung in den Themen seines Sternzeichens zunächst nicht wiederzufinden glaubt. Sein Weg ist es, sich zu diesem Archetypen hin zu entwickeln, da er den *Mittelpunkt* dieser Inkarnation darstellt.

Für Außenstehende ist das SONNEN-Zeichen oder »Sternzeichen« nicht so leicht zu erkennen wie der Aszendent, da letzterer die »Außenwirkung« eines Menschen bedeutet. Und sicherlich verhalten sich nicht wenige FISCHE-Geborene untypisch für ihr SONNEN-Zeichen, aber innerlich – wahrscheinlich ohne es bewußt zu erfassen – bewegt sich vieles um FISCHE-Themen, etwa um die Sehnsucht nach Verschmelzung mit dem Du oder um das Bedürfnis, sich fallenzulassen, gehenzulassen. Diese Bereiche sind natürlich für uns alle wichtig, aber für FISCHE-SONNEN stellen sie den Schwerpunkt in dieser Existenz dar, die zentralen Bereiche, die mit dem *höheren Selbst* in Verbindung stehen.

Ein Mitmensch beispielsweise, dessen FISCHE-Zeichen im Horoskop unbetont ist und dessen NEPTUN unproblematisch konstelliert ist, wird die FISCHE-Themen leben, ohne weiter darüber nachzudenken. Für FISCHE-Geborene hat dies aber viel mehr Bedeutung: Ihr *Selbst*bild, *Selbst*bewußtsein, ihre *Identität* und *Integrität* hängen davon ab, was in diesen Bereichen abläuft. Nicht selten wehren sich FISCHE-Geborene, diese Kraft zuzulassen, etwa wenn der Aszendent in einem konträren Zeichen steht. So kann es vorkommen, daß das eigene Sternzeichen mitsamt den Schwächen und Qualitäten verdrängt wird und ein Schattendasein führen muß. Als Resultat *sind wir nicht wir selbst.* Das andere Extrem bestünde in einer Überidentifikation mit dem SONNEN-Zeichen bei Vernachlässigung der übrigen Bereiche. Jeder muß selbst erkennen, auf welcher Seite er/sie steht, und dann ein etwaiges Defizit durch Integration und Beschäftigung mit den unterdrückten Seiten ausgleichen.

Allgemein fühlt sich die SONNE im FISCHE-Zeichen nicht zu Hause, da hier das Feuerelement der SONNE auf das Wasserelement in seiner »wäßrigsten Form« trifft und das Bewußtseinsfeuer zu löschen droht. Das verleiht den FISCHE-Geborenen oftmals einen *weichen, fließenden* Selbstausdruck, der viel für sich hat, jedoch dann problematisch wird, wenn das Selbst (SONNE) *verschwommen* und *undurchsichtig* wird und die Persönlichkeit des Betreffenden wie ein versunkener Schatz in den Tiefen des inneren Meeres ruht. Der FISCHE-Geborene spürt unbewußt, daß er des Menschen größten Schatz, »die individuelle Persönlichkeit«, auf dem Altar der göttlichen Einheit als Opfergang darbringen muß. Doch bevor jemand zu diesem letzten Schritt auf dem Entwicklungsweg reif ist, muß ein stabiles und seiner Selbst bewußtes Ego heranwachsen. Die FISCHE sind eben die letzte Station auf der Reise – alles andere kommt vorher, will vorrangig bearbeitet, gelöst und bewältigt werden. Nur wenn das geschehen ist, wenn wir nichts ausgelassen haben, können wir uns getrost in die FISCHE-Erfahrungsebene hineinfallen lassen und unbeschadet und bereichert – wie die echten Mystiker – aus diesen Tiefenerfahrungen hervorgehen.

Es ist eben das Dilemma der FISCHE-Geborenen, daß sie den Drang haben, eine Seinsebene zu erreichen, die sie mit größter Wahrscheinlichkeit noch nicht bewältigen können. Dann heißt es erst einmal »nachsitzen« und die ungelösten Aufgaben der Vergangenheit lösen. Aber das ist bereits eine zentrale FISCHE-Aufgabe.

Wer die Tiefenerfahrungen und mystischen Einheitserlebnisse der FISCHE-Stufe mit Gewalt erzwingt, etwa durch Drogenkonsum oder zwanghafte und seelenvergewaltigende Methoden der »Hauruck-Erleuchtung«, der wird – da die nötige seelische Reife nicht gegeben ist – sehr wahrscheinlich in den negativen FISCHE-Strudel gesogen und seine geistige, seelische wie auch körperliche Gesundheit aufs Spiel setzen.

Wenn die SONNE das FISCHE-Zeichen durchwandert, dann ist das die letzte Station vor einem neuen Frühling, dessen Beginn immer spürbarer wird, der jedoch noch auf sich warten läßt. Der Winter findet im FISCHE-Zeichen seinen Abschluß, und parallel zu dem Wandel der äußeren Jahreszeiten finden auch in der Seele große Umwandlungsprozesse statt.

Sucht der FISCHE-betonte Mensch sein Heil und seine Sicherheit im Unbewußten beziehungsweise in der vollständigen Verschmelzung mit dem Du, wird der evolutionäre Impuls zur Selbsterfahrung und psychischen Weiterentwicklung als Bedrohung seines (unerlösten) Einheitsgefühles erlebt. Eine FISCHE-SONNE birgt somit das Lebensrätsel der »Meisterung der Illusionen« und der »Befreiung aus jedweder Anhaftung« in sich, was auf höchster Ebene bedeutet, ein »Bewußtsein vom Tod« zu entwickeln. Damit sind das ständige Denken an den Tod und die Angst vor dem Tod *nicht* gemeint. Im Gegenteil, es ist die vollkommene Angstlosigkeit, da die Identifikation mit dem stofflich-vergänglichen Bereich aufgehoben ist (ohne den Bodenbezug zu verleugnen oder zu verlieren). Ein bewußtes Hinübergleiten zwischen den Welten kann dann bereits während des Aufenthaltes in unserem irdischen Körper möglich sein – etwa bei bewußten, jedoch nicht künstlich erzwungenen (!) Astralreisen, das heißt bei einem bewußten Austritt des feinstofflichen Körpers aus dem Erdenkörper.

Haben wir dieses höchste Bewußtsein erzielt, entsteht bei uns auch beim Übergang in die geistige Welt während des Todes des Erdenkörpers keine Lücke; der sonst notwendige »Anpassungsschlaf« entfällt. Für uns besteht in diesem Sinne kein (vorübergehender Bewußtseins-)Tod mehr, da unser Bewußtsein konstant bleibt. Wir sind uns dann sowohl im Diesseits als auch im Jenseits der anderen Welt bewußt. Für die Tibeter wäre das der Zustand eines bewußten Schreitens durch den »Bardo« (den Zustand zwischen den Existenzen), der – wenn überhaupt nötig – eine bewußte Wahl der Wiedergeburt ermöglicht. Derzeit dürften wir wohl bescheidenerweise annehmen, daß wir noch nicht an diesem Punkt angelangt sind.

Da die meisten FISCHE-Geborenen, wie ihre unter anderen Zeichen zur Welt gekommenen Zeitgenossen, nicht erleuchtet sind, dürfen wir auch bei ihnen davon ausgehen, daß sich dieser Archetyp zunächst von seiner unterentwickelten Seite präsentieren wird. Jeder lebt diese Energie auf dem Niveau seines individuellen Reifegrades.

Das schwierige Rätsel der FISCHE-Geborenen ist es, eine Verbindung zwischen der Tiefenschicht des kollektiven Unbewußten (FISCHE) und dem individuellen Selbst (SONNE) herzustellen, ohne dabei von den Inhalten des Unbewußten überschwemmt zu werden. C. G. JUNG meint im *»Geheimnis der goldenen Blüte«* zu dieser Herausforderung: »Das Zusammentreffen des engumschränkten, dafür aber intensiv klaren individuellen Bewußtseins mit der ungeheuren Ausdehnung des kollektiven Unbewußten ist eine Gefahr, denn das Unbewußte hat eine ausgesprochen auflösende Wirkung auf das Bewußtsein.«

Doch allen Schwierigkeiten zum Trotz wissen wir seit den Kindertagen durch die Märchen, daß jede Entwicklung ihren Preis hat und schwierigere Aufgaben eine größere Belohnung für den einbringen, der sie gelöst hat, als leichte. Und eine erlöste FISCHE-SONNE ist zu *bewußten* Realisationen und zur *Integration* von Tiefenerlebnissen fähig, zu denen die im NEPTUN-Kapitel zitierten Erfahrungen von ROMAIN ROLLAND oder STANISLAV GROF gehören.

Bekannte FISCHE-Geborene sind zum Beispiel:

Politiker

MICHAIL GORBATSCHOW (2.3.1931), erster *und* letzter sowjetischer Staatspräsident. Während beziehungsweise nach seiner Herrschaft fand die *Auflösung* der UdSSR statt. Er war das entscheidende Element für die Wiederherstellung der deutschen *Einheit.*

GEORGE WASHINGTON (22.2.1732), amerikanischer General und erster amerikanischer Präsident. Er trat für eine starke Zentralregierung ein und ist gleichsam der Urvater der *Vereinigten* Staaten von Amerika.

AUGUST BEBEL (22.2.1840), Gründer und Führer der deutschen Sozialdemokratie, entschiedener Gegner und Kritiker des »Klassenstaates«. Als FISCHE-Geborenem war es ihm ein besonderes Anliegen, die Menschen, statt in verschiedene Klassen geteilt, als Einheit zu sehen und *Gleichheit für alle* zu fordern. Zeitgenossen sprachen ihm ein *prophetisches* Selbstbewußtsein (=FISCHE-SONNE) zu. Er war ein entschiedener Gegner des im Zeichen des WIDDER geborenen Politikers OTTO VON BISMARCK.

Schauspieler
SIDNEY POITIER (20.2.1927), einer der ersten schwarzen Schauspieler (*»In der Hitze der Nacht«*, *»Flucht in Ketten«*), die Weltruhm erlangten, damit eine bis dato scheinbar unauflösbare Grenze für farbige Schauspieler *auflöste* und die Tür für nachfolgende farbige Stars öffnete. Sein Engagement im Film wie in der Realität galt vor allem der *Auflösung der Rassengrenzen.*
GERT FRÖBE (25.2.1913), deutscher Schauspieler, der vor allem durch seine Rollen von *heimtückischen Ganoven* berühmt wurde, zum Beispiel als Kindermörder in *»Es geschah am hellichten Tag«* oder als Gegenspieler von James Bond in *»Goldfinger«*. Im Kinderprogramm konnte er als *»Räuber Hotzenplotz«* seiner FISCHE-Betonung auf kreative Weise »Luft machen« und als Bösewicht wirken.

Musiker/Sänger
HARRY BELAFONTE (1.3.1927) setzte sich offen für verschiedene Bürgerrechtsbewegungen ein, vor allem für die *Aufhebung der Rassentrennung* und Diskriminierung der Schwarzen. Eine FISCHE-SONNE erträgt keine künstlich aufgebaute Unterscheidung in »bessere Menschen« und »Untermenschen«. Für sein Engagement hätte er sogar, dank der den FISCHEN eigenen Opferbereitschaft, auch seine Karriere *geopfert.*

Dichter/Schriftsteller
JANOSCH (11.3.1931), Kinderbuchautor und -zeichner. Es findet sich eine tiefe, teilweise fernöstlich anmutende *Weisheit* in seinen Kindergeschichten. Er selbst wird in seinen Geschichten durch die Figur des Onkel Popov verkörpert – Onkel Popov ist ein einfacher, *einfältiger* alter Mann, der in der *Abgeschiedenheit* lebt, mit Tieren befreundet ist und deren Sprache spricht, fliegen kann, dies aber nicht besonders hervorhebt, sondern aus völliger *Absichtslosigkeit* heraus handelt.
FRIEDRICH HÖLDERLIN (20.3.1770), am Ende des FISCHE-Monats geboren, dessen Wesen und Werk zeigt, daß die FISCHE auch am

Ende ihres Kraftfeldes, ja vor allem dann, ihre Wirkung zeigen. Hölderlin galt mit 37 Jahren als unheilbar geisteskrank – neben seinem Werk (in bilderreicher und dunkler Sprache) ein Anzeichen dafür, wie stark die *ungreifbare* Macht der FISCHE den Künstler *überflutete.* Die Werke lassen den Leser förmlich in den FISCHE-Bereich *eintauchen,* für den der Dichter ein Medium war, der seine Ich-Identität gegenüber diesen Mächten nicht zu behaupten wußte und *weggespült* wurde. Ein deutliches FISCHE-Thema haben vor allem die Fragmente *»Der Tod des Empedokles«,* welche den *mystischen Opfertod* des Dichters behandeln.

KARL MAY (25.2.1842), deutscher Schriftsteller, machte dem FISCHE-Prinzip der *Phantasie* durch seine abenteuerlichen Reisebeschreibungen alle Ehre – vor allem auch deshalb, weil er die in vielen Einzelheiten geschilderten Länder Nordamerikas und des Nahen Ostens erst danach bereiste. Sein umfassendes Romanwerk stellt eine *Einheit* dar. Vor seiner Schriftstellerkarriere lebte er die unerlöste FISCHE-Seite und kam wegen *Betruges, Hochstapelei* und *Diebstahls* mehrmals ins Gefängnis. In diesem FISCHE-Ambiente der *Isolation* von der Welt begann er zu schreiben; diese engen äußeren Grenzen vermittelten ihm anscheinend auch innerlich die notwendige Struktur, um die rege Tätigkeit des *Unbewußten,* die Bilder- beziehungsweise Phantasieflut in kreative, schriftstellerische Bahnen zu lenken.

ANAÏS NIN (21.2.1903), amerikanische Schriftstellerin, »Muse« HENRY MILLERS.

MANFRED KYBER (1.3.1880), deutscher Schriftsteller und Okkultist (er schrieb vor allem *mystische* Geschichten, zum Beispiel *»Die drei Lichter der kleinen Veronika«, »Der Königsgaukler«*).

Maler

MICHELANGELO (6.3.1475). Er hat, wie selten ein Künstler, die Tradition der Antike mit den Strömungen des Zeitgeistes *vereinigt* und durch sein Werk zeitlosen Ruhm erlangt. Er war *eins* mit seiner Arbeit, ganz *erfüllt* von seinem künstlerischen Schaffen. Das Werk zeugt von des Künstlers Sehnsucht nach *Vollkommenheit* und ist ein Spiegel von dessen *innerer Bewegtheit.* Eines seiner Meisterwerke, *»Das jüngste Gericht«,* ein grandioses Schauspiel von *Erlösung* und *ewiger Verdammnis,* ist besonders deutlicher Ausdruck seiner FISCHE-Betonung.

Unternehmer

ENZO FERRARI (20.2.1898), italienischer Automobilkonstrukteur. Sein Name und die Automarke »Ferrari« wurde zu einem Wahrzeichen des FISCHE-Landes Italien.

JAKOB FUGGER II., der Reiche (6.3.1459), deutscher Kaufmann und Bankier. Durch seinen Reichtum nahm er – aus dem *Hintergrund* – entscheidenden *Einfluß* auf die Politik seiner Zeit. Andererseits betätigte er sich auch als *Mäzen* der katholischen Kirche und karitativer Stiftungen. Die FISCHE-SONNE verlieh ihm trotz seines immensen Reichtums das nötige *Mitgefühl*, das seine mildtätigen Werke und sein finanzielles kirchlich-religiöses Engagement zuließ.

Erfinder/Wissenschaftler

MIRCEA ELIADE (13.3.1907), rumänischer Religionswissenschaftler.

OTTO HAHN (8.3.1879), deutscher Chemiker, Entdecker der Kernspaltung und somit Urvater der Nutzung der Kernenergie; sie führte zur Atombombe. Als FISCHE-Geborener fungierte er damit als Medium des indischen Gottes der Zerstörung, Schiwa. Seit der Existenz der Atombombe ist die *totale Vernichtung*, das *Auslöschen* der gesamten menschlichen Rasse möglich geworden; die atomare Bedrohung kennt *keine Grenzen*.

WILHELM GRIMM (24.2.1786), deutscher Literaturwissenschaftler, brachte gemeinsam mit seinem Bruder JACOB GRIMM die berühmte Sammlung der *»Kinder- und Hausmärchen«* heraus, ein Born der Weisheit der Volks*seele* beziehungsweise des kollektiven Unbewußten. Für Wilhelm Grimm stand, mehr als bei seinem STEINBOCK-geborenen Bruder Jacob, der *mythische* Aspekt im Vordergrund. Und während Jacob zum Beispiel mit seinem *»Wörterbuch der deutschen Sprache«* ein steinböckisches Werk schuf (*Ordnung* und *Klassifizierung* der Sprache), betätigte sich Wilhelm als *Sagenforscher.*

ALEXANDER GRAHAM BELL (3.3.1847), Erfinder des Telefons, einer technischen Errungenschaft, welche die räumlichen Grenzen zwischenmenschlicher Kommunikation *auflöst*. Die weltweite Verbreitung dieser Erfindung führt die Menschen wesentlich näher *zusammen*. Das Telefon ist ein Meilenstein auf dem Weg zu einer *geeinten* Menschheit.

Sonstige
EDGAR CAYCE (18.3.1877), unter dem Namen »Der schlafende Prophet« bekannt geworden. Er besaß hochentwickelte *mediale* Fähigkeiten durch den Zugang seines Bewußtseins zum kollektiven Unbewußten (esoterisch »Akasha-Chronik« genannt).
RUDOLF STEINER (27.2.1861), österreichischer Anthroposoph, Begründer der *Anthroposophie*.
ARTHUR SCHOPENHAUER (22.2.1788), deutscher Philosoph, dessen pessimistische Philosophie die Welt als Vorstellung beziehungsweise *Illusion* des Subjektes und das Leben als triebhaft-dumpfen Urdrang, der nur *Leid* erzeugte, ansah. *Mitleid* war für ihn die entscheidende Komponente des Zusammenlebens, die *Entsagung* von allen Wünschen der einzige Weg zur *Erlösung*, die er für dringend notwendig erachtete.

Weitere Anregungen zum Thema SONNE finden sich im LÖWE-Band; die dortigen Aussagen ergeben, kombiniert mit dem FISCHE-Thema, zusätzliche Ausdrucksvarianten für FISCHE-Geborene.

Mit dem MOND im FISCHE-Zeichen ist, im Gegensatz zum männlichen SONNE-Wesen (Bewußtsein und Individualität), das weiblich-mütterliche Prinzip (das persönliche Unbewußte) mit dem FISCHE-Archetypen verbunden. In dieser Konstellation liegt daher eine *gefühlshafte* Beziehung zur FISCHE-Energie vor, und die Betreffenden drücken die besprochenen FISCHE-Themen vor allem *unbewußt* aus. Trotzdem wird ein FISCHE-MOND zunächst wohl stärkeren Einfluß auf die Gesamtpsyche ausüben als eine SONNE im labilen Wasserzeichen, da wir in der Regel noch ein relativ unbewußtes Dasein führen.

Die Yin-betonte MOND-Kraft hat in dem Yin-Zeichen FISCHE ihre »zweite Heimat«; beide Prinzipien stehen in einem archetypischen Harmonieaspekt zueinander (KREBS, das Zeichen des MONDES, im Sextil zu FISCHE). Die Konstellation läßt sich bildhaft nachvollziehen, wenn wir den Erdtrabanten am nächtlichen Himmel betrachen. Der Mond, der die Sonnenstrahlen reflektiert, erhellt die Nacht und wird so zum Mittler zwischen dem Bewußtsein (SONNE) und dem kollektiven Unbewußten. Wie schon im NEPTUN-Kapitel erwähnt, ist es das MOND-Prinzip (als Sinnbild der

Seele), welches uns den Zugang zu den Tiefendimensionen der raum- und zeitlosen Wirklichkeit jenseits unserer begrenzten Vorstellungen ermöglicht. FISCHE-MONDE sind von daher prädestiniert, auf der Ebene der Gefühle, Phantasien und Träume die Verbindung zum All-Bewußtsein aufzunehmen. Die Seele, die wie das Wasser fließen will, kann diesem Bedürfnis im FISCHE-Zeichen ungehindert nachkommen, falls die Betreffenden nicht durch gegenläufige Tendenzen (etwa aus falscher Moralität oder aus Leistungsdruck) Blockaden errichten.

Die Schattenseite dieser »Ehe« kann in einer *übergroßen Sensibilität* bestehen, die der »rauhen Wirklichkeit« nicht gewachsen ist und das »Heil« in der *Flucht*, im *Abtauchen ins Unbewußte* sucht. Oder aber der FISCHE-MOND geht ganz in seinem Element auf und ist damit zufrieden, in einem Wunsch- und *Traumland* zu existieren, was aber zu Hemmungen in der Persönlichkeitsentwicklung führen kann. Frauen mit dieser MOND-Stellung verbreiten häufig eine Aura von Geheimnis um sich herum und haben etwas Nixenhaftes. Männer, die ihre Anima nicht integriert haben, reagieren nicht selten mit starken Anima-Projektionen darauf und entwickeln eine Sehnsucht, sich in den Tiefen des FISCHE-MONDS zu verlieren. Ein solches Verhalten ist natürlich für beide Partner äußerst problematisch, da derart starke seelische Abhängigkeiten die Individuation blockieren und Regression bedeuten. Andererseits mag gerade für übermäßige Rationalisten ein zeitweiliges Eintauchen in die Gefühlstiefe einer FISCHE-Frau durchaus eine heilsame Wirkung haben, wenn es dem Betreffenden nach einiger Zeit wieder gelingt, »festen Boden unter den Füßen« zu erreichen.

Mit dem FISCHE-MOND neigt man im Bereich der Gefühle leicht zu *Illusionen*, das heißt, man täuscht sich selbst oder andere in bezug auf die eigentlichen wahren inneren Regungen. Ist man sich dessen jedoch bewußt beziehungsweise schafft man den »Sprung« zur Bewußtseinsebene des SONNE-Prinzipes, emanzipiert man sich gegenüber der Herrschaft der unbewußten Kräfte. Denn die Gesetze der »Unterwasserwelt« sind auf das »trockene Land« der äußeren Wirklichkeit nicht übertragbar. So besteht für den FISCHE-MOND-Menschen die Aufgabe darin, seine Gefühlstiefe zu bewahren, ohne sich davon vereinnahmen beziehungsweise das Bewußtsein überfluten zu lassen.

Der Aszendent in den FISCHEN verleiht den Betreffenden häufig etwas *Ungreifbares* in ihrer Außenwirkung. Derjenige mag sich vielleicht selbst ganz anders sehen – etwa durch eine konträre SONNEN- oder MOND-Konstellation bedingt –, doch der Umwelt bietet er/sie zunächst einen äußerst wäßrigen Eindruck. Das kann zu Fehldeutungen bei den Mitmenschen führen, da ein FISCHE-Aszendent meist Probleme damit hat, sich selbst so darzustellen, wie er/sie eigentlich ist, und deshalb oft falsch eingeschätzt wird. Andererseits verkörpert der Aszendent esoterisch gesehen das sogenannte »Erden-Ich«, das »kleine Ego«, an dem wir häufig mehr haften als an unserem höheren Wesen, dem Selbst beziehungsweise SONNEN-Prinzip. Ein Individuum mit einem FISCHE-Aszendenten wird sich also zunächst in diesem Zeichen wiederfinden und deshalb auch nach außen hin den Eindruck erwecken, er/sie hätte wirklich ein derartiges Wesen, was aber meist nicht der Fall ist.

Die SONNE, unser Wesenskern, ist in unseren Inkarnationen das Ziel unserer Reise durch Raum und Zeit – der Aszendent zeigt jeweils den Weg und die Beschaffenheit des Weges auf. In das FISCHE-Zeichen gestellt, wird dieser Pfad rational nicht immer nachvollziehbar sein. Es ist ein Weg, der durch das innere Meer führt und tiefe seelische Erlebnisse bedingt. Häufig hat der Betreffende den Eindruck, daß von ihm große Opfer verlangt werden, was einerseits stimmt, doch leicht auch zu Fehldeutungen führt. Was aufgegeben werden muß, sind vor allem die Illusionen und die Unwesentlichkeiten, mit denen wir uns belasten, keinesfalls aber unser wahres Selbst oder unsere Seele.

Näheres zur Bedeutung der MOND-Energie enthält der KREBS-Band, zum Aszendenten der WIDDER-Band.

Die entsprechenden Aufgaben des FISCHE-Zeichens werden sich für Menschen, die eng mit diesem Lebensrätsel verbunden sind, auch als zentrale Botschaften in den Träumen zu Wort melden. Die Art und Weise des Träumens wird, vor allem bei MOND in den FISCHEN, eher nebulöse, unwirkliche Züge haben. Die Traumbilder dieser MOND-Stellung sind häufig mythologischer Gestalt, was aber nicht bedeutet, daß es sich hier immer um mystische Angelegenheiten handelt. Vielmehr ist der Träumer dann um so mehr gefordert, den Bezug zur Realität, zu seiner Alltagswirklichkeit, herzustellen. Mit fortschreitender Erfahrung in der Traumarbeit werden sich die »Nebel« verziehen und »echte« mythologisch »angehauchte«

Träume, die dem kollektiven Unbewußten entspringen, von mystisch verkleideten Traumbildern zu unterscheiden sein.

FISCHE-betonte Menschen haben oft eine gute Verbindung zu den Träumen, die jedoch meist erst bewußt nachvollzogen werden muß. Traumarbeit bedeutet eben mehr als nur das Träumen an sich, sie legt nahe, daß wir mit den Traumbotschaften umgehen, »arbeiten« müssen. So kann die Traumarbeit ein Medium dafür sein, daß die unbewußte, seelische Wirklichkeit allmählich greifbar wird und sich in die Persönlichkeit integrieren läßt. Für Menschen mit diesem Lebensrätsel ist es eine wesentliche Hilfe, durch die Träume nachzuvollziehen, daß die »geahnte Wirklichkeit des Innern« (HERMANN HESSE) keine Einbildung einer überschäumenden Phantasie ist, sondern Realität, und vor allem, daß dieses Innen mit dem Außen eng zusammenhängt.

Der Gewinn, den FISCHE-Geborene aus der Traumdeutung ziehen, mag daher in erster Linie darin liegen, durch die Träume einen Bezug zur Alltagsrealität (der »relativen Wirklichkeit«) zu bekommen, ohne die Welt des Ungreifbaren, Jenseitigen leugnen zu müssen. Auch wenn die ursprüngliche Motivation für die Traumarbeit in »mystischer Verklärtheit« oder Weltflucht liegen mag – früher oder später werden auch die FISCHE-Geborenen die realitätsbezogenen Alltagshilfen und Desillusionierungen unserer allnächtlichen Begleiter erkennen.

Um ein Gespür für die Tierkreiszeichen zu erwerben, ist es besonders wichtig, das Wissen aus der Literatur in der Praxis umzusetzen. Der astroenergetisch Interessierte kann durch das Wissen um das SONNEN-, MOND- oder Aszendentenzeichen des Gegenübers seine Beobachtungen anstellen und versuchen herauszufinden, wie sich dieser Archetyp im Leben des Betreffenden ausdrückt (im Beruf, seinen Hobbys, Ansichten, Einstellungen, in der Wohnungseinrichtung und so weiter), wo er sich besonders zeigt oder wie sehr er unterdrückt und zurückgehalten wird. Diese Empfehlung möchte ich allerdings nicht als Aufruf zum »Schubladendenken« mißverstanden sehen. Denn es kann nicht das Ziel sein, jemandem ein vorgefaßtes (astrologisches) Bild gleichsam überzustülpen. Vielmehr möchte man diesen Menschen (in erster Linie jedoch sich selbst) mit Hilfe der Astrosprache besser verstehen und sich in dessen Welt leichter hineinversetzen, um zu einer größeren Toleranz zu gelangen.

2
Entsprechungen und Ausdrucksweisen der FISCHE-Energie

In diesem Kapitel soll kurz aufgezeigt werden, wie eng die Entsprechungen eines Archetypen (hier der FISCHE) zusammenhängen und sich durch das Aufeinander-Beziehen selbst deuten und definieren.

Definitionen und Zusammenhänge von zentralen FISCHE-Themen

Einheit und mystisches Erleben

Wenn wir von dem entscheidenden FISCHE-Thema der *Einheit* sprechen, dann gilt das im gleichen Maße für die Dimension des Mikrokosmos und des Makrokosmos. Sowohl die Zelle, der grundlegende Baustein des Lebens, als auch der gesamte Kosmos bilden eine Einheit. Wir unterscheiden also verschiedene »Größen«, wenn wir Einheiten beleuchten. Das Prinzip der Einheit, das hinter allen Erscheinungen wirkt, bleibt jedoch immer dasselbe, zum Beispiel die Einheit unseres Körpers, die Einheit der menschlichen Rasse, die Einheit der irdischen Erscheinungen, die Einheit der Erfahrungen einer individuellen Inkarnation, die Einheit aller Inkarnationen, die Einheit von Raum und Materie, die Einheit von Energie und Materie, die Einheit allen Seins im göttlichen Ursprung.

Die Erfahrung der Einheit – auf welcher der genannten Ebenen auch immer – ist ein *inneres* Erlebnis. Einheit kann nicht gedacht, nicht vorgestellt werden. Und wenn es im Christentum heißt, daß man sich kein Bild von Gott machen solle, dann ist damit gemeint, daß man keine bestimmte Vorstellung mit der Einheit verbinden soll, weil die lebendige Ganzheit jenseits aller rationalen Erwägungen liegt.

Die moderne Physik ist es, die sich auf wissenschaftlichem Wege dem Bewußtsein von der Einheit allen Seins annähert. FRITJOF CAPRA hat dies schriftlich niedergelegt. In seinem *»Tao der Physik«* schreibt er: »In der modernen Physik zeigt sich das Universum als dynamisches, unteilbares Ganzes, das seinem Wesen nach immer den Beobachter einschließt. Hier verlieren die traditionellen Begriffe von Raum, Zeit, von isolierten Objekten, von Ursache und Wirkung ihre Bedeutung. Diese Erfahrung ist jedoch der der östlichen Mystiker sehr ähnlich.«

Die lebendige Erfahrung der Einheit ist ein *mystisches Erlebnis*, das jenseits aller Begrifflichkeit liegt; das »Namenlose« öffnet sich vor dem, der in diese Dimension eintaucht. Es ist die *tiefste Ebene* des Seins damit gemeint, von der auch ALBERT EINSTEIN sagte, das Tiefste, das wir erfahren könnten, seien die Offenbarungen der Mystik. Hier liegt der Zusammenhang zwischen den FISCHE-Themen »Einheit«, »Mystik« und »tiefste Tiefe«.

Im Tiefschlaf taucht die Seele in die Sphäre der *innigsten Inwendigkeit* unserer Einheit ein. Es ist eine *bildlose* Ebene, die sich von den Traumphasen durch ihre größere Tiefe beziehungsweise »Jenseitigkeit« unterscheidet. In dieser direkten Erfahrungsebene ist die Trennung von Subjekt und Objekt aufgehoben, hier findet das *Verschmelzen* im Urmeer der Einheit allen Seins statt, in die unsere Seele allnächtlich für kurze Momente zur Regeneration eintaucht. Unser Bewußtsein ist bei diesen Einheitserfahrungen meist ausgeschlossen, da es in gegenläufiger Richtung arbeitet und trennt, analysiert, wertet, anstatt zu verbinden.

Methoden, die transzendentalen Einheitserfahrungen zu erlangen, kennt der Ferne Osten in den verschiedenen »Tantra-Systemen«; auch der rechte Umgang mit der Sexualität kann dabei als Medium dienen. Freilich gleicht das, was bei uns als Tantra verstanden beziehungsweise zu übernehmen versucht wird, nicht immer dem, was der fernöstliche Geist damit verbindet. Unabhängig davon besteht die FISCHE-Seite der Sexualität und des Geschlechtsverkehres darin, durch die körperlich-seelische Verschmelzung der Partner im Orgasmus für einen kurzen Augenblick gefühlshaft in den Zustand der Einheit einzutauchen.

Einheit bedeutet *Vollkommenheit* und setzt die Integration aller Teilaspekte des Ganzen (astrologisch: aller Zeichen des Tierkreises) voraus. Es ist ein Bewußtseinszustand damit gemeint, der die Gegensätze nicht leugnet, sondern der jenseits der Polarität des Erden-Ichs liegt. Im Indischen nennt man diese Bewußtseinsstufe »Nirwana«, abgeleitet von »nirdwandwa«, was »frei von Gegensätzen« bedeutet und als höchste Ebene gilt. Nach CARL GUSTAV JUNG ist die »Vereinigung der Gegensätze auf höherem Niveau ... keine rationale Angelegenheit und ebenso wenig eine Sache des Wollens, sondern ein psychischer Entwicklungsprozeß, der sich in Symbolen ausdrückt«.

Die Realisation der Ganzheit bedeutet für die Psyche, sich allen Aspekten des Lebens gegenüber zu öffnen, alle Seiten der Existenz (astrologisch gesehen alle Archetypen des Tierkreises beziehungsweise Kräfte der Planeten) integriert, die innere Einheit gefunden zu haben. Wenn wir auf unserer langen Pilgerreise an der »Endstation« der FISCHE-Ebene angelangt sind, werden wir gerne und freiwillig von den festen Grenzpunkten eines trennenden Ichs loslassen, in dem Vertrauen, daß wir als Individuen dabei nicht untergehen, sondern durch ein voll entwickeltes Selbstbewußtsein flexibel mit der Ich-Struktur umgehen können.

In der mystischen Erfahrung der kosmischen Einheit, unseres Einsseins mit dem Schöpfer und der Schöpfung, erkennen wir die »absolute Wirklichkeit« des Daseins. Bevor wir unbeschadet in dieses All-Bewußtsein eintauchen können, ist es notwendig, die »relative Wirklichkeit« unseres Alltagslebens zu meistern – gleichsam als Vorbereitung –, um die nötige Reife zu gewinnen. Tiefenpsychologisch betrachtet bedeutet die mystische Einheitserfahrung, daß das Bewußtsein sich nicht mehr mit seinen Inhalten identifiziert. Letzteres ist laut C. G. JUNG aber nur dann der Fall, wenn das Leben so erschöpfend und mit solcher Hingabe gelebt wurde, daß keine unbedingten Lebensverpflichtungen mehr existieren und darum der innerlichen Weltüberlegenheit kein Verlangen, das nicht unbedenklich geopfert werden könnte, mehr im Wege steht. In dieser Beziehung nütze es nichts, sich selber anzulügen. Wo man noch verhaftet sei, sei man noch besessen.

Im Fernen Osten ist die Ebene der Einheit (das »Nirwana«) eng mit dem buddhistischen Begriff »Shunyata« verknüpft, der die »Leere des Seins« meint. Im Zustand des Shunyata zu sein bedeutet, alle intellektuellen Begriffe und Vorstellungen vom Leben beziehungsweise von der Wirklichkeit hinter sich gelassen zu haben. Wir realisieren, daß alle Begrifflichkeit, alle Bilder letztlich leer, hohl wie »Schokoladeosterhasen« sind. Die eigentliche, *lebendige Wirklichkeit* befindet sich jenseits der Begriffe, Namen und Vorstellungen und ist – um notgedrungen wieder einen Begriff zu gebrauchen – am ehesten mit einem »formlosen Energiefeld« zu beschreiben. Für FRITJOF CAPRA ist die Realität der »Leere« kein Zustand des bloßen Nichts, sondern die eigentliche Quelle allen Lebens und die Essenz aller Formen.

Um für neue Impulse aufnahmefähig zu werden, müssen wir unser »Seelengefäß« vorher ausleeren, wie man aus einem Glas den abgestandenen Rest des Getränkes vom Vortag ausgießt (und es reinigt =JUNGFRAU-Prinzip), bevor man neuen Wein einschenkt. Auf die Atmung bezogen ist die FISCHE-Phase das *Endstadium* der Ausatmung, das kurze Innehalten, das *Dazwischen* vor dem erneuten Einatmen.

Das Jenseits

Das Zeichen der FISCHE konfrontiert uns mit dem *Jenseits*, und zwar mit dem *Jenseits* aller Vorstellungen, Erscheinungen und Bilder (auch der Traumbilder). *Jenseits* von Zeit und Raum und von Gut und Böse offenbart sich die (erlöste) FISCHE-Seite in der *inneren Führung* (NEPTUN) durch das *kosmische Unbewußte*. Unsere Träume sind Botschaften und Wegweiser dieser kosmisch-göttlichen Quelle, auch wenn wir das nicht immer so deutlich nachzuvollziehen vermögen, wie es beispielsweise in den in der Bibel wiedergegebenen Träumen der Propheten der Fall ist. Die Frage, ob Träume sich auch »böse« beziehungsweise negativ für uns auswirken könnten, ist schon deshalb eindeutig zu verneinen, weil diese einer Dimension jenseits unserer irdischen Ansichten über »richtig und falsch«, »positiv und negativ« entspringen. Selbst wenn Alpträume uns martern, ist deren zugrundeliegendes »Motiv« in jedem Falle ein schöpferisches, lebensförderndes Anliegen – obwohl unser Verstand das häufig nicht wahrhaben will. Indem gerade die emotional aufwühlenden Träume auf Defizite und dringend erforderliche Problembewältigungen hinweisen, tragen sie kreativ zur Beseitigung von Entwicklungshindernissen bei.

In der volkstümlichen Vorstellung ist das Jenseits der Bereich, in den die Seelen der Verstorbenen eingehen. Doch diese Definition ist zu begrenzt, da unsere unsterbliche Geist-Seele auch während einer Inkarnation mit dieser »jenseitigen« Dimension verbunden bleibt. Auf der Ebene der Träume werden wir zuweilen mit dem »Jenseits« in Berührung gebracht, etwa wenn wir geliebten Menschen begegnen, die schon »von uns gegangen« sind. Häufig fühlen die Träumer nach einer solchen bewegenden Begegnung, daß es sich hier um mehr als nur einen »subjektiven« Traum gehandelt haben muß und möglicherweise ein »objektives« Zusammentreffen mit diesem Geistwesen erfolgt. Daß sich die hinübergegangene Seele im Gewand ihrer früheren Inkarnation dem Hinterbliebenen zeigt, ist schon deshalb nötig, damit der Träumende diese Erfahrung zumindest einigermaßen nachvollziehen kann. Diese natürliche Art des Kontaktes zwischen den »Reichen« ist in jedem Fall den erzwungenen »Jenseitskommunikationen«, etwa durch sogenannte »spiritistische Sitzungen« vorzuziehen. Bewegen wir uns im Bereich der FISCHE, ist jedes egoistische Bestreben äußerst schädlich. Einheit, mystische Erlebnisse, Jenseitskontakte oder Raum und Zeit überwindende Erfahrungen lassen sich nicht (ohne unerwünschte Nebenerscheinungen) erzwingen. Da unser kleines Ego nicht wissen kann, was für unsere seelische Entwicklung gut ist, sollten wir die Angelegenheiten dieses Bereiches der inneren Führung überlassen. Mitfließen mit dem Fluß des Lebens, das Loslassen von Vorstellungen, das Handeln aus Absichtslosigkeit, Tun im Nichttun sind die Zauberworte, welche sich auf die Ebene der FISCHE beziehen – und diese Ebene betrifft letzten Endes uns alle.

Absichtslosigkeit und Mitfließen

Im altchinesischen Taoismus findet das erlöste FISCHE-Bewußtsein seinen klarsten Ausdruck. Ein chinesischer Philosoph des zweiten Jahrhunderts v. Chr. sagt dazu: »Wer mit dem Lauf des Tao übereinstimmt und den natürlichen Vorgängen des Himmels und der Erde folgt, findet es leicht, die Welt zu lenken. ... Die der natürlichen Ordnung folgen, fließen im Strom des Tao.« Der Taoismus beschreibt das »Tun im Nichttun«. »Wu-Wei«, die taoistische Lebenseinstellung, bedeutet nach JOSEPH NEEDHAM eine »Enthaltung von gegen die Natur gerichteten Handlungen«. Und LAO-TSE, der »Urvater« des Taoismus, drückt in seinem *»Tao te king«* aus, daß durch *Nichthan-*

deln alles getan werden kann. Für unsere westliche »Macher-Mentalität« muß eine solche Lebensphilosophie, welche die Absichtslosigkeit als Grundlage des Handelns in den Vordergrund rückt, freilich unverständlich erscheinen. Unbegreiflich bleibt sie aber nur so lange, bis wir ein Gespür für die eigentliche, energetische Wirklichkeit hinter den Erscheinungen entwickeln.

Auch die hinduistische Philosophie geht von einem rhythmisch pulsierenden Kosmos aus, in dem alles fließt und sich in ständigem Wandel befindet. Statische Formen werden als »Maya« angesehen, die nur als illusorische Vorstellungen in unseren Köpfen existieren. Im Buddhismus spricht man von »Samsara« und meint dabei ebenso eine Welt, die in ständigem Wandel, in ständiger Bewegung, im Fluß ist. Erleuchtet zu sein bedeutet in diesem Sinne, dem Lebensfluß keinen Widerstand mehr zu leisten, sondern mit ihm mitzufließen; BUDDHA wird in diesem Zusammenhang auch als »Tathagata«, »Der so kommt und geht«, bezeichnet.

Die Voraussetzung für das Erlangen einer *gelassenen* Bewußtseinsart ist die Entwicklung von *Absichtslosigkeit* als Grundlage unseres Denkens und Handelns. Die Lehre Buddhas unterscheidet hier drei grundsätzlich verschiedene Arten des Tuns: Das Tun aus schlechter Absicht, welches schlechtes Karma erschafft, das Tun aus guter Motivation, das gutes Karma erzeugt, und schließlich das absichtslose Tun, welches kein Karma erzeugt und die Seele dadurch aus dem Rad der Wiedergeburten erlöst.

Absichtslosigkeit ist eine Tugend, die dem Geist des »modernen Menschen« zunächst zu widersprechen scheint. Schließlich haben wir unser Ich-Bewußtsein mühsam aus den Zwängen eines magischen Weltbildes »herausgeschält« und fürchten, in alte Abhängigkeiten zurückzufallen, wenn wir unser Ego aufgeben. Die Grundbedingung für ein wahrhaft absichtsloses Sein ist daher die Entwicklung einer reifen, abgeklärten Persönlichkeit, welche ihre Handlungsimpulse aus dem kosmischen Unbewußten schöpft. Absichtslos zu sein heißt ja nicht, etwa nur noch im Bett zu liegen und passiv zu bleiben. Vielmehr bezeichnet es die Entwicklung eines *intuitiven Gespürs* für die Richtung unserer Handlungen.

Vielleicht mögen Sie, liebe Leserin und lieber Leser, an dieser Stelle einmal innehalten und sich fragen, ob Sie schon solche Erfahrungen gesammelt haben – Erfahrungen, in denen Sie »instinktiv« das

Richtige ausführten, ohne danach zu fragen, was es einbrächte, ohne auf das Resultat zu schielen. Und war es dann nicht so, daß das Ergebnis dieses absichtslosen Tuns für alle Beteiligten (vom Blickwinkel der seelischen Entfaltung aus betrachtet) letztendlich stimmig gewesen ist?

Urvertrauen, Glaube

Der Begriff der Absichtslosigkeit bringt uns wieder zu der Fähigkeit und Notwendigkeit zurück, sich richtig fallenzulassen, das heißt, sich auf die Kraft des All-Bewußtseins einzulassen, sich darin »einzubetten«. Wie wesentlich das Fallenlassen in unserem Dasein ist, zeigen uns beispielsweise die vielen Fallträume, die wir im Laufe unseres Lebens, vor allem auch in der Kindheit, haben. Solche Träume, in denen wir häufig meinen, ins Bodenlose zu stürzen, konfrontieren uns zumeist mit den Ängsten und der Notwendigkeit, uns in einer bestimmten Situation fallenzulassen. Die Angst, die wir träumend ausstehen, wenn wir in die Tiefe stürzen, entspringt unserer Sicht eines Daseins, das als »Faß ohne Boden« keinen Halt bietet, und wir befürchten, uns spätestens mit dem Tod des Körpers im Nirgendwo zu verlieren.

An dieser Stelle wird die Frage nach dem *Urvertrauen* und dem *Glauben* aktuell. Wahrer Glaube schöpft aus der Tiefe der eigenen, innigen Erfahrungen und befindet sich jenseits intellektueller Glaubensspekulationen oder »aufgesetzter« Glaubensbekenntnisse. Die Glaubenskraft hängt mit dem Grad des Loslassens von Vorstellungen und Hintergedanken, also auch mit Absichtslosigkeit zusammen. Wenn es heißt, daß Glaube Berge versetze, dann kann sich das nur auf ein unerschütterliches Vertrauen in das Sein beziehen, das sich keine Hintertürchen offenhalten muß.

Solange alles gut verläuft, fällt es in der Regel nicht schwer, Vertrauen zu demonstrieren. Wahres Vertrauen erweist sich jedoch gerade in schwierigen Situationen, in denen wir herausgefordert sind, etwas Wichtiges zu verlieren scheinen, von einer Niederlage oder durch Krankheit, Verlassenwerden, Tod bedroht sind. Ein biblisches Beispiel dafür ist die Passage »Die Jünger im Sturm« in Matthäus 8, 23–26: »Jesus stieg in das Boot und seine Jünger folgten ihm. Als sie auf dem See waren, kam ein schwerer Sturm auf; die Wellen türmten sich und drohten, das Boot unter sich zu begraben. Aber Jesus schlief. Die Jünger weckten ihn und riefen: ›Rette uns, Herr, wir gehen unter!‹ Jesus sagte zu ihnen: ›Warum habt ihr solche Angst? Ihr habt zu wenig Vertrauen!‹ Dann stand er auf und bedrohte den Wind und die Wellen. Da wurde es ganz still.«

Ergeht es uns nicht meist ähnlich wie den Jüngern im Boot, wenn wir durch die »Stürme des Lebens« erfahren müssen, daß das vermeintliche Vertrauen in das Leben sich als äußerst zerbrechliche Illusion herausstellt? Die FISCHE-Lektion lautet daher, schon in »guten Zeiten« das Loslassen zu üben, um dann in den schweren Tagen nicht aus der Fassung zu geraten. Sie bedeutet uns, Vertrauen zu investieren, wenn wir innerlich stabil sind und (scheinbare) Rückschläge ertragen können, um später zu realisieren, daß doch alles seine Richtigkeit hatte. Und sie lehrt uns zu erkennen, daß Vertrauen in das Leben auch bei (scheinbaren) Niederlagen gerechtfertigt ist, da schmerzhafte Erfahrungen zuweilen nötig sind, um uns auf unseren Weg zurückzubringen.

Vor allem der alljährliche FISCHE-Monat ist eine solche Hauptübungszeit, die uns vorführt, wo wir tatsächlich stehen, ob wir wirklich Vertrauen in das Leben haben. Jeder Mensch wird innerhalb dieser dreißig Tage im Rahmen seiner individuellen Kulisse mit FISCHE-Themen wie Loslassen und Vertrauen konfrontiert. Es ist ein Monat des Trainings dafür, wenn die langen Phasen des Loslassens (vor allem die NEPTUN-Transite), die verstärkt unser Vertrauen herausfordern, kommen werden.

Was haben nun Vertrauen und Glaube mit dem Beten gemeinsam? Das wahre Gebet ist Meditiation, wie schon CHRISTUS mit den Worten sagte: »Wenn ihr betet, dann tut es nicht wie die Scheinheiligen! Sie stellen sich gern zum Gebet in den Synagogen und an den Straßenecken auf, damit sie von allen gesehen werden. Ich versichere euch: sie haben ihren Lohn schon kassiert. Wenn du beten willst, dann geh in dein Zimmer, schließ die Tür zu und bete zu deinem Vater, der im Verborgenen ist. Dein Vater, der auch das Verborgenste sieht, wird dich dafür belohnen. Wenn ihr betet, dann leiert nicht endlos Gebetsworte herunter wie die Heiden. Sie meinen, sie könnten bei Gott etwas erreichen, wenn sie besonders viele Worte machen. Ihr sollt es anders halten. Euer Vater weiß, was ihr braucht, bevor ihr ihn bittet.« (Matthäus 6, 5–8)

Damit ist gemeint, nach Innen in das »stille Kämmerlein unserer Seele« zu gehen, die Bewußtseinspforten (vor den Eindrücken der Außenwelt und der Gedanken) zu verschließen. Wirkliches Gebet ist ein Zustand des vertrauensvollen »Sicheinbettens« in die »göttliche Hand«, die alles trägt, ist wahre Kontemplation statt magischer Beeinflussungsversuche oder der Bitte um Wunscherfüllung. Die Wünsche, um deren Erfüllung wir im Gebet bitten, verraten einen ängstlichen Charakter, der nicht davon ausgeht, daß er ohnehin das bekommt, was er braucht, und der nicht glaubt, daß für sein Heil gesorgt ist, wenn er nur vertraut. Das wirkliche Gebet entstammt von daher nicht dem Wort »bitten« sondern dem »Betten«, das »sich einbetten in Gott« bedeutet. Ein solcher innerer Zustand ist natürlich nicht so schnell zu erreichen und schon gar nicht gewaltsam oder mit Absicht zu erzeugen. Die Kunst der echten Meditation besteht in der Entfaltung einer bewußten Absichtslosigkeit und des Loslassens von Vorstellungen – auch was die Meditation selbst und deren Resultate betrifft.

In dem folgenden Traum einer unter Lebensangst leidenden Frau wird die enge Verbindung des Betens mit dem Vertrauen und der Hingabe offenbar:

»Ich sehe eine Wolke, dahinter ist die Sonne. Zuerst ist mir die Wolke angenehm. Dann regnet es aus der Wolke heraus, immer mehr, und hört nicht auf. Das macht mir angst. Ich habe Bedenken, daß der See all das Wasser nicht aufnehmen kann und überlaufen wird. Dann sehe ich auf der anderen Seite, im Westen, eine dunkle Regenwolke, die ich ebenfalls als bedrohlich empfinde. Ich habe große Angst, bis mir plötzlich der Satz in den Sinn kommt: ›Da hilft nur noch Beten.‹ Das nimmt mir die Angst.«

Bei dieser Frau bezieht sich der Traum auf die Integration ihrer gesamten Gefühlspalette. Die Angst vor den inneren dunklen Regungen (die dunkle Regenwolke im Traum) gipfelt in der Furcht vor dem Überlaufen des Sees, wenn die Wolke abregnet. Sie fürchtet, von den Inhalten des Unbewußten überschwemmt zu werden, wenn sie losläßt und die Natur ihren Lauf nimmt. Ihr Urmißtrauen spiegelt sich beispielsweise darin wider, daß sie sich im Stadtbus nur neben die Ausgangstüre setzen kann. Sie hält sich, im übertragenen Sinne, immer ein Hintertürchen offen, begegnet dem Lebensfluß mit negativer Einstellung. Eine solche Verdrängungshaltung und ein Kontrollzwang können nur durch eine »Vertrauensinvestition« aufgehoben werden. Am Schluß des Traumes wird ihr des Rätsels Lösung offenbar. »Da hilft nur noch Beten« bedeutet, eine Atmosphäre des Vertrauens und des Sicheinbettens in das Leben zu schaffen – dann fällt die Angst von selbst ab, wie das im Traum ja der Fall gewesen ist.

An dieser Stelle scheint mir ein Gleichnis zum Thema »Vertrauen« beziehungsweise »Sich-tragen-Lassen« angebracht. Die nachfolgende Geschichte ist in dem Buch *»Den Himmel erzählen«* von PETER MUSALL nachzulesen:

Nur ein Paar Füße

Eines Nachts hatte ein Mann einen Traum.

Er träumte, er würde mit Christus am Strand entlangspazieren. Am Himmel über ihnen erschienen Szenen aus seinem Leben. In jeder Szene bemerkte er zwei Paar Fußabdrücke im Sand, eines gehörte zu ihm, das andere zum Herrn. Als die letzte Szene vor ihm erschien, schaute er zurück zu den Fußspuren und bemerkte, daß sehr oft auf dem Weg nur *ein* Paar Fußabdrücke im Sand zu sehen war. Er stellte ebenfalls fest, daß dies gerade während der Zeiten war, in denen es ihm am schlechtesten ging.

Dies wunderte ihn natürlich, und er fragte den Herrn: »Herr, du sagtest mir einst, daß ich mich entscheiden solle, dir nachzufolgen; du würdest jeden Weg mit mir gehen. Aber ich stellte fest, daß während der beschwerlichsten Zeiten meines Lebens nur *ein* paar Fußabdrücke zu sehen ist. Ich verstehe nicht, warum! Wenn ich dich am meisten brauchte, hast du mich allein gelassen.«

Der Herr antwortete: »Mein lieber Freund, ich liebe dich so sehr, daß ich dich niemals verlassen würde. Während der Zeiten, wo es dir am schlechtesten ging, wo du auf Proben gestellt wurdest und gelitten hast – dort, wo du nur *ein* Paar Fußabdrücke siehst –, es waren die Zeiten, wo ich dich getragen habe.«

Wir können uns nun fragen, wo wir schon getragen wurden, wo wir aus eigener Kraft definitiv nicht weitergekommen sind, wo wir geführt wurden, uns anvertraut haben und gute Erfahrungen damit gesammelt haben, um dieses Vertrauen in uns zu stärken.

Die Verführung

Im Gegensatz zu der »inneren Führung«, von der in diesem Buch öfters die Rede ist, sei noch deren Antipode beziehungsweise Schattenseite erwähnt: die *Verführung*. Verführung statt Führung besteht dann, wenn wir auf die falschen Stimmen, die falschen Propheten hören, vor allem, wenn wir unsere Lebensführung in die Hände von anderen Menschen legen. Damit ist nichts gegen eine zeitweilige hilfreiche Begleitung durch einen Freund, Therapeuten oder Priester gesagt, wenn klar ist, daß die Entscheidung für unser Handeln letztlich nur *in uns selbst* liegen kann, daß wir unserer »inneren Stimme« mehr vertrauen als den Mitmenschen. Aber auch hier gilt es zunächst, herauszufinden, herauszuhören, welche von den vielen Stimmen beziehungsweise »Seelen in unserer Brust« die rechte ist, die uns sicher durch das Labyrinth unseres Lebens zu führen vermag. Das ist wohl die entscheidende Aufgabe im Leben: herauszufinden, welche der vielen inneren beziehungsweise verinnerlichten Stimmen aus der Tiefe des All-Bewußtseins schöpft und unserem Wesen und Weg gerecht wird. Hier liegt die tiefste und wesentliche Aufgabe der Traumarbeit: Über die Träume allmählich ein Gespür für die wahre Stimme der inneren Führung zu bekommen und nicht länger verinnerlichten Leitbildern zu folgen, die uns nicht entsprechen.

Illusionen, Selbsttäuschungen, Fluchtverhalten

Wenn wir uns im Bereich der FISCHE bewegen – also mit Glauben, Urvertrauen, Einheit, Loslassen befaßt sind –, verlassen wir den »festen Boden der Tatsachen« und laufen Gefahr, uns in *Illusionen* und *Selbsttäuschungen* zu verlieren. Vor allem bei mangelhaft entwickelter Vernunft und Selbstkritik (das heißt bei nicht integriertem JUNGFRAU-Archetypen) sowie fehlendem Selbstbewußtsein (LÖWE) werden wir leicht zum »Spielball in den Wellen« des Unbewußten oder manipulativer Kräfte – besonders dann, wenn wir unvorbereitet und mit falschen Führern (Drogen oder zweifelhaften Gurus) gewaltsam Erleuchtung oder Weltabkehr suchen. Nicht selten verbirgt sich hinter »erhabenen« Motiven eine Lebensangst und die Weigerung, sich den Herausforderungen des Lebens zu stellen.

Fluchtverhalten hat verschiedene Gesichter. Es kann sich in einer *symbiotischen* Beziehung manifestieren, durch Flucht in Drogen, Arbeit, fanatische Ideen, Religion. Alles kann zur Flucht benutzt werden, das jeweilige Fluchtobjekt wird letztlich zum *Sucht-* und *Verdrängungsmittel.* Wir fliehen, um unsere Illusionen aufrechtzuerhalten. Die Flucht ist die Weigerung, uns selbst und dem Leben ins Auge zu blicken. Und da wir oft flüchten, ist die Häufigkeit von *Fluchtträumen* nicht verwunderlich. Ob als Kind, Erwachsener oder Greis – Fluchtträume werden uns so lange heimsuchen, bis wir nicht mehr vor den Verfolgern, den Herausforderungen des Lebens, davonlaufen.

Jeder von uns kennt sie, die quälenden Träume, wenn wir fliehen wollen, aber kaum von der Stelle kommen, oder wenn die Häscher sich unaufhaltsam nähern. Doch auch diese Träume haben keineswegs die Absicht, uns zu peinigen, sondern spiegeln die peinigenden Gefühle in einer bestimmten Lebenslage oder aufgrund allgemeiner Lebensangst wider. Gleichzeitig fordern sie dazu auf, uns der scheinbaren Bedrohung zu stellen und zu erkennen, daß unsere aufgebauschten Befürchtungen auf Illusionen beruhen. »Nichts wird so heiß gegessen, wie es gekocht wird«, weiß der Volksmund in dieser Hinsicht zu beruhigen. Illusionen zu erkennen und aufzulösen ist keine leichte Aufgabe, da das Wesen der Täuschungen ja darin besteht, sich ihrer zumeist nicht bewußt zu sein. Häufig bedarf es der Träume, wenn wir Selbsttäuschungen erkennen, aber auch Unehrlichkeiten unserer Mitmenschen durchschauen wollen.

Einer älteren Seminarteilnehmerin wurde in einem Traum gezeigt, wie sie sich in illusionäre Höhen verstiegen hatte und etwas unsanft auf den Boden der Tatsachen zurückgeholt wurde. Sie träumte im FISCHE-Monat:

»Ich stehe auf der vorletzten Stufe einer ungewöhnlich hohen Leiter. Ich habe dunkle Mäntel unter dem Arm und frage mich schon, was ich hier oben stehend mit den Mänteln mache. Plötzlich kippt die Leiter um, und ich falle langsam nach vorne auf den Boden. Da ich auf die Mäntel falle, verletze ich mich nicht dabei.«

Die ältere Dame brachte die Mäntel mit einer Hochzeit in Verbindung, welche sie tags zuvor beobachtet hatte.

Braut und Bräutigam waren wegen Regenwetters in diese Mäntel gehüllt zur Kirche gekommen. Trauungen mitzuverfolgen rührt häufig tief an – vor allem im FISCHE-Monat! – und erinnert uns an unsere eigene Hochzeit. Unbewußt mögen in der Träumerin die ehelichen Illusionen, die sie zu Beginn der Verbindung im siebten Himmel schweben ließen, wieder aufgetaucht sein. Doch die lange Zeit der Ehe, der Eheailtag hat sie längst eingeholt, heruntergeholt aus diesen Höhenflügen. Mit dem Traum könnten wir sagen, daß es wohl eher eine »Bauchlandung« war, ein abruptes Erwachen aus den Wunschträumen. Es ist eine schwierige Aufgabe, die Rückkehr auf den Boden der Wirklichkeit unbeschadet zu überstehen, nicht aus Enttäuschung seelisch zu verhärten. Die Mäntel dämpfen den Aufprall, und wir dürfen annehmen, daß die Erzählerin genügend innere Polsterung besitzt, um ihre Situation zu meistern.

Erkennen wir, daß wir liebgewordene Illusionen, Wunschträume oder Hoffnungen loslassen müssen, ist ebenso *Trauerarbeit* notwendig, wie das beim Verlust einer Bezugsperson geschieht. Trauergefühle gehören nicht in die Skala der »beliebten« inneren Regungen, da wir uns eine gewisse Zeit, während die Seele trauert, mehr nach innen wenden müssen, um daran arbeiten, den Schmerz akzeptieren und schließlich loslassen zu können.

Verdrängte Trauer verhärtet seelisch, da das »Wasser der Tränen« ausbleibt, welches die Seele zur Verarbeitung der Trauer weich und empfänglich macht. Um so wichtiger sind hier die Träume, die verdrängte Trauergefühle ins Bewußtsein zurückbringen wollen.

Eine junge Frau träumte im FISCHE-Monat:

»Ich bin im Krankenhaus, in einem Zweibettzimmer, habe als Bettnachbarin eine junge Frau, mit der ich mich gut verstehe. Da kommt die Krankenschwester herein und sagt, daß aus Platzmangel noch ein Bett dazugestellt werden müsse. Sie schiebt aber kein normales Krankenbett, sondern eine Art Feldbett herein. Dann verlasse ich das Zimmer. Ein Pfleger zeigt mir eine tiefe Schnittwunde am Arm eines Patienten und schwärmt dabei vom Wunder der Wissenschaft und des medizinischen Fortschrittes. Dann werde ich von einer aufgeregt klingenden Stimme zu meinem Zimmer gerufen. Ich finde ein blondes Mädchen (etwa 14 Jahre alt) vor, das sich hier erhängt hat. Ich muß entsetzlich weinen, spüre furchtbare Trauer wegen des Mädchens, das ich nur von hinten sehen kann.«

Die Träumende belegte ein paar Monate zuvor, als sie eine Fehlgeburt zu beklagen hatte, auch in der Realität dieses Krankenzimmer. Sie glaubte, den Schmerz schon verwunden zu haben, doch der Traum brachte ihr noch einmal intensive Trauergefühle ins Bewußtsein. Weshalb war es aber ein 14jähriges Mädchen, das im Traum den Tod fand? Die Träumerin verlor in diesem Alter ihren Vater und erinnert sich, die Trauer damals unterdrückt zu haben. Damit hat sie aber auch ihre Gefühlswelt beziehungsweise einen inneren weiblichen Wesensteil abgetötet. Durch die Fehlgeburt brach diese alte, bislang unverheilte Wunde von damals, als der Vater plötzlich verstarb, wieder auf. Den tiefen Einschnitt, den dieses Ereignis in ihrem Leben bedeutete, stellt der Traum mit der Schnittwunde dar. Im »Gefolge« der Trauer um die verlorene Leibesfrucht kommt nun die lange Zeit zurückgehaltener Trauer um den Vater ins Bewußtsein zurück. Durch den Traum wird ihr deutlich, was sie damals innerlich angerichtet hat, als sie die innere Seelennot – zum Feldbett assoziierte sie »Notbett für Kriegsverwundete« – verdrängte. In diesem Zusammenhang mag die Traumszene mit der Glorifizierung des »wissenschaftlichen Fortschrittes« Ausdruck einer überheblichen Ratio sein, welche nicht heilt, sondern lediglich die Symptome bekämpft und keine Zeit für die innere Verarbeitung vorsieht.

Für die junge Frau mag es sein, daß gerade dieses ungelöste Seelenproblem eine wesentliche Ursache für die Fehlgeburt war. Voraussetzung für die Geburt neuen Lebens (leiblicher oder geistiger Kinder) ist schließlich das Loslassenkönnen. Eine ernsthafte Schädigung der weiblichen Seite – des wesentlichen Elements der Schwangerschaft – kann in den physischen Bereich hineinwirken. Aufgerüttelt durch den Traum und das tragische Geschehen, kann sie nun das tote blonde Mädchen in sich wiederbeleben. Sie muß lernen, der Trauer »ins Auge zu sehen«, denn im Traum sah sie die Tote ja nur von hinten.

Bevor etwas Neues sich in der Innen- oder Außenwelt ereignen kann, müssen wir unsere Vorstellungen davon erst vollständig loslassen. Jede Vorstellung ist mit Altem, Gewohnheitsgemäßem, Leblosem behaftet; wirklich Neues läßt sich nicht vorstellen. Wir müssen schon die (scheinbaren) Sicherheiten und Gewohnheiten hingeben und in die Unsicherheit des »Zwischenzustandes« eintauchen. Das bedeutet, sich in die Phase der Unsicherheit hineinzuwagen, in der sich

Altes auflöst und Neues formt – ohne daß uns schon erkennbar wäre, was da im Entstehen begriffen ist. Vor allem in solchen Zeiten ist das Vertrauen darauf notwendig, daß das Leben weitergeht, daß in jedem Fall etwas Neues kommen wird.

Lösung und Auflösung

Haben wir ein Problem durchgearbeitet, ein Rätsel gelöst, werden die Träume es uns wissen lassen. Solche »Lösungsträume« zeichnen sich vor allem durch das *stimmige Ende* des Traumes aus, welches dem Träumer die *Lösung* einer Aufgabe verkündet; im Gegensatz dazu stehen Traumfetzen oder Träume, die keinen Schluß haben und plötzlich abbrechen. Häufig wird in einem »Abschlußtraum« das ganze Thema noch einmal aufgerollt und nach dem Schema des klassischen Dramas umgesetzt. Die wichtigen Stationen werden bildhaft aufgezeigt, die Handlung steuert auf den Höhepunkt zu und findet am Ende ihre Auflösung. Selbst wenn sich alle Schwierigkeiten wiederholen, bedeutet das bei einem echten Abschlußtraum, daß diese Widernisse, Ängste oder Krisenzeiten nun *überwunden* sind.

Eine Erzählerin hatte nach Beendigung einer Ehekrise einen ermutigenden Abschlußtraum, bezeichnenderweise im FISCHE-Monat. Nachdem sie in diesem längeren Traum noch einmal Trennung, Alleinsein, das Suchen und Hin-und-her-Irren, das Wiederfinden des Gatten und eine Wandlung durchlebte, saßen beide am Ende des Traumes wieder einträchtig im Auto:

»Wir fahren zusammen nach Hause. Ich sage zu ihm: ›Ich war jetzt ein Jahr lang hier, habe alles in mir geordnet und ins reine gebracht. Ich bin zufrieden. Jetzt ist alles okay, wir fangen noch mal an.‹ Ich wache zufrieden, mit gutem Gefühl auf.«

Jede Erscheinung, die in diese vergängliche Welt hineingebracht worden ist, wird sich nach dem Gesetz der Vergänglichkeit wieder auflösen. Jeder Anfang trägt das Ende bereits in sich, jede Geburt den Tod; das gilt von der kleinsten Zelle bis hin zum Universum. Spätestens im Angesicht des leiblichen Todes und der damit verbundenen Auflösung der Struktur unserer Ratio werden wir unsere vergangene Existenz sehen, wie sie wirklich war. Spätestens jetzt müssen wir alle Vorstellungen loslassen und werden feststellen, daß die (erlöste) FISCHE-Ebene den Gipfelpunkt der Erfahrung bedeutet und das ganze Dasein dem Zweck diente, uns auf das Hinübergleiten an das andere Ufer vorzubereiten. Wo wir im »Jenseits« landen und auf welche Reinkarnationen wir uns zubewegen, hängt vor allem von der Art und Weise unseres Überganges ab. Daß der leibliche Tod nicht das Ende des gesamten Menschenwesens bedeutet, drückt der persische Mystiker des 13. Jahrhunderts AZIZ NASAFI mit folgenden Worten aus: »Beim Tod jedes Lebewesens kehrt der Geist in die Geisterwelt und der Körper in die Körperwelt zurück. Dabei verändern sich aber immer nur die Körper. Die Geisterwelt ist ein einziger Geist, der wie ein Licht hinter der Körperwelt steht und durch jedes entstehende Einzelwesen wie durch ein Fenster hindurchscheint. Je nach der Art und Größe des Fensters dringt weniger oder mehr Licht in die Welt. Das Licht aber bleibt unverändert.«

Mit den Worten des Religionsphilosophen HELLMUT WOLFF wollen wir diese Überlegungen abschließen:

»Wenn etwas beendet ist, dann ist zugleich ein neuer Anfang gegeben. Aus dem Beendeten ist eine Reife geworden. Darum ist es wert, eine Sache gut zu Ende zu führen. Jede Reife vermag uns auf eine höhere Wellenlänge zu heben, damit wir eine größere Übersicht bekommen und eine tiefere Erkenntnis.«

Die FISCHE-Phase der Entwicklung

Ausgehend vom Sechsjahreszyklus der Felderwanderung (nach BRUNO und LOUISE HUBER) befinden wir uns im Alter zwischen 66 und 72 Jahren auf unserer Wanderung durch den Häuserkreis des Horoskopes im FISCHE-Haus (zwölften Haus). Das heißt, daß wir uns in diesem Lebensalter in der FISCHE-Phase der menschlichen Entwicklung befinden. Der Zyklus, welchen der Mensch mit der Geburt begann, neigt sich nun dem Ende zu. Das muß heute, dank der modernen Medizin, nicht zugleich den physischen Tod bedeuten. Auch wenn die mittlere Lebenserwartung eines West- und Mitteleuropäers derzeit bei etwa 72 Jahren liegt, wird diese Grenze doch immer häufiger überschritten, und für die Betreffenden beginnt ein neuer Zyklus (die sogenannte »zweite Kindheit« oder »zweite Jugend«).

Muß man während der FISCHE-Phase also nicht zwangsläufig mit dem leiblichen Tod rechnen, so ist es doch eine Zeit, die von Loslassen und allmählicher Auflösung geprägt ist. Lösen soll sich der Mensch vor allem davon, dem irdischen Plan verhaftet zu sein, von Körper, Besitz und irdischen Gedanken. Statt dessen soll das Bewußtsein mehr und mehr nach innen gewendet werden, um sich dadurch schrittweise auf die große Metamorphose des körperlichen Todes einzustellen. Das hat nichts mit Apathie gemeinsam. Wer dieses Alter in körperlich und geistig guter Verfassung erreicht hat, wird durchaus noch Freude am Leben und an der Schönheit des Erdendaseins empfinden und seine jüngeren Mitmenschen gerne von seiner Altersweisheit profitieren lassen.

Das physische und psychische Niveau des Betreffenden bestimmen vorrangig, auf welcher Ebene das FISCHE-Stadium gelebt wird. Dabei reichen die Extreme von einem rapiden Abbau der Körper- und Geistesfunktionen und damit verbundener Senilität und Todesangst einerseits bis hin zu der erlösten Ebene eines gereiften Menschen, der nun bereit ist, die Bürde des Irdischen loszulassen und sich auf das Eintauchen in ein unendlich größeres und reicheres Dasein vorzubereiten. Die auf Lebenserfahrung beruhende Weisheit älterer Menschen ist, solange diese noch im Diesseits weilen, gerade für die jüngeren Generationen von unschätzbarem Wert, enthält sie doch eine ganzheitliche Sicht, die in vorangegangenen Lebensphasen noch nicht vollständig vorhanden sein kann. Nicht zufällig waren die Alten in den früheren Kulturen hoch angesehen und hatte ihr Rat unbedingte Gültigkeit. Von der Perspektive des Jugendlichkeitswahns unserer heutigen Zeit aus, der sich als Folge des Konsum- und Leistungszwanges eingeschlichen hat, wird häufig nur die Schattenseite des Alters gesehen. Statt sich auf die negativen Aspekte zu konzentrieren, würde es dem menschlichen Wesen (als unsterbliche Geist-Seele) jedoch viel mehr entsprechen, diese Lebensphase zur Entwicklung eines Zustandes heiterer *Gelassenheit* zu nützen. Eine Gelassenheit in dem Bewußtsein des Eingebettetseins in das »große Ganze«, in das »All-Eine«, das göttliche Prinzip. Die Vereinsamung vieler alter Menschen ist die Schattenseite dieser Aufgabe, ein Gefühl und Bewußtsein vom All-Einssein, der Einheit und Unsterblichkeit allen Lebens, zu finden.

Die Träume dieses Lebensalters wollen mit dazu beitragen, daß wir dieses – »den Kreis schließende« – Rätsel zu lösen vermögen; ihre Botschaften sind vor dem Hintergrund dieser Ausführungen zu beleuchten.

Da die FISCHE eine meditative Energie vermitteln, eignet sich dieses Lebensalter hervorragend für die Praxis der *Meditation* und *inneren Versenkung*. Konnte man schon in früheren Jahren Erfahrungen in diesen Bereichen sammeln beziehungsweise durch ausdauerndes Üben Fortschritte erzielen, fällt das Meditieren natürlich leichter. Während der vorangegangenen Altersabschnitte war die Meditationspraxis nicht das zentrale Thema, in der FISCHE-Phase der Entwicklung entsteht im Menschen aber nun ein ganz natürliches Bedürfnis nach Innenschau und Erfahren der *Transzendenz*. In unserer heutigen, geradezu altersfeindlichen Zeit ist das Bewußtsein für die Kostbarkeit dieser Lebenszeit allerdings bei weitem nicht so stark entwickelt, wie das in früheren Zeiten der Fall war und bei den sogenannten »primitiven« Naturvölkern weiterhin gegeben ist.

Verlusterlebnisse – ein weiteres FISCHE-Thema – stehen in dieser Zeit ebenfalls im Vordergrund, sei das der Verlust des Partners und gleichaltriger Bekannter durch den Tod oder auch der allmähliche Rückgang der körperlichen Aktivitäten und Funktionen. Jetzt wird das Bewußtsein darauf gelenkt, daß der Prozeß der Loslösung von der Erdenwelt nicht aufzuhalten ist, und anstatt sich in sinnlosen Krämpfen dagegen zu wehren und zu sträuben, liegt die Erlösung in der Entwicklung eines *Einverstandenseins* mit dem Fluß des Lebens – damit, daß wir unaufhaltsam der Meeresmündung entgegenfließen.

Üblicherweise beginnt das Rentenalter mit 65 Jahren, also etwa mit dem Eintritt in die FISCHE-Phase. Und gerade das Loslassen der Einbindungen in die Gesellschaft durch Beruf und Amt ist für viele Menschen die größte Herausforderung des »Hergebens« und »Verzichtens«. In negativer Hinsicht, wenn die Herausforderung nicht angenommen wird, gleiten die Betreffenden in ein Stadium des bloßen Dahinvegetierens – eine stumme Anklage gegenüber dem natürlichen Auflösungsprozeß. Wer dagegen zu dem Abschiednehmen von der Welt der Materie ja sagen kann, der wird sich um so freier und erlöster fühlen; befreit von den Ketten der Anhaftungen an die Erscheinungen der Welt.

Der FISCHE-Archetyp bei C. G. Jung

Der FISCHE-Archetyp findet auch im Werk Carl Gustav Jungs Ausdruck, wenngleich Jung selbst keine astrologische Zuordnung seiner Erkenntnisse vornahm. Die FISCHE-Ebene seines Werkes besteht vor allem darin, das Numinose des Unbewußten ins Bewußtsein gehoben und diese ungreifbare, nicht-rationale Ebene der »gesellschaftlichen Anerkennung« zugeführt zu haben. Gilt Sigmund Freud als Pionier in den Welten des persönlichen Unbewußten, dann gebührt Jung das Verdienst, mit seinem »kollektiven Unbewußten« eine noch tiefere Seelenebene erschlossen zu haben. Die Tierkreiszeichen, die dieser Jungschen Kategorie entsprechen, sind SKORPION, WASSERMANN und FISCHE. Die kollektive Wirkung beziehungsweise Gültigkeit dieser Archetypen läßt sich astrologisch durch die relativ langen Zyklen der ihnen zugeordneten Planeten nachvollziehen, vor allem aber in der individuellen Erfahrung dieser Kräfte nachempfinden. Mittels der Astrologie sind wir in der Lage, Jungs Einheitsbezeichnung des kollektiven Unbewußten zu differenzieren, auch wenn die Ratio wohl keine Möglichkeit hat, die Unterschiede dieser Tiefenebenen bewußt zu erfassen.

Die Ebene der FISCHE ist die tiefste Ebene des kollektiven Unbewußten, das der Psychoanalytiker Fritz Riemann in *»Lebenshilfe Astrologie«* als »kosmisches Unbewußtes« zu definieren versucht: »Wir müßten also ›nur‹ annehmen, daß es neben dem persönlichen und dem kollektiven Unbewußten eine noch tiefere Seelenschicht gibt, die wir das ›kosmische Unbewußte‹ nennen können. Wenn das persönliche Unbewußte den Niederschlag der frühen individuellen Umwelterfahrungen, das kollektive Unbewußte die zur Gattung Mensch gehörenden Anlagen und Instinkte enthält, so wäre das kosmische Unbewußte die Spiegelung unserer Teilhabe an kosmischen Ordnungen, Rhythmen und Gesetzmäßigkeiten und enthielte unsere Prägung durch sie, ablesbar am Horoskop.«

Natürlich müssen wir uns darüber im klaren sein, daß auf dieser Ebene alle Definitionen nur Umschreibungen sein können, die unser begrenztes Ich-Bewußtsein nicht mit dem Verstand zu fassen vermag. Was uns jedoch mittels der Astrosymbole möglich sein kann, ist das »Freischaufeln« unserer Intuition, durch die wir dem Gefühl entstammende Ahnungen dieser Tiefendimensionen erhalten. Symbole sind die Schlüssel zu den Tiefenerfahrungen – und je differenzierter diese sind, desto nuancierter mag das Bewußtsein die inneren Regungen wahrnehmen.

Beziehen wir das FISCHE-Zeichen auf den Begriff des kollektiven Unbewußten, dann ergibt sich daraus die Vorstellung von einem *All-* beziehungsweise *Einheitsbewußtsein* als einer mystischen Erfahrung und »Endstufe« der Erleuchtung. Der FISCHE-Bereich des kollektiven Unbewußten ist die Ebene des »*Ur*sprungs vor dem Sprung«, also das *Jenseits* aller Erscheinungen und Begrenzungen. Auf dieser Ebene stehen wir alle miteinander in Verbindung; durch diese »Leitung« kommunizieren unsere Seelen in direkter Weise miteinander. Auf diesem Niveau vermag sich beispielsweise auch die Seele von körperlich und geistig behinderten Menschen auszudrücken, wenn die Verständigung in anderer Form nicht möglich ist.

Die Großmutter eines solchen schwerbehinderten Kindes, welches nach außen hin nur wenig Reaktionen zeigen konnte, träumte im FISCHE-Monat:

»Es klingelt. Als ich die Türe öffne, steht mein Enkel vor der Türe. Er macht einen freudigen, lebendigen Eindruck und ist völlig gesund. Es ist wundervoll, ihn so gesund zu erleben.«

Die Träumende erhält hier über den Verbindungskanal des kollektiven Unbewußten durch den Traum eine Botschaft von dem geliebten Enkel. Er beziehungsweise seine Seele sagt und zeigt ihr, daß die liebevolle Pflege, welche die Großmutter ihrem Enkel angedeihen läßt, keineswegs vergebens ist, daß das behinderte Kind viel mehr bemerkt, erfährt und spürt, als es nach außen hin – bedingt durch die schwere Behinderung – mitzuteilen vermag. Es ist ein sehr ermutigender Traum, der die Großmutter darauf hinweist, das Kind zu fördern und sich seiner weiterhin so intensiv anzunehmen. Daß dieser Traum im FISCHE-Monat geträumt wurde, bestätigt diese Deutung, da das kollektive Unbewußte in dieser Zeit des Jahres im Mittelpunkt des Geschehens steht und dessen Existenz ins Bewußtsein integriert werden soll.

Wie wenig dieses Fallbeispiel eine Ausnahmeerscheinung darstellt, erfuhr ich bei einem Traumseminar in einer Schule für Behinderte. Betreuerinnen berichteten übereinstimmend von Träumen, in denen ihre Schützlinge gesund waren und normal kommunizierten. Neben der Funktion der Kompensation und Ermutigung für die Erzieher sind auch diese Träume als direkte Seelenkommunikation anzusehen. Sie erinnern uns daran, daß unser wahres Wesen, die zeitlose Geist-Seele, niemals krank sein kann, sondern jede Behinderung nur eine Blockade oder Unterbrechung der Verbindung zwischen Seele und Körper, Ich-Bewußtsein und Außenwelt darstellt. Die Liebe und Zuwendung, welche einem Menschen gegeben wird, erreicht ihn – sofern sie echt ist – auf seelischer Ebene immer, selbst wenn fehlende Rückmeldung den gegenteiligen Eindruck erwecken mag. Die Träume belehren uns eines Besseren und beweisen die Existenz der Tiefenschicht eines kollektiven Unbewußten.

Als weiteren wesentlichen FISCHE-Aspekt finden wir in Jungs Werk immer wieder die Betonung der Notwendigkeit, etwas loslassen oder geschehen lassen zu können. Beispielsweise schreibt er: »Man muß psychisch geschehen lassen können. Das ist für uns eine wahre Kunst, von welcher unzählige Leute nichts verstehen, indem ihr Bewußtsein ständig helfend, korrigierend und negierend dazwischenspringt und auf alle Fälle das einfache Werden des psychischen Prozesses nicht in Ruhe lassen kann.«

Für Jung ist die Integration des sogenannten »Irrationalen« (eben der FISCHE-Dimension des Lebens) besonders für Menschen erforderlich, die unter einem solchen »Bewußtseinskrampf« leiden. Andererseits warnt er Zeitgenossen, die unter der »Fuchtel« eines dominanten Unbewußten stehen, davor, sich noch mehr im Wasserelement des Unbewußten zu verlieren, wenn sich die passive Seite verstärkt. Diese Einstellung sei Gift für einen, der sowieso schon vom schlechthin Geschehenden überwältigt ist; sie sei aber von höchstem Wert für einen, der durch ausschließlich bewußtes Urteil stets nur das seinem Bewußtsein Passende aus dem schlechthin Geschehenden ausgewählt hat und damit allmählich aus dem Strom des Lebens heraus in ein totes Seitengewässer geraten ist.

Für FISCHE-Geborene ergibt sich daraus die Frage nach der Position, die man zu »seinem zentralen Archetypen einnimmt«. Es läßt sich nicht pauschal und von vornherein feststellen, daß nun ein jeder in diesem Zeichen Geborene sich um so mehr in den FISCHE-Bereich begeben sollte. Je nachdem, auf welcher Seite sich der Betreffende befindet, ob die FISCHE-Energie verdrängt wird oder dominant ist, hängt es davon ab, wie weiter zu verfahren ist. Danach richtet es sich, ob FISCHE-Tugenden beziehungsweise Yin-Qualitäten wie Loslassen und Mitfließen zu entwickeln sind, weil sie das zentrale Thema in dieser Inkarnation bilden. Oder es gilt, einem übermächtigen FISCHE-Archetypen, welcher das Licht des Ich-Bewußtseins bedroht, durch verstärkte Integration des Erdelementes Grenzen zu setzen. Astrologisch gesehen könnte sich das im Horoskop etwa durch eine FISCHE-SONNE in einem ERDE-Haus (zweites, sechstes oder zehntes Haus) ausdrücken.

Die Inhalte des kollektiven Unbewußten nannte Jung die *Archetypen*. Mit diesem Begriff bezeichnete er die *Urbilder* beziehungsweise *Urprinzipien*, die hinter den Erscheinungen wirken und die vordergründige Welt »weben«. Alle sichtbaren und unsichtbaren Erscheinungen, Formen und Bilder lassen sich auf diese Urprinzipien, die jenseits der Schöpfung in der FISCHE-Dimension »beheimatet sind«, zurückführen. Bei den astrologischen Tierkreiszeichen und Planeten handelt es sich um ebendiese Archetypen, die lediglich in einer anderen, differenzierteren Symbolsprache beziehungsweise einem differenzierteren Symbolsystem Ausdruck finden.

Die Farben der FISCHE

Es sind *fließende*, *ineinander übergehende*, vor allem *Aquarell*-Farben. Die Farbtöne sind *verschwommen*, blaß und von *jenseitiger* Tiefe und Stimmung. Es sind die Farben des Wassers, *Grün*- und *Blau*-Töne, die jedoch eher *undeutlich*, *verwaschen* sind und häufig eine *sehnsüchtig entrückte*, aber auch »*giftig*« anmutende Atmosphäre der *Täuschung* vermitteln können. Einerseits ist es das *Flußgrün* oder *Algengrün*, andererseits ein »jenseitiges« *Lila*, das die transzendente Ebene der FISCHE erahnen läßt. In der katholischen Kirche (*der* FISCHE-Religion schlechthin) ist Lila beziehungsweise Violett die Farbe der Passion Christi und der Märtyrer, die Farbe des Leidens.

Menschen mit FISCHE-Betonung wird eine entsprechend kolorierte Kleidung gerecht. Aber auch um die FISCHE-Seite zu stärken, zum Beispiel wenn wir durchlässiger, fließender, einfühlsamer, weicher werden sollen, etwa um ein Gegengewicht zu einer dominanten Triebseite zu schaffen, kann es hilfreich sein, sich mit diesen Farben zu umgeben. Übermäßig Wasserelement-betonte Personen werden durch die FISCHE-Farben jedoch in ihrer Realitätsferne eher bestärkt und sollten zunächst, bis eine gute »Erdung« hergestellt ist, besser erdhafte Farben um sich haben.

Auch im Traum verkörpern die genannten Farben die FISCHE-Qualitäten und Eigenschaften. Wer träumend beispielsweise ein lila Kleid anziehen soll, der wird häufig mit der transzendenten Seite in Verbindung gebracht und soll möglicherweise spirituelle Qualitäten wie Leidensfähigkeit, Opferbereitschaft oder Absichtslosigkeit integrieren. Es kann von diesem Träumenden auch eine Zeit der Einkehr und Innenschau gefordert sein.

Körperliche Entsprechungen und Krankheitsbilder

Das labile Wasserzeichen der FISCHE stellt den »innnerlichsten« Archetypen im Tierkreis dar. Körperliche Entsprechungen von FISCHE/NEPTUN finden wir daher in erster Linie im feinstofflichen Bereich jenseits unseres »Erdengewandes«. Krankheitsdispositionen sind also vor allem auf diese Regionen der innersten Inwendigkeit zu beziehen, die wir rational nicht fassen oder nachvollziehen, geschweige denn (ausschließlich) schulmedizinisch heilen können. Natürlich ist in jedem Falle einer ernsthaften Störung der Physis oder Psyche eine fachkundige Diagnose einzuholen und sind besonders physische Probleme auch auf der Körperebene zu behandeln. Doch der eigentliche Heilprozeß entspringt immer dem seelischen Bereich. Bei Blockaden, die in erster Linie im feinstofflichen Bereich liegen, bietet sich das sogenannte »geistige Heilen« an. Allerdings sind wir auf diesem Gebiet leichter als sonst Täuschungen, Illusionen und dem möglichen Mißbrauch ausgesetzt. Und: Heilungen auf der FISCHE-Ebene können nur sinnvoll und erfolgreich sein, wenn der Erkrankte sich seinerseits dem FISCHE-

Bereich öffnet und FISCHE-Qualitäten wie *Aufnahmebereitschaft* und *Loslassen* entwickelt. Letztlich sind körperlich-energetische FISCHE-Probleme in der Regel auf ein mangelndes Urvertrauen, auf zu undifferenzierte Offenheit, auf unerlöste FISCHE-Aspekte zurückzuführen.

Jeder wahre Heilprozeß findet auf der Ebene der FISCHE statt, nämlich zutiefst im Innern des eigenen Selbst, wenn unser innerer Arzt (das innere JUNGFRAU-Prinzip) aus der göttlichen Kraftquelle des kosmischen Unbewußten schöpft und sein Heilungswerk vollbringt. Alle Heilungen in der Bibel beruhen auf diesem Prinzip. JESUS spricht häufig davon – wenn die Geheilten ihm danken wollen –, daß es ihr *Glaube* war, der sie geheilt hat.

Im Gegensatz dazu steht die Schulmedizin (der äußere JUNGFRAU-Aspekt), welche auf ihrer Ebene durchaus eine Berechtigung hat – wer greift nicht gern auf den Zahnarzt zurück oder bei Blinddarmentzündung, Arm- und Beinbruch auf den Chirurgen? –, jedoch nichts mit echter, *ganzheitlicher* Heilung gemeinsam hat. Jede wahre Heilung ist in diesem Sinne eine *geistige Heilung*, die man, wie alles, das sich auf der FISCHE-Ebene bewegt, nicht willentlich *ausführen* kann. Im Gegenteil, denn es handelt sich darum, das nötige *Vertrauen* zu entwickeln, daß die Krankheit notwendiger Ausdruck einer inneren Disharmonie ist. Bereits dadurch – durch Vertrauen und Loslassen – schaffen wir die Grundlage zur Auflösung oder Milderung der Krankheit. Letztere bestand ja gerade darin, daß wir innerlich etwas blockierten, uns (unbewußt) gegen notwendige Veränderungen sperrten und den Fluß der Lebenskraft dadurch hemmten. Von der Seite der FISCHE her betrachtet, ist jede Krankheit ein Herausfallen aus der Einheit (des Organismus). Die jeweiligen Symptome verraten uns, welcher Teil des Organismus beziehungsweise der Psyche gestört ist, sich »abgesondert« hat und wieder in die Einheit zurückgebracht werden will.

Der Bereich des physischen Körpers, welcher dem FISCHE-Prinzip am nächsten kommt, sind die *Füße*; der Archetyp der Auflösung und des Endes findet sein leibliches Pendant an den Endpunkten des Körpers. Das zentrale FISCHE-Thema der Einheit spiegelt sich in den Füßen durch die sogenannten »Fußreflexzonen« wider, welche mit allen Körperregionen und Organen in Verbindung stehen. Die Fußreflexzonenmassage arbeitet mit dieser Erkenntnis und will durch massierende Stimulation entsprechender Reflexzonen eine Harmonisierung der erkrankten Körperpartien oder des gesamten Organismus erzielen. Unsere Füße sind jene Körperteile mit der größten Distanz zum Kopf. Im übertragenen Sinne stellen sie die bewußtseinsfernsten Bereiche dar. Nicht selten vernachlässigen wir die Füße und nehmen nur dann Notiz von ihnen, wenn sie uns Schmerzen bereiten oder ihren Dienst versagen. Zudem stecken unsere »modernen Füße« den ganzen Tag über in Schuhen, und wir haben dadurch einen Großteil des Gefühls für die Bodenberührung verloren. Natürlich wäre es unsinnig, unsere »verzärtelten« Füße dem harten Betonboden unserer Städte auszusetzen; ein gelegentlicher Barfußspaziergang durch eine Sommerwiese mag aber durchaus heilsame Wirkung haben und uns eine Ahnung von unserer inneren Verbundenheit mit der Welt vermitteln.

Dem FISCHE-Problem einer übergroßen *Sensibilität* und Anfälligkeit für *Illusion* und *Täuschung* stehen die *Suchtkrankheiten* gegenüber. Die Flucht vor einer als unerträglich empfundenen Realität führt nicht selten in die Abhängigkeit von einem Suchtmittel, meist Alkohol oder Drogen, die für kurze Zeit eine Scheinwelt erleben lassen, auf Dauer aber zu körperlichem und seelisch-geistigem Verfall (*Auflösung*) führen.

Vergiftungen sind ebenfalls in erster Linie als FISCHE-Problem einzustufen, vor allem wenn eine ungenügend entwickelte Differenzierungsfähigkeit dazu führt, daß wir uns in physischer und psychischer Hinsicht kritiklos oder im Übermaß (Giftigkeit ist oft eine Frage der Dosis) schädliche Elemente einverleiben. Vergiftungen führen zur *Auflösung* des Körpers – je stärker der Giftstoff, desto rascher und dramatischer ist der Verfall.

Auf das FISCHE-Problem einer zu undifferenzierten *Durchlässigkeit* mit einhergehender mangelhafter Körperabwehr weisen die Infektionskrankheiten hin. Bei ihnen handelt es sich zwar in erster Linie um Krankheitsbilder des WIDDER-Archetypen, die jedoch dadurch entstehen, daß die Krankheitserreger aufgrund eines geschwächten Immunsystems »offene Tore« vorfinden.

Erkrankungen der Seele, vor allem mit einhergehendem Verlust des Realitätsbezugs beziehungsweise einer *Auflösung* der Persönlichkeit, deuten ebenfalls auf ein unerlöstes FISCHE-/NEPTUN-Problem hin. Auch die sogenannten »Geisteskrankheiten« sind in diese Rubrik einzureihen, wobei nicht der Geist an sich erkranken kann, sondern die geistige Funktion unseres Ich-Bewußtseins durch eine

Überflutung des Unbewußten gestört ist. In solchen Fällen ist (energetisch gesehen) meist ein unterrepräsentiertes oder mangelhaft entwikkeltes Erdelement (Realitätssinn, Bodenständigkeit) und/oder Feuerelement (Willenskraft, Selbstbewußtsein) die Ursache. Der Umgang mit seelisch schwer erkrankten Mitmenschen bereitet einer Gesellschaft wie der unseren, die auf Funktionieren, Leistung und Anpassung (eben Qualitäten der Elemente Feuer und Erde) ausgerichtet ist, Schwierigkeiten. Von den Inhalten des Zeichens der FISCHE, das heißt vom Leben in seiner ganzen Tiefe, her betrachtet, würde so mancher psychisch Kranke vielleicht besser verstanden und wäre echte Hilfe möglich.

Ist es nicht so, daß die akut seelisch Erkrankten lediglich die Spitze des Eisberges einer insgesamt seelisch kranken Gesellschaft darstellen? Handelt es sich nicht oft um Menschen, die durch eine große Sensibilität, die man sich in unserer Zeit kaum »leisten« kann, krank geworden sind? Gerade solche Menschen vermitteln uns einen nachhaltigen Eindruck von den Kräften des Unbewußten, die in uns allen schlummern, häufig verdrängt werden und sich bei seelisch Erkrankten lediglich machtvoller zu Wort melden, als die Betreffenden es mit ihrem Alltagsdasein in Beziehung zu bringen vermögen. Es scheint so, als müßten diese Menschen die »andere Seite der Medaille« leben, um durch ihre übermäßige Irrationalität die exzessive Rationalität unserer Zeit auszugleichen. Würden die »Normalen« ein wenig »verrückter«, könnten die außerhalb der »Norm« Stehenden vielleicht wieder ein wenig »normaler« werden. Die Pole bedingen einander.

Eine wesentliche »Behandlungsmethode« mit Schwerpunkt im FISCHE-Bereich ist die oben zitierte *Geistheilung*. Die Heilenergie kommt dabei nicht vom Heiler, sondern im positiven Fall vermag dieser als Helfer fungieren, um die unterbrochene Verbindung zur »kosmischen« beziehungsweise göttlichen Heilkraft in uns wiederherzustellen. Akute Probleme, zum Beispiel ein Blinddarmdurchbruch, bedürfen natürlich zunächst einer entsprechenden schulmedizinischen Behandlung oder Operation. Prozesse geistiger Heilung gehen in der Regel mit einer allmählichen inneren Veränderung und Öffnung des Patienten einher. Eine andere weitverbreitete Therapiemethode, die ebenfalls auf feinstofflicher Ebene wirkt, ist die *Homöopathie*. Wesentlich stofflicher – aber dennoch nicht weniger wirksam –

können Behandlungen im Bereich der Füße sein, wie Fußbäder, Tautreten, KNEIPPanwendungen.

Bei allen medizinisch-therapeutischen Fragen empfiehlt es sich, zuerst einen erfahrenen Naturheilkundigen oder einen in Homöopathie ausgebildeten Arzt zu konsultieren. Die Anregungen wollen unterstützen, möglichst bewußt und eigenverantwortlich am Heilungsprozeß mitzuarbeiten. Näheres zum Thema »Gesundheit« findet sich im JUNGFRAU-Buch.

Auch wenn die Traumbotschaft sich auf die Füße beziehungsweise eben aufgeführte Krankheitsbilder bezieht, ist damit meist ein FISCHE-Thema angesprochen. Weist uns der Traum auf eine Erkrankung hin, kann es ratsam sein, dies von einem Fachmann untersuchen zu lassen. In der Regel wird der Traumregisseur damit jedoch ein entsprechendes psychisches Problem aufzeigen wollen oder seine Handlung sprichwörtlich verstanden wissen wollen, zum Beispiel wenn wir ganz »verrückt« nach etwas sind und den Klarblick in einer bestimmten Situation verloren haben.

FISCHE-Entsprechungen in der Bibel

Das Neue Testament

Das Neue Testament zeugt vom Wirken CHRISTI, des Meisters des FISCHE-Zeitalters; nicht zufällig ist das FISCHE-Symbol ein Ursymbol des Christentums. Seine zentrale Botschaft kreist um den FISCHE-Archetypen und liegt vor allem in der Entwicklung von *Urvertrauen*, eines *wahrhaften, tiefen Glaubens* und Vertrauens in die (innere) göttliche Führung. Ein bekanntes Gleichnis dazu findet sich in Matthäus 6, 25-27: »Darum sage ich euch: Macht euch keine Sorgen um Essen und Trinken und um eure Kleidung. Das Leben ist mehr als Essen und Trinken, und der Körper ist mehr als die Kleidung. Seht euch die Vögel an! Sie säen nicht, sie ernten nicht, sie sammeln keine Vorräte – aber euer Vater im Himmel sorgt für sie. Und ihr seid ihm doch viel mehr wert als alle Vögel! Wer von euch kann durch Sorgen sein Leben auch nur um einen Tag verlängern?«

Ein anderes Beispiel für die Entwicklung von Vertrauen und *Absichtslosigkeit* finden wir in der Vaterunser-Passage »Dein Wille geschehe« ausgedrückt.

Die *Inwendigkeit* des eigentlichen Wesens der Religion findet seinen Ausdruck in Sätzen wie: »Das Gottesreich ist inwendig in Euch«. Hier ist die *mystische* Seite der Gotteserfahrung angesprochen, wie sie ihren deutlichsten Ausdruck in den Erfahrungen der christlichen Mystiker – wie Meister ECKEHART, THERESA VON AVILA, FRANZ VON ASSISI – gefunden hat.

Die Passion Christi rückt die *Leidensfähigkeit* des Gottessohnes in den Vordergrund und beschreibt die *Auflösung* des Ego und das damit verbundene Eingehen in das Gottesreich.

Das Jesus-Zitat »Der Friede Gottes, welcher höher ist als alle Vernunft . . .« (Philipper 4, 7) verleiht dem FISCHE-Prinzip des »göttlichen Friedens« eine höhere Wertigkeit als der Ebene der Vernunft (dem oppositionellen JUNGFRAU-Zeichen). Wahrer Friede kann nur aus der Realisation der *Einheit* des Lebens und aus dem *Einklang* der inneren Wesensteile des Menschen heraus geschaffen werden.

Die Priorität der *Hingabe* an die »göttliche Instanz« in uns gipfelt in dem Ausspruch »Man muß Gott mehr gehorchen als den Menschen« (Apostelgeschichte 5, 29). Damit ist kein blinder Glaube und sind keine Lippenbekenntnisse gemeint, sondern ein tiefes Vertrauen in die raum- und zeitüberwindende Dimension des kosmischen Unbewußten der FISCHE. Mir ist dieser Spruch im FISCHE-Monat in Form einer Postkarte zugekommen, während ich eine wichtige Entscheidung zu treffen hatte. Es handelte sich um die Wahl zwischen einem neuen Weg, der zunächst (materielle) Unsicherheit bedeutete, oder dem Beibehalten des Bisherigen. Ich spürte, daß neue Pfade auf mich warteten, und meine Träume bestätigten mich in dieser Hinsicht. Trotzdem war natürlich die Angst, zu scheitern, einen Fehler zu begehen, nicht so einfach abzuschalten. Dieser Spruch trug seinen Teil dazu bei, meinem »inneren Gott« – der zu mir durch die Träume und innere Stimme sprach – mehr zu gehorchen als den äußeren und inneren Verführern, die am alten festhalten wollten.

Das Jesus-Zitat »Trachtet am ersten nach dem Reich Gottes und dessen Gerechtigkeit, so wird euch alles andere hinzugegeben« (Matthäus 6, 33) will uns ermutigen, das Vertrauen in die göttliche Führung zu entwickeln. Wir erfahren in diesem Satz, daß die Hingabe an

Gott beziehungsweise an das kosmische All-Bewußtsein nicht zur »irdischen Verwahrlosung« führt, sondern daß uns die »irdischen Akzidenzien« beziehungsweise »Nebensächlichkeiten« von selbst zufallen werden, wenn wir nur wahrhaft auf Gott bauen.

Das »letzte Abendmahl« hat ebenfalls zentrale FISCHE-Bedeutung. Es ist der *Abschied* CHRISTI von seinen Jüngern, das Schaffen einer *mystischen Verbindung* durch das Ritual um Wein und Brot und die *Fuß*waschung.

Das Alte Testament

Die *Sintflut* ist das entscheidende FISCHE-Ereignis in der *Genesis*, dem ersten Buch Mose. Es handelt sich dabei um eine Zeit der *Auflösung* alter Strukturen, eine Periode des Versinkens im Unbewußten, eine Zeit des Schlafens (Tiefschlafs) und der Seelenreinigung. Die Sintflut ist nicht nur als historisches, sondern vielmehr als psychisches Ereignis zu betrachten, das sich kollektiv und individuell immer wieder aufs neue ereignet, wenn eine Phase der Regression, aber auch Regeneration bevorsteht. Phasen des unbewußten Dahindämmerns sind zuweilen notwendig und wichtig als Vorbereitung auf eine »Neugeburt«. Man soll daher Menschen, die sich im unbewußten Zustand befinden, nicht zu früh »aufwecken«. Wenn die Zeit gekommen ist, die Arche, den *archetypischen Urgrund*, zu verlassen, werden wir das durch entsprechende Signale erfahren. Noah schickte Vögel als Kundschafter aus, und als die Taube mit dem frischen Blatt eines Ölbaumes im Schnabel zurückkehrte, da wußte er, daß das Wasser abgeflossen war. Und schließlich erhielt Noah von Gott die Aufforderung, das Schiff zu verlassen und zur Erde zurückzukehren.

Die Gottes*opfer* stellen ein weiteres FISCHE-Thema im Alten Testament dar. Nehmen wir sie allzu wörtlich, müssen sie grausam und sinnlos erscheinen. Versuchen wir sie als Gleichnisse zu verstehen, Sinnbilder dafür, dem Göttlichen in uns all die Nebensächlichkeiten des Daseins zu opfern, bekommen sie eine andere Bedeutung. Ist es nicht so, daß wir es häufig umgekehrt halten und wesentliche Elemente unseres – inneren wie äußeren – Lebens opfern? Das geschieht etwa, wenn um des Profits willen die Umwelt zerstört wird oder wir um der Macht und Besitzgier willen unsere Seele an den »Teufel« verkaufen. Die *Fastenzeit* im FISCHE-Monat will das bewußte Erkennen des Wesentlichen fördern, vor allem durch die Übung freiwilligen Verzichts auf Gewohnheiten.

Menschen, die in der Aura einer christlichen Sozialisation aufgewachsen sind, finden in ihren Träumen nicht selten biblische Symbole wieder. Dabei ist es unerheblich, ob man dieser Religion positiv gegenübersteht oder nicht, denn die biblischen »Sinnbilder« beruhen wie die Volksmärchen und Mythen auf archetypischer Grundlage. Überschwemmungsträume sind beispielsweise häufig ein Hinweis auf eine persönliche Sintflut; die entsprechende Bibelstelle nachzuempfinden, mag dann eine Inspirationshilfe sein, eine »seelische Arche«, um unbeschadet durch diese schwierige Zeit der Flutwellen des kollektiven Unbewußten zu gelangen. Handelt ein Traum davon, Opfer zu bringen, müssen sein weiteres Vorgehen und der Kontext zur Lebenssituation des Betreffenden Klarheit darüber schaffen, ob die Opfer sinnvoll und notwendig sind. Eine Teilnehmerin eines Seminars, die im Traum im Begriff war, ihre Kinder zu opfern, sollte davor gewarnt werden, den realen wie den inneren Nachwuchs nicht durch unbesonnenes Handeln oder falsche Vorstellungen und Wertungen zu gefährden.

Mythen und Märchen

Die FISCHE-Ebene der Mythen und Volksmärchen ist deren *mystisch-unfaßbarer* Aspekt und nicht zuletzt auch deren *umfassende* und *zeitlose* Gültigkeit. Echte Mythen und Märchen entstammen dem kollektiven Unbewußten, an das jedes Individuum innerlich »angeschlossen« ist – was zum Beispiel über mythische oder märchenhaft anmutende Träume nachvollziehbar wird. Sie schaffen eine Verbindung zur *Transzendenz* und vermitteln eine *Ahnung* von der hinter der Bilderwelt liegenden Tiefe des Seins. Ein zentrales Anliegen fast aller Märchen ist die Übermittlung der hoffnungsvollen Botschaft, daß auch trotz vieler Hindernisse, Rückschläge und Niederlagen – oder gerade deshalb – schließlich doch eine *Lösung* gefunden wird und für den Helden alles *gut enden* wird. In der Identifikation mit dem Märchenhelden gelangen wir mit diesem auf seinem Weg an einen Punkt, an dem das Ego allein nicht mehr weiterweiß. Zusammen mit dem Helden wird uns dann, wenn wir losgelassen haben, bewußt, daß uns auf unverhoffte und wunderbare Weise Hilfe zuteil wird, daß wir von einer liebenden, intelligenten Macht dorthin geführt wurden, wo wir im eigentlichen Sinne zu Hause sind und die *Erlösung* von unseren scheinbar unlösbaren Problemen finden.

Soll eine Therapie erfolgreich sein, ist das *Vertrauen* des Klienten oder Patienten darauf notwendig, daß eine Lösung, Auflösung und Erlösung von seinen Schwierigkeiten, Neurosen oder unerträglichen Lebenslagen besteht. Die Märchen verdeutlichen, daß solche Lösungen jedoch in der Regel nicht logisch-kausal »vorausgedacht« werden können, sondern sich dann ereignen – meist völlig unerwartet und ungewöhnlich –, wenn der Betreffende loslassen und sich (zum Beispiel mit Hilfe des Therapeuten) vertrauensvoll auf einen *inneren Lösungsprozeß* einlassen konnte.

Von den Mythen, in denen das FISCHE-Prinzip im Vordergrund steht, seien einige herausgegriffen.

Schöpfungsmythen: Sie bilden eine Brücke zwischen der FISCHE- und der WIDDER-Dimension; der Bereich der FISCHE ist der jenseitige Teil, der Urbereich, dem alle Erscheinungen entstammen, der Urzustand allen Seins. Der WIDDER stellt dagegen die Seite der Geburt dar, des »In-Erscheinung-Tretens«. Während für uns die WIDDER-Ebene nachvollziehbar ist, muß die FISCHE-Dimension unserem Verstand verborgen bleiben. Dazu schreibt die ehemalige enge Mitarbeiterin Carl Gustav Jungs, Marie Luise von Franz: »Da der Ursprung der Natur und der menschlichen Existenz für uns ein völliges Geheimnis ist, hat das Unbewußte viele Symbole dieses Ereignisses hervorgebracht. Das gleiche passiert überall dort, wo der menschliche Verstand die Grenzen des Unbekannten berührt.«

Der griechische *Dionysos-Mythos* (»Dionysos« = »der Leidende«): Gezeugt aus einem heimlichen Verhältnis des Zeus mit der Mondgöttin Selene, wächst Dionysos als Mädchen verkleidet im *verborgenen* auf, weil er von der Eifersucht der Zeusgattin Hera bedroht ist. Er entwickelt sich zu einem Gott mit äußerst weiblichen Wesenszügen, dem auch fast nur Frauen nachfolgen. Er gilt als Verbreiter des Weinbaus und avanciert zum Gott der Orgien und der *religiösen Ekstase*.

Der *Atlantis-Mythos* erzählt von einer legendären Zivilisation, die im Meer *versunken* ist. Viele Theorien und Spekulationen berichten darüber. Greifbare Beweise für die Existenz des sagenhaften Atlantis bestehen bezeichnenderweise keine, was dem FISCHE-Mythos jedoch keinen Abbruch tut.

FISCHE-Motive in den Märchen sind unter anderem:

- *Erlösungsmotive*, wenn verzauberte Prinzen und Prinzessinnen wieder entzaubert werden, ihre ursprüngliche Gestalt annehmen (zum Beispiel in den Märchen *»Der Froschkönig«*, *»Brüderchen und Schwesterchen«*, *»Jorinde und Joringel«*).
- *Leidensmotive* und *-wege* in den Märchen, die schließlich zur Erlösung führen; etwa in *»Das Mädchen ohne Hände«*, in dem ein armer Müller seine Tochter an den Teufel verkauft, welcher ihr die Hände abhacken läßt, um deren Reinheit (JUNGFRAU) zu beflecken. Es gelingt ihm aber nicht, die Heldin wird sogar Königin und gebiert einen Sohn. Der Teufel läßt ihr jedoch keine Ruhe, und der Leidensweg der Heldin setzt sich fort. Der Verführer hetzt den König in einen Krieg, worauf die Königin mit ihrem Sohn, den sie »Schmerzenreich« nennt, *fliehen* muß. Nach vielen Jahren der Suche und des Leidens finden sie sich schließlich, und die familiäre Einheit ist wiederhergestellt.
- *Urvertrauen*, das sich im Vertrauen des Helden auf eine innere Stimme, auf Ratschläge von Tieren, Naturgeistern, Feen, Träume und ähnliches äußert. Läßt der Held sich von »höheren Mächten« führen, gelingen ihm selbst unmöglich erscheinende Aufgaben.

Ein Märchen, bei dem FISCHE-Motive von zentraler Bedeutung sind, ist *»Der Fischer und seine Frau«*: In ihm tauchen Inhalte des kollektiven Unbewußten in Gestalt des Butts auf, und es warnt davor, »überzuschnappen« und den Realitätsbezug zu verlieren, da es uns sonst ergeht wie dem Fischer-Ehepaar, das alle gewonnenen Schätze (Erkenntnisse, Freiheiten) dadurch verspielt.

FISCHE-Entsprechungen im I Ging

In dem altchinesischen Weisheits- und Orakelbuch *I Ging*, von dem Hermann Hesse sagt, in ihm sei »ein System von Gleichnissen für die ganze Welt aufgebaut«, finden wir eine Fülle von bildhaften Anregungen zum Verständnis der Lebensrätsel. *I Ging* und Astrologie sind zwei »Gerüste« mit unterschiedlicher Sprache, die aber beide gleichermaßen als Hilfestellung fungieren, um die grundlegenden Fragen des Menschseins zu lösen. Und wenn wir die jeweiligen Hexagramme und Passagen des *I Ging* den Tierkreiszeichen zuordnen, erweitern wir durch die inspirierenden Gedanken des Orakels unser Verständnis für die astrologische Symbolik. Nachfolgend seien Beispiele zum FISCHE-Rätsel gegeben; weitere Gedanken zur Kombination von Astrologie und *I Ging* enthält der Einführungsband.

Hexagramm Nummer 59: Die Auflösung

In diesem Zeichen wird das zentrale FISCHE-Thema der *Auflösung* näher erläutert. Dabei erfährt die »Zerstreuung und Auflösung des trennenden Egoismus« besondere Betonung, um die Menschen dadurch »zum Bewußtsein des gemeinsamen Ursprungs aller Wesen zu bringen«. Umgekehrt läßt das auch den Schluß zu, daß eine Erfahrung der Einheit im Zusammenhang mit Menschen oder der Natur die trennenden Ego-Schranken überwindet, die uns voneinander und von unserer natürlichen Lebensgrundlage absondern.

Was bedeutet diese Aussage nun für unser tägliches Leben? Gegenüber den Menschen, die man liebt, mag man ja durchaus bereit sein, auf Egoismen zu verzichten, mag man den Mut und das Vertrauen haben, sich »einzulassen« – doch was ist mit den vielen anderen, die uns unangenehm, gleichgültig oder sogar »spinnefeind« sind? Mit letzteren will man doch in der Regel lieber nichts zu tun haben, geschweige denn, sich mit ihnen auf eine Ebene zu begeben. Das *I Ging* meint angesichts dieses Problems an anderer Stelle: »Zu solcher Auflösung der Härte des Egoismus ist aber nur jemand fähig, der selbst von allen egoistischen Nebengedanken frei in Gerechtigkeit und Beständigkeit verharrt.« Wer von uns kann das schon von sich behaupten? Solange wir in Gefühlen und Vorstellungen von Sympathie und Antipathie gefangen sind und uns mit bestimmten Aspekten des Lebens identifizieren, während wir andere Seiten ausklammern, sind wir der Einheit zugegebenermaßen noch fern.

Einheit läßt sich auch nicht erzwingen. Wahrscheinlich würden wir dann nur bestärkt in unseren Vorurteilen und Ängsten, wenn wir – aus Unreife – uns auf Menschen oder Situationen einließen, die uns schaden. Hier zeigt sich, daß die Integration des Oppositionszeichens der FISCHE – die JUNGFRAU – notwendig ist, um mit klarem Sachverstand und nüchterner Einschätzung eine Lage zu analysieren, bevor wir unsere inneren Schranken öffnen. Bis wir soweit sind, müssen wir mit dem *I Ging* feststellen: »Egoismus und Habgier isolieren die Menschen.« Solange sich die »Welt nur um die eigene Nasenspitze dreht«, ist eine Erlösung noch fern. Als Möglichkeit der Ego-Auflösung nennt das *I Ging* die *tiefe religiöse Erfahrung*, die jeder Mensch in seiner Inwendigkeit erleben kann, wenn er es zuläßt: »Darum muß eine fromme Rührung das Menschenherz ergreifen. Es muß gelöst werden in heiligen Schauern der Ewigkeit, die es erschüttern durch die Ahnung des gemeinsamen Schöpfers aller Wesen und einigen durch die Macht der Gemeinschaftsgefühle bei der heiligen Feier der Anbetung des Göttlichen.«

Hexagramm Nummer 61: Innere Wahrheit

Dieses Zeichen beschreibt, wie man *inneren Zugang* zum Mitmenschen findet: »Man muß sich erst innerlich ganz frei machen von seinen Voreingenommenheiten. Man muß sozusagen die Psyche des andern ganz unbefangen auf sich wirken lassen; dann kommt man ihm innerlich nah, versteht ihn und bekommt Macht über ihn, so daß die Kraft der eigenen Person durch die geöffnete Pforte Einfluß auf den anderen gewinnt.«

FISCHE-Qualitäten wie *Unbefangenheit*, *Vorurteilslosigkeit*, *Erwartungs-* und *Absichtslosigkeit* sind demnach die »Eintrittskarten« in das Innere des Mitmenschen wie auch in die eigene Inwendigkeit. Um nicht der Gefahr zu erliegen, »Kapital« daraus schlagen zu wollen und den anderen mittels *Suggestionen* und *Manipulationen* auszunutzen, ist vor allem die Entwicklung von Absichtslosigkeit erforderlich. Jenseits egoistischer Hintergedanken bedeutet die erlöste FISCHE-Ebene, sein Ego in den Hintergrund zu stellen und Kanal beziehungsweise Medium für den »göttlichen Willen« zu sein. Auch hier müssen wir natürlich bescheiden feststellen, wo wir stehen und daß wir in der Regel noch weit von einem solch erlösten Handeln, welches kein neues Karma erzeugt, entfernt sind. Aber dafür sind wir ja schließlich in die Erdenschule gekommen, um gerade diese Kunst zu erlernen...

Weitere Hexagramme

Als weitere Hexagramme im *I Ging*, die zur Erhellung des FISCHE-Rätsels beitragen und als Orakel anzeigen, daß bestimmte Aspekte des FISCHE-Prinzips gerade im Mittelpunkt stehen, seien Nummer 50 und Nummer 64 herausgegriffen.

Nummer 50: Der Tiegel. »Alles Sichtbare muß sich steigern und fortsetzen ins Unsichtbare hinein ... Der Tiegel dient zum Opfern für Gott. Das höchste Irdische muß dem Göttlichen geopfert werden. Aber das wahrhaft Göttliche zeigt sich nicht abgesondert vom Menschlichen. Gottes höchste Offenbarung ist in Propheten und Heiligen.«

Nummer 64: Vor der Vollendung. Dieses Zeichen verdeutlicht die Notwendigkeit, in Zeiten der *Vollendung* eines Zyklus oder einer Aufgabe (FISCHE-Phase) behutsam und vorsichtig vorzugehen. Es beschreibt den Zustand des FISCHE-Stadiums, der *Auflösungs*phase vor der Geburt des Neuen.

Als ich bei einer Wohnungssuche das Orakel konsultierte, erhielt ich bei einem in Frage kommenden Objekt das Hexagramm »Der Tiegel«. Das *I Ging* hatte mich mit dieser Antwort daran erinnert, daß es nicht so sehr darauf ankomme, was ein Haus nach außen darstellt, sondern welchen »Geist« beziehungsweise welche Atmosphäre man darin erschaffe. Wir hatten zur gleichen Zeit noch ein wesentlich größeres Objekt in Aussicht, das uns aber bei realistischer Betrachtung finanziell überfordert hätte und wo es uns aus verschiedenen Gründen (Größe, Räumlichkeiten, Umfeld) nicht gelungen wäre, die Atmosphäre des »Tiegels« wiederzufinden. Das *I Ging* bestärkte uns mit seiner Antwort darin, das kleinere Objekt zu erwerben, während das größere »Vorzeigeobjekt« durch unsere Träume und das *I Ging* klar »verworfen« wurde. Der »Tiegel« legte uns weiterhin nahe, bei den Kaufverhandlungen FISCHE-Tugenden wie das Loslassen-Können zu üben. Und indem wir gelassen verhandelten, konnten wir den offiziellen Preis noch herunterhandeln.

Orakelbenutzer mit einem guten Zugang zu der altchinesischen Bilderwelt mögen vielleicht entdecken, daß Zahlen, die in einer Traumbotschaft genannt werden, Anspielungen auf Hexagramme des *I Ging* enthalten und der jeweilige Text sich im Sinne der Amplifikation als Anreicherung des Traummaterials lesen läßt. Die oben genannten Hexagramme wären dann im Sinne der FISCHE-Thematik auf den Traum zu beziehen.

Die angeführten Zitate sind dem *»I Ging – Das Buch der Wandlungen«*, herausgegeben und übersetzt von Richard Wilhelm, entnommen.

Redensarten, Sprichwörter und Zitate

Redensarten sind Wortbilder, die oft in drastischer Weise die Schattenseiten beziehungsweise unerlösten Aspekte des Daseins ausdrücken. In Redensarten dargestellte Schwierigkeiten im Umgang mit der FISCHE-Energie wären zum Beispiel:

- »Etwas fällt ins Wasser« oder »etwas ist ins Wasser gefallen« (ein Vorhaben hat sich *aufgelöst*, vielleicht deshalb, weil wir uns durch eine *Illusion* täuschen ließen);
- »Glatt wie ein Aal sein« (andere Menschen *täuschen* oder *betrügen* beziehungsweise *schlüpfrig* und *ungreifbar* sein; sich Mitmenschen oder Situationen gleichsam durch *Abtauchen* entziehen);
- »Jemandem Sand in die Augen streuen« (ihn *täuschen* und *betrügen*);
- »Tomaten auf den Augen haben« (*Selbsttäuschung*, sich etwas vormachen beziehungsweise die Wahrheit nicht sehen wollen);
- »Mit einer Sache baden gehen« (eine *Niederlage* erleiden);
- »Aus dem letzten Loch pfeifen« (am *Ende* sein);
- »Den Boden unter den Füßen verlieren« (sich *Illusionen* hingeben, den Realitätsbezug verlieren);
- »Alle Brücken hinter sich abbrechen« (alle Bindungen *auflösen*);
- »Seine Felle davonschwimmen sehen« (die Hoffnungen, Möglichkeiten, Chancen *zerrinnen* und *entgleiten*);
- »Über eine Sache ist Gras gewachsen« (etwas Unangenehmes ist in *Vergessenheit* geraten beziehungsweise *abgeschlossen*);

- »Alles unter einen Hut bringen wollen« (alle Aspekte *vereinigen, zusammenbringen*);
- »Die Katze im Sack kaufen« (sich auf etwas einlassen, das einem *unbekannt* ist und das man nicht überprüft hat);
- »Sich wie ein Lamm zur Schlachtbank führen lassen« (sich alles gefallen lassen, ohne sich zu wehren; sich hemmungslos ausnutzen lassen).

Sprichwörter erheben den moralisierenden Zeigefinger beziehungsweise drücken Tugenden und Erkenntnisse aus, wie mit dem Leben am besten zu verfahren ist. Sprichwörter, deren Botschaft zentrale FISCHE-Themen enthalten, sind unter anderem:

- »Ende gut, alles gut!« (Diese Aussage trifft auch auf die Deutung von Träumen zu, wenn ein positiver Schluß des Traumes darauf hinweist, daß wir eine Schwierigkeit oder ein Problem *überwunden* haben.)
- »Reden ist Silber, Schweigen ist Gold.« (Es drückt die Erkenntnis aus, daß die *tiefere, wertvollere* Form der Weisheit nicht im vordergründigen Palavern und polarisierenden Diskutieren liegt, sondern im *inneren Eindringen* in das Wesen und den Sinn der Angelegenheiten, der Mitmenschen oder Situationen.)
- »Stille Wasser gründen tief.« (Hier wird deutlich, daß das *Wahre* im Leben beziehungsweise *tiefgründige* Menschen sich nicht lauthals in der Erscheinungswelt präsentieren, sondern ohne Hast, Eile und Hektik *in sich ruhen*.)

Die Bilder der Redensarten und Sprichwörter begegnen uns nicht nur im täglichen Sprachgebrauch, sondern häufig auch in der Traumbotschaft. Erkennen wir einen sprichwörtlich zu verstehenden Trauminhalt, finden wir in der Bedeutung des Sprachbildes auch die Traumbedeutung widergespiegelt. Eine Klientin, der im Traum beispielsweise Tomaten ins Gesicht geworfen wurden, hatte auch in ihrer realen Lebenssituation »Tomaten auf den Augen«. Sie konnte oder wollte bestimmten Problemen nicht ins Gesicht sehen – die sprichwörtlichen »Tomaten« stehen hier im Sinne der Redensart für Selbsttäuschung.

In der Rubrik »Zitate« finden wir vor allem Gedichte und Spruchweisheiten der Mystiker, Zenmeister und Taoisten, welche einen Eindruck der *religiösen Tiefe* und *Innenschau* vermitteln. Als Vertreter der deutschen Mystiker sei hier ANGELUS SILESIUS zitiert:

»Mensch geh nur in dich selbst, denn nach dem Stein der Weisen
mußt du nicht allererst in fremde Länder reisen.

Wenn ich in Gott vergeh, so komm ich wieder hin,
wo ich von Ewigkeit vor mir gewesen bin.«

Weitere Zitate, die von FISCHE-Themen zeugen, sind:

- »Einmal ans Meer gelangt, sprichst du nicht mehr von Nebenflüssen.« (HAKIM SANAI)
- »Wer auf dem Meere gewesen ist, scheut sich nicht mehr vor Pfützen.« (Aus Rußland)
- »Wenn die Menschen nur von dem sprächen, was sie verstehen, wäre bald großes Schweigen auf der Erde.« (Aus China)
- »Am Baum des Schweigens hängt der Friede.« (Aus Arabien)
- »Aus dem Schweigen kommt alle Kraft.« (BERNHARD VON CLAIRVAUX) Astroenergetisch übersetzt bedeutet dies: Aus dem FISCHE-Bereich (dem Reich des Schweigens) entspringt die kosmische Urkraft (WIDDER).
- »Du siehst die leuchtende Sternschnuppe nur dann, wenn sie vergeht.« (CHRISTIAN FRIEDRICH HEBBEL)
- »Was ist die Welt? Das, worin Vergehen waltet.« (GAUTAMA BUDDHA)
- »Der lebte gewiß schlecht, der nicht gut zu sterben weiß.« (SENECA)
- »Der Adler fliegt allein, der Rabe scharenweise. Gesellschaft braucht der Tor und Einsamkeit der Weise.« (FRIEDRICH RÜKKERT)
- »Was wir aufgeben, müssen wir mit freier Wahl aufgeben, nicht wie der Fuchs die Trauben.« (GOTTFRIED KELLER)
- »Was der Mensch als Gott verehrt, ist sein eigenstes Innere herausgekehrt.« (JOHANN WOLFGANG VON GOETHE)
- »Was wär ein Gott, der nur von außen stieße,
  im Kreis das All am Finger laufen ließe!
  Ihm ziemt's, die Welt im Innern zu bewegen,
  Natur in Sich, Sich in Natur zu hegen.«
  (JOHANN WOLFGANG VON GOETHE)

- »Besser kennt Gott, wer ihn nicht zu kennen bekennt.« (AUGUSTINUS)
- »In allen Menschen liegt die Ahnung, jenseits des Grabes die wiederzufinden, die vorangegangen sind, und die um sich zu versammeln, die nach uns übrigblieben.« (WILHELM VON HUMBOLDT)

Verschiedene Bereiche und ihre FISCHE-Entsprechungen

Lebensbereiche, Orte, Länder

Wie wir gesehen haben, entsprechen dem Zeichen der FISCHE als dem Archetyp des *Jenseitigen* vor allem Bereiche, die jenseits der greifbaren Welt beziehungsweise außerhalb unseres Vorstellungsvermögens liegen. Wir befinden uns hier deshalb in erster Linie in den Regionen jenseits des irdischen Daseins, welche zum Beispiel in der Theosophie mit Klassifizierungen wie »Astralebene«, »Mental-« und »Kausalebene« bezeichnet (und noch weiter ausdifferenziert) werden. Es besteht allerdings die Gefahr, daß wir die diesseitigen Gesetzmäßigkeiten und Vorstellungen auf das »Jenseits der Vorstellungswelt« übertragen und dadurch letztlich in der Anhaftung an eine Bilderwelt steckenbleiben. Damit wären wir jedoch nicht bis zur FISCHE-Ebene durchgedrungen, sondern im Bereich des *fixen* Wasserzeichens SKORPION verblieben. Im Gegensatz zum labilen Wasserelement der FISCHE fordert der SKORPION-Archetyp eine Identifikation mit den Seelenbildern heraus.

Auf der Bewußtseinsebene der FISCHE haben wir jedoch alle Bilder und Vorstellungen vollständig losgelassen und sind mitten im »Meer der Erfahrungen«, erleben das Sein, wie es ist. In diesem Geisteszustand der Offenheit, Gelöstheit und Absichtslosigkeit lassen sich die Dimensionen des »Jenseitigen« auch im Diesseits tief im Innern erspüren.

Übertragen auf die irdische Ebene, bezieht sich dies vor allem auf Orte des *Rückzuges* und der *Weltabkehr*, zum Beispiel Klöster und Aschrams, oder das Leben *allein* auf einer *einsamen* Insel oder möglichst entfernt von der Zivilisation in *Einheit* mit der Natur (siehe dazu etwa das Buch »*Walden oder Hüttenleben im Walde*« von HENRY DAVID THOREAU).

In Hinsicht auf Unerlöstes sind es die Bereiche der *Täuschung* und der *Flucht* vor der Wirklichkeit, wie wir sie in der Drogenkommune, der »Unterwelt« und vor allem in der Mafia finden. Die Sehnsucht nach Einheit wird häufig auch in einer *unbewußten Verschmelzung* mit der Masse gesucht – etwa im überfüllten Fußballstadion, wo man für kurze Zeit sich selbst vergessen kann und von der Last des Ich-Bewußtseins »befreit« ist.

Weitere Lebensbereiche und Orte mit zentraler FISCHE-Entsprechung sind:

- das Meer – je *näher* daran oder je *tiefer* darin (*Tauchen*), desto »*fischiger*«;
- Unterwasserlandschaften;
- eine unberührte Landschaft, in der man unter freiem Himmelszelt das *All-Einssein* mit der Natur erfährt;
- Sanatorium, Heil- oder Pflegeanstalt (vor allem eine geschlossene Abteilung). Hier muß man sich selbst um wenig kümmern, kann sich in die vorgegebene Ordnung und Struktur fallenlassen, braucht keine Entscheidungen selbst zu treffen, wird geführt, ist zum Teil entmündigt.
- Urlaub. Er ist ein Lebensbereich der Erholung und des *Sich-fallen-lassens*. In unserer heutigen Streß- und Leistungsgesellschaft bildet er einen dringend notwendigen Ausgleich zum permanenten Aktivsein. Wir haben aber häufig Probleme damit, einfach so in den Tag hineinzuleben, Pflicht und Zwang *loszulassen*. Der Begriff »Urlaub« bedeutete in der höfischen Sprache des Mittelhochdeutschen die Erlaubnis *wegzugehen*, die eine Dame oder ein Höherstehender dem Ritter zu geben hatte. Im übertragenen Sinne ist es die Erlaubnis, unsere alltäglichen Pflichten loszulassen und die ausgetretenen Pfade der Routine zu *verlassen* – eine Erlaubnis, die wir uns vor allem auch selbst erteilen müssen. Die Seele braucht genügend Raum, um zu *fließen* – die Urlaubsregelung der modernen Zeit ist ein Zugeständnis daran. Wir sollten daher den Urlaub wirklich in dieser Bedeutung sehen und nutzen, anstatt etwa unsere Arbeit mit in den Urlaub hineinzu-

nehmen oder zwanghaft nach Beschäftigung und Animation zu suchen.

Träumen wir von solchen Orten, so sagen uns diese Bereiche ebenso etwas über unseren Bezug zum FISCHE-Archetypen beziehungsweise unser zwölftes Haus aus.

Länder und Städte, in denen das FISCHE-Prinzip wesentlichen Anteil hat oder im Vordergrund steht, lassen sich ebenfalls nennen. Im allgemeinen sind es zum Beispiel *Inseln*, Länder am *Meer* oder mit *einsamen* Weiten beziehungsweise ohne menschliche Bevölkerung. Im besonderen seien folgende Länder und Städte genannt:

- Italien; Heimatland des Katholizismus und der Mafia. Im FISCHE-Monat, am 17.3.1861, wird das Königreich Italien proklamiert.
- Indien, »Land der Mystiker und Illusionen«. Hier finden sich Aschram- und Guru-Traditionen, die im FISCHE-Zeitalter ihren berechtigten Höhepunkt hatten, aber in der Epoche des Wassermanns respektive auf unsere westliche Mentalität bezogen eher als Möglichkeiten der *Zuflucht* denn als solche der Individuation anzusehen sind. Die Sehnsucht, wieder Kind sein zu dürfen, sich führen zu lassen, anstatt eigenverantwortlich an der Persönlichkeitsentwicklung mitzuarbeiten, ist nicht selten der wahre Grund, einen »indischen Meister« zu suchen und sich diesem zu unterwerfen. Eine Selbsttäuschung über die wahren Motive dürfte in diesem Bereich eher die Regel als die Ausnahme sein.
- Das sagenhafte Atlantis. In grauer Vorzeit soll es im Meer versunken sein.
- Rom. Es ist Hauptstadt des FISCHE-Landes Italien und gleichzeitig Sitz des Papstes.
- Venedig. In der Lagunenstadt findet jährlich der berühmte Karneval mit seinen bunten Masken und Verkleidungen statt.
- Dublin. Die Hauptstadt der Inselrepublik Irland ist Hochburg des katholischen *Glaubens*, aber auch *verträumte* Großstadt; *»Ullysses«*, der berühmte, »fischehafte« Roman von JAMES JOYCE spielt hier.

Orte und Bereiche mit FISCHE-Betonung sollten vor allem von Menschen mit einem Defizit an dieser Energie aufgesucht werden.

Zeitgenossen, die sowieso mit einem Zuviel an dem Element Wasser ausgestattet sind, »*versinken*« im »fischigen« Ambiente häufig nur noch mehr in sich beziehungsweise ihren Phantasien und Illusionen. Einem Rationalisten schadet es hingegen wohl kaum, sich einmal auf die weniger greifbaren Elemente des Lebens einzulassen oder etwa durch eine Indienreise oder eine Klausur in einem Kloster die starren Vorstellungen vom Dasein zu lockern. Im Gegensatz dazu wird ein Mensch mit *unerlöster* FISCHE-Betonung zwar ein starkes Verlangen verspüren, sich von der Welt *abzuwenden*, doch solange wir auf diesem irdischen Planeten leben, haben wir die Aufgabe, uns mit dem Element Erde auseinanderzusetzen. *Weltflucht* kann kein Ziel oder Mittel sein, unsere *innere Tiefe* auszuloten. Im Gegenteil, dazu ist eine gute »irdische Basis« (entwickelte Vernunft und eigenverantwortliches Handeln) nötig, um ohne Schaden für unseren irdischen Körper und das Ich-Bewußtsein auf innere Entdeckungsreise zu gehen. Jeder mag selbst entscheiden, wo er/sie hier steht.

Berufliche Entsprechungen

Folgende Aspekte stehen bei FISCHE-betonten Tätigkeiten im Vordergrund:

- Im allgemeinen handelt es sich um Tätigkeiten, die möglichst unstrukturiert sind, dadurch aber auch die Schwierigkeit genauer Grenzen zwischen Arbeit und Freizeit mit sich bringen;
- ideal ist, wenn Arbeit und Leben eine Einheit bilden;
- Tätigkeiten ohne Reibungspunkte sind günstig – Probleme entstehen, wenn man eigene Interessen nicht ausreichend vertritt;
- Berufe, die Einfühlungsvermögen erfordern beziehungsweise in den Mittelpunkt stellen (vor allem im sozialen Bereich);
- möglichst keine Entscheidungen treffen müssen;
- das Bedürfnis, im Team unterzutauchen oder mitzufließen;
- eine Tätigkeit, in der man ganz aufgeht und sich ohne Wenn und Aber hineinfallenlassen kann;
- in negativer Hinsicht wären es undurchsichtige Angelegenheiten, vielleicht sogar betrügerische Machenschaften;
- Arbeit am/im Meer (Fischer, Taucher, Seemann);
- Tätigkeiten, bei denen FISCHE-Eigenschaften im Mittelpunkt stehen, zum Beispiel Sterbebegleitung, Trauerhilfe, mediale Tätigkeit.

Allgemein betrachtet, befindet sich das FISCHE-Prinzip jenseits von rationaler und zweckmäßig ausgerichteter Berufstätigkeit. Durch Anhörige der genannten Berufszweige werden wir im Alltag sowie in der Traumbotschaft mit der FISCHE-Seite des Lebens konfrontiert. Natürlich üben nicht nur FISCHE-Geborene »FISCHE-betonte« Berufe aus, umgekehrt erfüllen FISCHE-betonte Menschen auch andere Aufgaben. Schließlich eignet sich nicht jeder zum Geistheiler oder hat die Möglichkeit, als Tiefseetaucher zu arbeiten. Ob das individuelle FISCHE-Rätsel überhaupt auf der beruflichen Ebene gelebt werden soll, wird nicht zuletzt durch die Träume oder das Horoskop nahegebracht – beispielsweise wenn das FISCHE-Zeichen mit »Arbeits-« beziehungsweise »Berufsprinzipien« (JUNGFRAU- oder STEINBOCK-Zeichen oder -Haus) verbunden ist.

Welche Tätigkeit FISCHE-Geborene auch wählen mögen – sehr wahrscheinlich stehen eines oder mehr der aufgeführten Kriterien dabei im Mittelpunkt, wenn der Betreffende seinem Wesen gerecht werden will. Fühlen sich FISCHE-Geborene mehr zu anderen, eventuell oppositionellen Tätigkeiten hingezogen, dann läßt sich das als (unbewußte) Relativierung einer überstark empfundenen FISCHE-Seite werten. Oder aber die FISCHE-Seite bekommt durch den Gegenpol besonderes Gewicht und tritt um so deutlicher in den Vordergrund, etwa bei einem Schulmediziner (JUNGFRAU-betonter Beruf), der auch mit der Frage nach der eigentlichen Quelle des Heilens (FISCHE) konfrontiert ist.

Entsprechungen im Tierreich

Dem Zeichen der FISCHE entsprechen vor allem Wasserbewohner, speziell Meerestiere (Fische).

Dazu kommen alle ungreifbaren, unsichtbaren, dem Blick verborgenen tierischen Organismen, zum Beispiel Parasiten, welche die Grenze der Körperabwehr durchdringen und Krankheiten initiieren können.

Außerdem zählen Übergangsformen zwischen der Pflanzen- und Tierwelt dazu, etwa Bakterien oder Meeresbewohner, wie sie im Plankton vorkommen.

Zerbrechlich-zarte Tiere (überwiegend Meeresbewohner, zum Beispiel Quallen, Seepferdchen) sind hier noch hinzuzufügen.

Entsprechungen im Pflanzenreich

Das Reich der Pflanzen entspricht in erster Linie dem KREBS-Bereich. In »zweiter Instanz« können wir dann, je nach Art und Charakter der Pflanze, eine weitere Unterteilung in die zwölf Tierkreiszeichen vornehmen. Pflanzen mit FISCHE-Entsprechung sind unter anderem:

- Meerespflanzen, vor allem Algenarten;
- »ätherisch« wirkende, zarte Pflanzen (Mimose, Mohn);
- Pflanzen mit betörendem bis betäubendem Duft;
- Giftpflanzen (die zum Beispiel auch als Halluzinogene dienen);
- unter den Bäumen die Trauerweide (FISCHE-Aspekt des »Trauerns«).

Heilpflanzen: Bei einem Mangel an beziehungsweise bei Unterdrükkung der FISCHE-Energie bilden Pflanzen mit ätherischem Öl die Entsprechung, wie Blasentang, Herbstzeitlose, Kakaostrauch, Kolabaum, Passionsblume, Weiße Malve. Bei FISCHE-Übergewicht sind natürlich die Heilpflanzen desjenigen Tierkreiszeichens angezeigt, bei dem das Defizit liegt; etwa bei Antriebsschwäche siehe WIDDER, bei Realitätsferne siehe STIER.

Mineralien

Metall: Wenn wir den Begriff »Mineralien« hier nicht im naturwissenschaftlichen Sinn, sondern einfach als Gegensatz zum Pflanzen- und Tierreich verwenden, können wir auch das *Aluminium* den Mineralien zuordnen. Dessen FISCHE-Eigenschaften sind die leichte Verformbarkeit und Weichheit. Der »illusionäre« Charakter dieses Metalles ist, daß es in seiner Reinform nicht in der Natur vorkommt. Als Synchronizität fällt auf, daß die erstmalige Gewinnung des metallischen Aluminiums mit der Entdeckung des FISCHE-Planeten NEPTUN zusammenfällt. Die Aluminiumgewinnung erfolgt nach dem sogenannten »Bayer-Verfahren«, durch welches die Aluminiumhydroxide aus dem Bauxit heraus*gelöst* werden – die Aluminiumgewinnung erfolgt durch *Auflöse*verfahren.

Edelsteine: Vor allem *Jade* – gelblichgrüne bis grüne Steine im Handel, die das Flair des Geheimnisvollen, Tiefgründigen (»Meeresgrün«), Jenseitigen ausstrahlen. In der altchinesischen Kultur hatte Jade große Bedeutung, insbesondere als *Totenbeigabe.* Jadebilder von Drachen und anderen mythologischen Wesen sollten den Toten auf seiner Wanderung im *Jenseits* beziehungsweise Zwischenzustand beschützen. Im alten China symbolisierte Jade, als Ergebnis des Zusammenwirkens von »Berg und Wasser«, die *Vereinigung* der Yin- und Yang-Kraft und wurde als das Juwel des Himmels verehrt.

Das Tragen von Jade- oder *Türkis*schmuck mag zur Aktivierung, Stärkung oder Integration der FISCHE-/NEPTUN-Energie (auch bei den lang laufenden NEPTUN-Transiten) beitragen; vor allem wenn jemand eine besondere Verbindung zum Mineralreich hat, etwa bei Betonung des Elementes Erde im Horoskop.

Speisen und Getränke

Da das Zeichen der FISCHE die feinstofflichen Bereiche betrifft, finden wir hier vor allem jene Speisen, die wir als *Seelennahrung* bezeichnen. Was für den einzelnen darunter zu verstehen ist, mag durchaus individuell verschieden sein (etwa bestimmte Musik, Farben, Töne, Naturerlebnisse oder zwischenmenschliche Begegnungen).

Auch auf einer »handfesteren« Ebene ist FISCHE-betonte Nahrung eher *weich* und *flüssig* (Suppen, Brei), besteht aus den Früchten des *Meeres* (vor allem Fischsuppe, Algengerichte, Weichtiere) oder entstammt der Küche des FISCHE-Erdteiles *Asien* (vor allem Reisgerichte) beziehungsweise ist insgesamt eher *vegetarisch* gehalten.

Getränke sind dem Element Wasser wesentlich näher als feste Speisen – hier vor allem das *reine Wasser.* Da der *rote Wein* im Abendmahl mit dem Blutopfer Christi gleichgesetzt wird, hat auch er eine Entsprechung zum FISCHE-Prinzip. Und von der Seite der Illusion und Täuschung her gesehen, sind härtere Alkoholika der (unerlösten) FISCHE-Seite zuzuordnen.

Diagnostizieren wir eine zu große Erdschwere (Betonung der Ratio, starke Anhaftung an Materie), kann eine Umstellung auf »FISCHE-Kost« einen gewissen Ausgleich zu erreichen helfen. Besonders ein kontinuierlicher *Reis*genuß läßt uns *durchlässiger, feinfühliger* und *»jenseitiger«* empfinden. Nicht zufällig ist Reis das Grundnahrungsmittel Asiens. Neigt jemand dagegen zu einer ungesunden Realitätsferne oder verliert er sich gerne in Phantasien, dann wäre von FISCHE-Kost eher abzuraten; den Elementen Erde (vor allem Kartoffeln) oder Feuer (Fleisch) zugeordnete Speisen wären zu empfehlen. Wahrscheinlich werden sich FISCHE-betonte Menschen jedoch eher zu FISCHE-betonten Gerichten hingezogen fühlen. Wir finden hier vor allem Vegetarier aus Überzeugung beziehungsweise aus Mitgefühl mit der leidenden Kreatur.

Literatur, Film, Musik

Wir unterscheiden hier die Inhalts- und die Beziehungsebene. FISCHE-betonte Inhalte wären *phantastische*, *jenseitige*, *mystische*, *zauberische*, *tiefgründige* Themen, auch die Darstellung der *Unterwelt* (vom Taucherfilm bis zum menschlichen Untergrund des kriminellen, zwielichtigen Milieus). Ob ein Film durch seine Regie die FISCHE-Energie zu vermitteln vermag, ist eine Frage, wie er (auf der »Beziehungsebene«) wirkt. So kann es durchaus sein, daß ein Film oder Buch mit scheinbar alltäglichen Themen ein Gefühl von Geheimnis und Mystik verbreitet, während zu dick aufgetragene »Fantasy« eine eher hausbackene Atmosphäre erzeugt. Schein und Sein werden hier am deutlichsten voneinander unterschieden. Wahrhafte FISCHE-Werke entspringen dem Tiefenbereich des kollektiven Unbewußten und beinhalten kollektiv und zeitlos gültige innere Wahrheiten, wie das beispielsweise in den Menschheitsmythen der Fall ist.

Filme: Auf höherem Niveau befindet sich zum Beispiel *»Die letzte Flut«*, ein Film, der einen australischen Rechtsanwalt in die mythisch-magische Welt der Ureinwohner eintauchen läßt. Dieser wird von Visionen geplagt, in denen er den Untergang der Welt durch eine neue Sintflut sieht. In *»Die Reise nach Indien«* gelingt es, die irrationale Stimmung des FISCHE-Landes Indien einzufangen, eine geheimnisvolle, unlogische und mystische Atmosphäre zu erzeugen, ohne in Plattheiten abzudriften.

Bücher: *Das* FISCHE-Buch ist das *»Neue Testament«* der Bibel. Ansonsten ist vor allem mystische Literatur zu nennen, zum Beispiel von den Heiligen oder Mystikern des Mittelalters. Vertreter neueren Datums sind GUSTAV MEYRINKS Werke, wie *»Das grüne Gesicht«*, *»Der Engel vom westlichen Fenster«*, oder MANFRED KYBERS *»Die drei Lichter der kleinen Veronika«*. Die Grenze zwischen Kitsch und Kunst ist hier – wie bei FISCHE-Werken nicht anders zu erwarten – *flie-*

ßend. Unter FISCHE-Literatur fallen ebenfalls die Werke von FISCHE-Geborenen, wie die FRIEDRICH HÖLDERLINS oder, auf Kinderbuchebene, von JANOSCH.

Bücher und Filme auf FISCHE-Ebene reichen von irrational und mystisch anrührenden Werken, undurchsichtigen Bilder- und Wortfluten bis hin zu überzogener Gefühlsduselei und undifferenziertem »Einheitsbrei«.

Musik: FISCHE-Musik ist *entrückte* Musik, Entspannungssound, indische Sitarmusik, *fließende*, einschläfernde Klänge. Auf der seichten Ebene sind es *rührselige* Schlagermelodien.

Auch in die Traumhandlung kann ein Filmtitel, Buchtitel oder Musikstück eingeflochten sein. Entdecken wir die genannten Kriterien, ist möglicherweise ein FISCHE-Thema damit angesprochen. Erkennen wir ein Defizit an FISCHE-Energie in unserem Leben beziehungsweise haben wir gerade einen NEPTUN-Transit, der die Integration dieses Archetypen fordert, kann die Beschäftigung mit diesem Prinzip über die genannten Medien hilfreich sein. Auf welchem Niveau man sich diese Energie »zuführen« will, hängt vom individuellen Geschmack ab. Da im Zeitalter von Video und Kabelfernsehen eine große Auswahl an Filmen zu jeder Zeit verfügbar ist, kann man sie gezielt bei der therapeutischen Arbeit einsetzen. Wesentlich ist dabei nicht so sehr, ob der Film gefällt, als vielmehr, was er innerlich auslöst. Auf astroenergetischen Seminaren, in denen genügend Zeit vorhanden ist und die Erfahrungen aufgearbeitet werden können, bietet sich der Einsatz dieses Mediums an. Noch unproblematischer ist es, mit Musik zu arbeiten und die eigenen Reaktionen zu beobachten. Und wie wir alle sicherlich schon erlebt haben, kann das richtige Buch zur richtigen Zeit vieles in uns bewegen.

FISCHE-Typen

Im allgemeinen entspricht den FISCHEN *melancholisches* Temperament, FISCHE sind oft Träumer oder Phantasten, gleichsam »Goofy«-Typen.

Entwickelte FISCHE-Eigenschaften kennzeichnen Personen, die für die Chancen*gleichheit* aller Menschen eintreten und für die Abschaffung künstlicher Grenzen kämpfen. Man findet sie in Menschen, die mit sich selbst *eins* sind, wahren Mystikern und Künstlern, die aus der Tiefe schöpfen.

Als *unentwickelt* erweisen sich die Eigenschaften der FISCHE beim Schwindler, Betrüger, bei wehleidigen Typen, die sich in einer Märtyrer- beziehungsweise Opferrolle gefallen. Ebenso trifft man unentwickelte FISCHE-Energie bei Menschen an, die sich selbst entfremdet sind und das Leben anderer Menschen leben, bei Illusionisten, also die sich (beziehungsweise ihr Selbst) aufgegeben haben.

Stimmungen, Wetterentsprechungen

Als Wasserzeichen beziehungsweise -planet stehen FISCHE und NEPTUN in direktem Bezug zu dem Phänomen, welches wir als »Wetter« bezeichnen. Vor dem Hintergrund der Existenz eines kollektiven Unbewußten erscheint das vorherrschende Wetter als Ausdruck der *kollektiven Stimmungslage* einer Region, eines Volkes, eines Kontinentes. So lassen sich über die Beobachtung der Wetterlage Rückschlüsse auf den Zustand der Kollektivseele ziehen.

Als FISCHE-Wetterlagen gelten im besonderen das *Tauwetter* vor dem Frühlingsbeginn, dichter undurchdringlicher *Nebel*, der die Welt scheinbar *auflöst* und *zerfließen* läßt, *wolkenverhangenes* feucht-kaltes, trüb-*nebulöses* Wetter, *sintflutartiger* Dauerregen.

Als entsprechende Empfindungen stellen sich tiefgründig-jenseitige Stimmungen ein – bildhaft zum Beispiel durch Schlingpflanzen ausgedrückt, die unter Wasser von der Strömung wie von Geisterhand bewegt werden – oder das Gefühl, mitten im Meer zu sein, ohne Begrenzung. Ebenso kann man das Eintauchen in das All spüren, wehmütige Sehnsucht nach einer fernen Heimat, Heimweh nach Gott. Traurige Weltabgewandtheit oder das Eintauchen in das Meer der Gefühle, in die Tiefe der Seele, zählen gleichfalls zu den FISCHE-Stimmungen.

Zeitentsprechungen

Als *Tageszeit* entspricht den FISCHEN die Zeit der *Dämmerung* vor Sonnenaufgang. Diese Phase des Tages eignet sich besonders für

FISCHE-Angelegenheiten und Tätigkeiten, wie Meditation, Träumen (kurz vor dem Aufwachen träumen wir am aktivsten), Schlafen. FISCHE-Geborene sollten nachprüfen, ob sie in dieser Zeitspanne besonders schöpferische Momente haben.

Der *Februar* ist der *Monat*, in dem das FISCHE-Zeichen beginnt beziehungsweise durch die SONNE initiiert wird. Dieser Monatsname entstammt dem lateinischen »februarius« und bedeutete bei den Römern den Reinigungs- beziehungsweise Sühnemonat vor ihrem Neujahrsbeginn im März.

Das FISCHE-*Zeitalter* ist das Zeitalter des CHRISTUS. Der Beginn dieses Zeitalters reicht etwa bis 150 v. Chr. (zum Eintritt des *Frühlingspunktes* in das Zeichen der FISCHE) zurück, und dessen Ausklingen erleben wir im zwanzigsten Jahrhundert.

Johannes der Täufer ist Verkünder von Christus und somit auch des FISCHE-Zeitalters, welches er mit seiner *Wassertaufe* eingeläutet hat. Es ist das Zeitalter des *Christentums* – nicht zufällig sind die Fische, wie schon erwähnt, ein christliches Ursymbol. Es ist die Menschheitsepoche des Nach-innen-Gehens, das Zeitalter der Mystiker, des Mönchtums beziehungsweise der Religiosität an sich – mit allen Licht- und Schattenseiten. Nach der vorangegangenen WIDDER-Zeit, in der die Triebkräfte und der persönliche Wille (wenngleich nicht im selben Maße bewußt nachempfunden wie in unserer Zeit) im Mittelpunkt standen, begann mit den FISCHEN das »*Zeitalter des Seelischen*« – mit allen Illusionen und Täuschungen und dem *religiösen Wahn* (Inquisition, Hexenverbrennungen, Kreuzzüge), der viele unschuldige Menschen das Leben kostete. Die Menschen hatten vor allem zu lernen, zwischen *Schein und Sein* zu unterscheiden, was im Bereich der FISCHE beziehungsweise der Seele keine leichte Aufgabe ist.

Gingen im FISCHE-Zeitalter nur wenige Menschen den Weg zur Vollkommenheit – und dann in der Regel innerhalb von Geheimbünden, Logen oder Weisheitsschulen –, brachen im Vergleich dazu in der beginnenden WASSERMANN-Zeit ganze Heerscharen von entwicklungswilligen Menschen auf, um das Ziel zu erreichen, das wir mit C. G. JUNG als »Individuation« bezeichnen können; freilich stehen wir auch hier erst am Beginn. Und was damals in geheimen Zirkeln ablief, vollzieht sich heute in aller Öffentlichkeit (was natürlich nicht bedeutet, daß alle verstehen, worum es sich handelt).

3 FISCHE-Symbole in Alltag und Traum

Betrachten wir die Erscheinungen der Welt auf der Ebene der *Symbole*, verlassen wir die Dimension der Eindeutigkeiten: Symbole sind in der Regel *mehrdeutig*! Bei den hier dargestellten, beispielhaft ausgewählten Sinnbildern stand deren FISCHE-Aspekt im Vordergrund, beziehungsweise die *zentrale Bedeutung* des Symboles liegt in diesem Tierkreiszeichen. Begegnen wir im Traum oder in unserer Alltagswirklichkeit bestimmten Symbolen, deuten wir diese immer im Rahmen der weiteren (Traum-)Handlung, der Einfälle und Assoziationen des Betreffenden dazu sowie nach dessen aktueller Lebenssituation. (Eine allgemeine Einführung in das Symbolverständnis bietet der Einführungsband.)

Die FISCHE-Seite der Symbole ist deren *universale* und *zeitlose* Gültigkeit. Je *umfassender* ein Symbol, desto näher ist sein Bezug zur FISCHE-Ebene. Nehmen wir beispielsweise die kollektiven Symbole Sonne und Meer oder Feuer und Wasser, dann ist deren Gehalt als Sinnbild zu allen Zeiten und auf alle Kulturen bezogen immer derselbe – freilich mit kulturell bedingten Unterschieden in der Benennung und Auslegung. Niemals wird es jedoch in Frage stehen, daß die Sonne unter anderem als Symbol für Licht, Wärme und Energie steht, unabhängig davon, ob wir eine Gottheit oder ein psychisches Prinzip in sie projizieren.

Symbole der Einheit und Grenzenlosigkeit, des Jenseitigen oder der Inwendigkeit

Wasser ist *das* Symbol für Gefühle und die seelisch-lebendige Dimension des Daseins schlechthin. Je nach seiner Form, in der es in der Realität oder im Traum erscheint, ist es zu deuten und einem der drei Wasserzeichen zuzuordnen. Die FISCHE-Seite des Wassers ist dessen Aspekt der *Einheit* und *Grenzenlosigkeit*, das im Bild des Meeres seinen treffendsten Ausdruck findet. (Weiteres zu Symbol Wasser im KREBS- und im SKORPION-Band.)

Das *Meer* hat als *Urozean* seit jeher symbolhafte Bedeutung und steht für die Grenzenlosigkeit und Einheit des Daseins. Es ist der Bereich, aus dem sich alles Leben entwickelt hat. Hier, in der *verborgenen Tiefe* des »kollektiven Unbewußten« beziehungsweise des »Jenseits« sind die Lebensformen entstanden, deren Nachkommen dann das trokkene Land eroberten, das heißt sichtbar in die Welt der Erscheinungen getreten sind. Das Meer ist das Sammelbecken des Wassers auf dieser Erde, im Ozean schließen sich alle die Billiarden Wassertropfen, die als Bach, Fluß und Strom ins Meer flossen, zu einer Einheit zusammen. Träume vom Meer verweisen in der Regel auf diese *tiefste Seelenschicht*. Befinden wir uns *im* Wasser, sind wir innerlich nah an diesen Bereich angeschlossen; beobachten wir das Spiel der Wellen vom sicheren Ufer aus, kann das bedeuten, daß wir den Schritt in die *Erfahrungs-* und *Empfindungsebene* des Daseins noch nicht wagen und erst Vertrauen entwickeln müssen. Entscheidend für die Deutung dieses *universalen* Symboles sind die Gefühle und das weitere Geschehen im Traum. Nehmen wir ein erfrischendes Bad, fühlen wir uns sozusagen »in unserem Element« und schwimmen sicher und frei wie die Fische, dann legt das einen anderen Schluß, einen anderen Bezug zu dem (inneren) Wasserelement nahe, als befänden wir uns vor dem Ertrinken, als sähen wir stürmische Wellen mit Gewalt das Land überfluten oder Haifische uns bedrohen. Zeigt ein angstfreier und souveräner Aufenthalt im Meer die Entfaltung seelischer Kräfte und das Vorhandensein von Urvertrauen an, sind Überschwemmungen des Bewußtseins durch unbewußte Inhalte häufig in Traumbildern und Phantasien von bedrohlichen Wassermassen (und damit einhergehenden Ängsten) verbunden.

Die *Bewohner des Meeres*, vor allem die *Tiefseefische*, deuten wir in diesem Zusammenhang als die inneren Regungen der Seele. Es sind die »greifbaren Elemente« (Gefühle) im Bereich des formlosen, ungreifbaren kollektiven Tiefenbereiches. Sie entsprechen damit in erster Linie dem KREBS-Archetypen (dem »persönlichen Unbewußten«) und vermitteln zwischen der FISCHE-Ebene des kollektiven Unbewußten und unserem Ich-Bewußtsein. Ein Traumbeispiel, geträumt im FISCHE-Monat, verdeutlicht dies.

Traum vom 2.3.93: Das erfrischende Bad

»Ich schwimme mit meinem Mann im Meer. Das Wasser ist sehr erfrischend, einfach wundervoll, wie es am Körper entlanggleitet. Wir schwimmen am Ufer entlang zur anderen Seite. Hier ist Sandstrand, der leicht abschüssig zum Wasser hinführt. Das Wasser ist türkisfarben. Ich lege mich auf den Rücken und bewege mich wie ein Delphin. Es ist ein Gefühl, wie endlich nach Hause gekommen zu sein.«

Diesen wohltuenden Traum hatte eine Seminarteilnehmerin während einer schwierigen Lebensphase, in der es sowohl in der Ehe wie auch in anderen Beziehungen Ernüchterungen und Frustrationen durchzustehen galt – vor allem auch deshalb, weil sie sich der Illusion hingab, daß die Lösung ihrer Probleme im Außen zu suchen und zu finden wäre. Der Traum wirkte kompensatorisch und brachte ihr nahe, was sie so sehnlich vermißte: Gefühle des *Fließens*, des Wohlseins, der Erfrischung und der Freude. Vor allem das erlebte Gefühl, endlich heimgekommen zu sein, zeigt, daß sie – zumindest im Traum – wieder zu sich selbst gefunden hat. Sie spürt, daß alles das, was sie im Außen suchte, in ihr selbst begründet liegt und deshalb nur hier gefunden werden kann. Belege dafür sind solche wohltuenden, freudigen Träume und Gefühle, die wir erfahren, ohne daß sich gleichzeitig schon entscheidende Änderungen in unserer äußeren Lebenslage ergeben hätten. Das erfrischende Bad im Meer gibt der jungen Frau – zumindest vorübergehend – das Gefühl der inneren Einheit zurück; und da ihr Mann ebenfalls im Traummeer badet, ist auch die eheliche Einheit und Harmonie dadurch »beschworen«. Die Träumende hat eine Betonung des Wasserelementes und fühlt sich in den seelischen Regionen des inneren Ozeans gleichsam »in ihrem Element«.

Tiefseefische verkörpern im besonderen Regungen der inneren Tiefenbereiche. Daß dabei vor allem auch das *Urvertrauen* berührt wird, ist naheliegend. Bekommen wir im Traum solche Meerestiere als Speise angeboten, handelt es sich in der Regel um die Integration der

FISCHE-Seite beziehungsweise eine Stärkung unseres Urvertrauens, und wir sollten zugreifen.

Das *Mandala* ist ein symbolisches Diagramm, typischerweise ein Kreis, der ein Quadrat einschließt, mit einem zentralen Symbol in der Mitte. Der FISCHE-Aspekt dieses vielschichtigen Symbols besteht in seiner Bedeutung als *Ganzheits*symbol und vor allem als Sinnbild der *Einheit* des Selbst. Es hat *archetypische* Qualität, wie C. G. JUNG in seiner Arbeit feststellte: »Ich habe auch bei Geisteskranken Mandalazeichnungen gefunden, und zwar bei Leuten, die sicher nicht die geringste Ahnung von diesen Zusammenhängen haben.«

Mandalas im Traum haben häufig eine sehr positive Botschaft. Oft wollen sie dem Träumenden ein Gefühl für (seine) *Ganzheit* vermitteln. Traum-Mandalas zu malen ist von großem therapeutischen Wert.

Die Abbildung zeigt beispielhaft zwei verschiedene Mandalas. Sein eigenes, individuelles Mandala zu kreieren, ist eine äußerst schöpferische Tätigkeit; Anregungen dazu liefern vor allem unsere Träume.

Angeln beziehungsweise *Fischen* bedeutet im Traum meist, daß wir dabei sind, Inhalte aus unserer Inwendigkeit nach oben, an die Oberfläche des Bewußtseins zu holen. Gerade FISCHE-Geborene (= SONNE im FISCHE-Zeichen!) sind dazu aufgefordert, den FISCHE-Bereich zu *beleuchten* und sich – soweit das bewußt überhaupt möglich ist! – mit den »Bewohnern« des inneren Wasserelementes vertraut zu machen. Der nachfolgende Traum einer FISCHE-Geborenen, geträumt im FISCHE-Monat, spiegelt deren Probleme mit dem »Fischfang« wider:

»Ich stehe vor einer mannshohen Fensterfront, von der aus man auf einen Fluß, in dem auch Leute baden, blickt. Vor die Fenster sind Vorhänge gezogen, aber die Fenster haben kein Glas, sind also offen. Neben mir steht ein mir unbekannter Mann und angelt. Er fädelt die Angelschnur durch einen kleinen Spalt oberhalb des Fensterrahmens. Er macht das ganz geschickt, und es gelingt ihm tatsächlich, die Angel auf diese umständliche Weise auszuwerfen und so zu angeln. Ich habe auch eine Angel in der Hand und versuche es ihm gleichzutun, doch es gelingt mir nicht, die Angel auszuwerfen. Neben mir entdecke ich jetzt eine Abgrenzung, die aussieht wie ein Schiff, auf dem meine Angelrute mehrmals unter Krachen aufprallt, was ziemlich nervig ist. Dann kommt mein Onkel dazu. Er holt sich eine Angel und ist auch schon wieder weg. Ich vermute, er wird wohl irgendwo in der Ferne angeln. Der Mann, der neben mir steht, zieht jetzt die Vorhänge zurück.

In einer anderen Traumszene in dieser Nacht sehe ich einen prall gefüllten Obstkorb und blicke in ein hell erleuchtetes Obstgeschäft. Ich überlege, den Obstkorb jemandem zu schenken.«

Die Träumende ist eine junge Frau, deren Mutter wie sie im Zeichen der FISCHE geboren ist. Dadurch läßt sich vermuten, daß sich die Tochter um so mehr an der Mutter orientiert hat. Verinnerlicht hat sie vor allem auch deren massive Lebensängste, die ihr nun bei der Alltagsbewältigung im Weg stehen. Das Problem der Mutter mit dem FISCHE-Rätsel – vor allem das Loslassen und Vertrauen – übertrug sich auf die Tochter, deren zentrales Lebensthema ebenfalls in diesem Archetypen wurzelt. Die übernommenen Ängste der Mutter stellen eine unnötige Begrenzung der Bewegungsfreiheit der Träumerin dar; das Schiff, auf das die Angelrute ständig lärmend aufprallt, ist hier in erster Linie als Symbol für die Mutter anzusehen. Vor allem ist es die Fensterfront, welche die Träumende vom »wirklichen«, lebendigen Leben, dem Lebensfluß jenseits der Fensterrahmen, trennt. Dabei ließe sich diese Hürde ohne weiteres überwinden, da die Fenster ohne Glas leicht zu durchschreiten wären. Es sind lediglich Rahmen, die wir hier als Sinnbild unpassender, weil überflüssiger Gewohnheits- und Denkstrukturen ansehen können.

Doch noch müht sie sich ab, wie der unbekannte Mann zu angeln und in umständlicher Weise zu versuchen, die Angelschnur auszuwerfen, jedoch ohne Erfolg. Zu diesem Traumbild fällt ihr die berufliche Situation ein. Sie klagt über Probleme mit einer Mitarbeiterin, die sie als äußerst umständlich beschreibt, aber offenbar deren komplizierte Art unbewußt zu übernehmen scheint, wie sie im Traum auch das umständliche Treiben des Anglers nachzuahmen versucht. Dabei mag diese Art und Weise der Lebensbewältigung für jemand anderen durchaus stimmig sein; die Träumende sollte jedoch darauf achten, sich mehr an ihrer eigenen Wesensart zu orientieren, statt im Übermaß auf das Verhalten anderer zu schielen. Für FISCHE-Geborene ist das nicht die leichteste Übung, da deren Selbst (= SONNEN-Wesen) ja im Wasserelement der FISCHE ruht. Also gilt es – zur Bewältigung dieses Rätsels –, danach zu *fischen*! Solange sie aber nicht unmittelbar am Ufer steht, sich also nicht *mitten* hinein ins Leben begibt, wird sie eher »im trüben fischen«. Darauf weisen auch die Vorhänge hin, welche die Szenerie noch mehr *verschleiern* – eine unerlöste FISCHE-Entsprechung!

Doch die Schlußszene, in der die Vorhänge zurückgezogen werden, läßt hoffen! Ebenso weist der Onkel zu Positivem. Die junge Frau beschreibt ihn als einen selbstbewußten Menschen, der wenig Probleme damit zu haben scheint, manches auch mal laufenzulassen – ein Lebenskünstler sozusagen. Dieser Onkel bedeutet eine innere Wesensseite, die ins Bewußtsein tritt, dann aber gleich wieder entschwindet. Gelingt es der Träumenden, diesen Wesensteil zu integrieren, wird das nächste Traumstück Wirklichkeit werden, und sie wird nach den Früchten greifen können, die ihr das »Füllhorn« (der Obstkorb) des lebendigen Lebens zu bieten hat. Die Helligkeit im Obstladen weist auf erwachtes Bewußtsein hin, daß das Leben wirklich viel zu bieten hat, daß viele Früchte nur darauf warten, gepflückt zu werden, wenn sie ihre vielen unnötigen Sorgen und Ängste nur loszulassen vermag.

Als FISCHE-Geborene neigt sie dazu, ihre Individualität zu verleugnen und sich zu sehr mit den Handlungen, Meinungen, Einstellungen und Gefühlen der Mitmenschen zu identifizieren. Hier ist es der Angler, an dem sie sich orientiert, anstatt ihre eigene, für sie stimmige »Angelweise« zu entdecken. Eine FISCHE-SONNE zu ergründen bedeutet, die eigene Unbewußtheit zu realisieren. Gelingt es, dieses Rätsel zu lösen, führt es das Selbstbewußtsein aus der Umklammerung des Unbewußten heraus, ohne die gute Verbindung zu diesem Tiefenbereich dadurch zu verlieren. In diesem Zusammenhang ist auch die Betitelung von JESUS CHRISTUS als »Menschenfischer« zu verstehen. Astroenergetisch gesehen ist Christus die SONNEN-Kraft beziehungsweise das Geistprinzip, welches unser Ich aus dem Meer des Unbewußten herausziehen kann.

Nacht und *Finsternis*: Im Dunkel der Nacht spüren wir unser Eingebettetsein in der Einheit des kollektiven Unbewußten. Spielt die Traumhandlung im Dunkeln, haben wir es meist mit Unbewußtheit zu tun. Die Nacht ist aber zugleich die Vorstufe zum Tag (Bewußtsein) und hat ihre Zeit und Berechtigung. Alles, was in Erscheinung tritt, hat sich vorher im Dunkel des Unbewußten entwickelt. Realisieren wir durch die Träume, welcher Art das Schicksal ist, das wir unbewußt in uns weben, erwerben wir die Freiheit, verändernd und modifizierend mit unserem Ich-Bewußtsein einzugreifen.

Weltall, *Himmel*: Das Weltall, das dem kleinen Ich unbegreiflich und unfaßbar bleiben muß, ist ein weiteres Symbol für Unendlichkeit und die Einheit des Seins. In christlicher Sprache wird das »Himmelreich« zitiert, wenn der Bereich der göttlichen Einheit oder die Dimensionen jenseits der Vorstellungskraft angesprochen sind.

Kugel, *Ball* und *Kreis* verkörpern – wie alle runden Gebilde (zum Beispiel runde Tische), deren Umfang (Kreis) beziehungsweise Oberfläche (Kugel) ohne Anfang und Ende ist – den FISCHE-Aspekt der Einheit, Grenzenlosigkeit und Unendlichkeit. In der Astrologie ist es der Tierkreis, welcher die Ganzheit des Seins in astrologischer Sprache ausdrückt; alle Einteilungen (in Kreisgrade und Tierkreiszeichen) zum Zwecke der Differenzierung sind für den Beginn der Individuation zwar wichtig, angesichts der Einheit allen Seins aber nur von relativer Wirklichkeit. Erscheinen diese Symbole im Traum, zeigen sie häufig die Entwicklung einer *ganzheitlicheren* Sicht- oder Lebensweise an. Es sind sehr positive Sinnbilder, die aufzeigen, daß wir etwas *abrunden* (sollen) beziehungsweise daß es sich bei einer Angelegenheit um eine »runde Sache« handelt.

Das *Yin-Yang*-Zeichen ist ein altchinesisches Symbol für die *Einheit* der Gegensätze. Ein schwarzer und ein weißer Halbkreis *vereinigen* sich in einem ganzen Kreis, dabei trägt jede Polarität keimhaft die andere Seite in sich.

Brezel: Die Form einer Brezel erinnert an verschlungene Arme und an das Zeichen für *Unendlichkeit*. Als Traumsymbol mag es deshalb für Einheit, für die Vereinigung von Yin und Yang stehen.

Altar: Auch dieses Symbol versinnbildlicht unter anderem die *Vereinigung* der Gegensätze und verkörpert die *göttliche Gegenwart*, die Verehrung Gottes, die Wiedervereinigung mit dem göttlichen Urgrund durch das Darbringen von Opfergaben. Der Begriff entstammt dem lateinischen »altus« und bedeutet »hoch« und »tief«. In der Form eines Grabmals stellt der Altar den *Übergang* vom Leben in den Tod, vom Zeitlichen ins Ewige, dar.

Hochzeit, *Trauung* bedeutet auf mythologischer Ebene die Vereinigung der Gegensätze des männlichen Yang- und des weiblichen Yin-Prinzipes. Als Traumsymbol weist die Hochzeit in den wenigsten Fällen auf reale Trauungen hin, sondern steht für die Bemühungen des Träumenden, eine (innere) Einheit zu finden.

Uroboros, dargestellt als Schlange oder Drachen, die oder der sich in den eigenen Schwanz beißt, symbolisiert die *uranfängliche Einheit* des Lebens und dessen *ewigen Kreislauf.*

Garten: Seine FISCHE-Entsprechung ist der *Paradiesgarten* als Symbol für die Heimat der Seele, den Bereich des kosmischen Unbewußten, wirklichen Frieden und Harmonie.

Weitere Symbole der Vereinigung von Gegensätzen sind alle gleichzeitig auftretenden und verbundenen Polaritäten, zum Beispiel eine geschlechtliche Vereinigung.

Symbole der Lösung, Auflösung, des Loslassens und des Endes

Das *Begräbnis* beziehungsweise die *Beerdigung* stellt ein Ritual dar, welches in erster Linie den Hinterbliebenen helfen soll, von den »Heimgegangenen« loszulassen. Es markiert einen deutlichen *Schlußstrich*, ein *Ende*! Als (Traum-)Symbol hat eine Beerdigung deshalb meist die Bedeutung, daß etwas oder jemand losgelassen werden konnte oder die Notwendigkeit dazu besteht. Gelegentlich will uns dieses Symbol im Traum auch warnen, vor allem wenn wir gerade dabei sind, Gelegenheiten, Talente oder Beziehungen »zu Grabe zu tragen«, die wir jedoch besser in unserem Leben belassen sollten. In der Regel tun wir aber gut daran, »tote«, das heißt überlebte, veraltete Verhaltensmuster, Einstellungen, Tätigkeiten, Beziehungen loszulassen und innerlich *Abschied* zu nehmen. Das gilt nicht nur für Unangenehmes, sondern auch für liebgewonnene Routine, Weltbilder, Ideale oder auch Menschen, die aber unserer Lebenswirklichkeit nicht mehr gerecht werden; ein weiteres Festhalten würde Stagnation bedeuten. Schickt ein Traum uns auf die eigene Beerdigung, dann ist es meist ein überholtes, lebloses Selbstbild, dem wir »die letzte Ehre erweisen« (sollten), um dann neu anfangen zu können. Wir sterben in psychischer Hinsicht viele kleine Tode, wie sich parallel dazu unsere Körperzellen alle sieben Jahre vollständig erneuern. Blockieren wir die notwendigen seelischen Erneuerungen auf Dauer, wird unser Dasein leblos und öde. Verabschieden wir uns nur halbherzig von den unzeitgemäßen beziehungsweise verstorbenen Inhalten oder Objekten, findet keine »Beerdigung« statt, und wir schleppen die »Leichen« weiter mit uns herum. Finden wir im Traum Leichen im Keller oder etwa unter dem Küchenboden, dann ist das meist ein Hinweis darauf, daß wir vergessen haben, etwas zu beerdigen. Vor allem Übergangs- und Veränderungssituationen sind vom Loslassen und Begraben nicht mehr zeitgemäßer Verhaltens- und Denkweisen geprägt.

Tod oder *Sterben* im Traum ist deshalb häufig von positiver Bedeutung, weil Altes losgelassen wird. Je nachdem, welche Traumpersonen sterben (sollen), sind damit in der Regel innere Prozesse des Loslassens gemeint. Sterben Vater oder Mutter im Traum, bedeutet das häufig eine Lösung von den verinnerlichten Elternbildern, eine positive Abnabelung.

Sonnenuntergang: Die untergehende Sonne ist nicht nur in unserem äußeren Dasein ein Anzeiger dafür, daß ein Tag zu Ende geht. Auch in der Traumbotschaft symbolisiert ein Sonnenuntergang häufig Abschied, Loslassen, ein Zu-Ende-Gehen, Vergehen oder, in negativer Hinsicht, ein Versinken im Unbewußten, die Gefahr einer Regression. Die überirdische Stimmung, die so mancher Sonnenuntergang hervorzaubert, mag überdies einen Bezug zum Jenseitigen herstellen.

Die *Toilette* ist der Bereich im (Seelen-)Haus, der vor allem für das Loslassen von körperlichen Abfallstoffen beziehungsweise drückendem Ballast gedacht ist. Besuchen wir im Traum das stille Örtchen und können ungestört unser Geschäft verrichten, ist das ein gutes Zeichen dafür, daß wir bestimmte Gefühle, Gedanken oder Situationen loslassen konnten und nun Erleichterung gefunden haben. »Toilettenträume« beziehungsweise Träume von Stuhlgang und Wasserlassen sind sehr häufig, was die Notwendigkeit auch der permanenten psychischen Entgiftung unterstreicht. Oft haben wir aber Probleme damit, wie beispielsweise die folgende Erzählerin:

Traum im FISCHE-Monat: Verhindertes Loslassen

»Ich sitze auf einer öffentlichen Toilette und will mein Geschäft verrichten. Doch bevor ich dazu komme, dringt ein Mann in die Toilette ein und fordert mich bestimmend auf, aufzustehen und ihn vorzulassen. Anscheinend hatte ich vergessen zuzuschließen. Ich leiste seiner Anordnung Folge und stehe auf, für ihn scheint das selbstverständlich zu sein. Als er fertig ist, setze ich mich wieder auf die Toilettenschüssel, doch jetzt kommt eine Kollegin mit zehn Kindern, die auch alle noch vor mir auf die Toilette wollen. Nun stehe ich schon automatisch auf und lasse allen den Vortritt. Danach kommt noch jemand, den ich vorlasse. Mir selbst gelingt es nicht, mein Vorhaben durchzuführen.«

Man stelle sich vor, dieser Traum wäre Realität – ein absurder Gedanke! Übertragen wir dieses Geschehen auf den Bereich der Psyche, dann haben wir es allerdings mit einem weitverbreiteten Problem zu tun. Wie bei körperlicher Verstopfung handelt es sich hier um die Schwierigkeit, Ballast und Belastungen loszulassen. Die Betreffende überlegt gerade, ihren Wohnort und Arbeitsplatz zu wechseln. Anstatt sich für solche wesentliche Entscheidungen die nötige Zeit zu lassen, setzt sie sich selbst unter Druck und wird von ihrem Partner unter Druck gesetzt, einen Entschluß zu erzwingen. Statt alles sich in Ruhe entwickeln zu lassen, hetzt sie sich unnötig, denn an und für sich besteht kein realer Grund zur Eile. Es sind mehr die Vorstellungen, etwas zu versäumen, Ängste, etwas zu verpassen, die sie bedrängen und eine vernünftige Lösung erschweren.

Warum wird sie im Traum so häufig gestört? Dies geschieht wohl vor allem, weil sie das stille Örtchen, das im Traum ja alles andere als still ist, nicht abgeschlossen hat. Das FISCHE-Problem zu großer Beeindruckbarkeit und Offenheit ist hier dargestellt. Die Träumende kann es sich anscheinend nicht zugestehen, wenn nötig, die »Schotten dichtzumachen« und der Umwelt sowie den störenden Gedanken zu verkünden, daß sie in Ruhe gelassen werden will. Diese Ruhe braucht sie dazu, die »Spreu vom Weizen zu trennen«, das heißt, unpassende und illusionäre Vorstellungen loszulassen, stimmige Wege jedoch weiterzuverfolgen.

Bisher hatte sie sich häufig aufgrund der Vorwürfe, sie wäre zu egoistisch, vereinnahmen lassen. So wie es aussieht, muß sie aber noch eine gute Portion Egoismus entwickeln, um ihre eigenen Bedürfnisse von den Interessen der anderen abgrenzen zu können. Anstatt sich von inneren wie äußeren Autoritäten beeindrucken zu lassen, wäre sie gut beraten, zunächst in sich hineinzuspüren, was für sie richtig ist, und allen unnötigen Ballast auf der »Toilette fortzuspülen«.

Der *Schlüssel* bedeutet im übertragenen Sinne die *Lösung* einer Aufgabe, beziehungsweise er verkörpert das Mittel zur *Auflösung* eines Rätsels. Im Sinne von einer verschlüsselten Angelegenheit kann er auch selbst Symbol für ein Rätsel sein und zu dessen Lösung auffordern.

Ein *Lösemittel* ist eine chemische Substanz, die als »modernes« Traumsymbol dafür stehen kann, daß eine Lösung gesucht oder gefunden wird.

Symbole der Isolation und Einsamkeit

Insel: Der FISCHE-Aspekt dieses Symbols leitet sich davon ab, daß es sich um ein Stück Erde handelt, welches losgelöst vom Festland existiert. Haben wir »die Nase voll«, weil uns der alltägliche Streß zuviel ist, meinen wir, »reif für die (einsame) Insel« zu sein, wie das auch ein populärer Schlager nachvollzieht. Inselwitze sind ebenso beliebt und mokieren sich meist über die Folgen totaler Isolation. In der Traumbotschaft verkörpern Inseln häufig isolierte, von der Gesamtpsyche losgelöste Wesensteile oder Regionen. Isoliert sind sie meist deshalb, weil sie verdrängt wurden und ohne Verbindung zum Alltag blieben. Das sind beispielsweise Gefühle oder Ideale, die wir noch nicht integriert haben und die deshalb auch nur schwer erreichbar sind. Da sie inmitten des Meeres (des Unbewußten) liegen, sind diese Komplexe beziehungsweise inneren Bereiche nicht mit der Logik der Vernunft, sondern nur auf seelisch-gefühlshaftem Weg – auf dem Wasserweg – zu erreichen; »Flugplätze« sind hier in der Regel nicht vorhanden!

Zuweilen kann ein Inselaufenthalt im Sinne der Regeneration aber durchaus notwendig und heilsam sein. Wir dürfen nur nicht auf dieser regressiven Entwicklungsstufe stehenbleiben und müssen wieder ins Leben und zur Bodenständigkeit des Festlandes zurückfinden. Im Horoskop sind isolierte Wesensteile räumlich meist schon dadurch zu bestimmen, daß der entsprechende Planet ohne Verbindung zu den anderen Konstellationen ist, also keinen (relevanten) Aspekt bildet.

Symbole des Verborgenen, der Illusion und Täuschung

Schleier: Dieses *verhüllende*, das Gesicht *verbergende* Kleidungsstück dient als Symbol für die *Illusionshaftigkeit* der Erscheinungswelt (»Schleier der Maya«). Andererseits läßt ein Schleier das, was er verschleiert, um so interessanter erscheinen und weckt den Impuls, dahinterzublicken und das zu ergründen, was er verbirgt. Zuerst gilt es jedoch, einen »Schleier« als solchen zu erkennen und nicht mit dem eigentlichen »Gesicht« von Personen oder Situationen zu verwechseln. Ein Schleier im Traum kann darauf hinweisen, daß wir etwas zu verbergen suchen oder jemand uns etwas verbirgt. Manche Schleier werden wir lüften müssen, während andere als notwendiger Schutz dienen, wenn wir noch nicht in der Lage sind, der Wirklichkeit ins Gesicht zu blicken beziehungsweise Mitmenschen nicht damit konfrontieren sollen.

Verwenden wir eine Hülle oder *Verpackung* wie einen Schleier (um etwas zu verbergen, eventuell auch vor uns selbst), dann ist die unerlöste FISCHE-Seite dieses Symbols angesprochen. Anstatt ein Problem zu lösen, lassen wir es lediglich aus unserem Bewußtsein verschwinden, indem wir es schön verpackt zum Beispiel in den »Keller« der Verdrängung wegräumen. Ein Traumbeispiel sei dazu erwähnt.

Traum im FISCHE-Monat: Kettenkarussell

»Ich befinde mich in einem unbekannten Zimmer, einem Spielzimmer anscheinend. Es ist sehr bunt hier, aber auch ein wüstes Durcheinander von Spielzeug, überall liegt etwas rum, vor allem Bausteine, nirgends ist Platz frei. Ich soll ein Spielzeug, ein Kettenkarussell, verpacken. Ich teste es, und es dreht sich tatsächlich. Ich suche eine passende Schachtel, entdecke eine hinter einem hohen Holzstoß. Ich kann sie von meinem Platz aus nicht erreichen. Mein Nachbar, der jetzt auch hier ist, kommt zu mir und reicht mir die Schachtel herüber. Ich besehe sie innen. Sie ist schmutzig, und ich will sie nicht, auch ist kein Deckel drauf. Ein anderer passender Karton ist bereits voll.«

Eine Frau in mittlerem Alter träumte dies. Sie wurde durch eine autoritäre Erziehung zu Gehorsam, Hilfsbereitschaft, Angepaßtheit und Ordnung erzogen. Der Nachbar, welcher im Traum seine helfende Hand leiht und den sie als netten und hilfsbereiten Menschen charakterisiert, verkörpert wohl die selbstlose, dienende Seite der Träumerin. Sie hat aber inzwischen realisiert, daß sie besser durchs Leben kommt, wenn sie nicht immer zu allem ja sagt, sondern auch nein zu sagen lernt und sich gegen Ausnutzung wehrt. Die Unordnung in diesem Raum entspricht wohl dem Wesen eines Kinderzimmers. Die Erkenntnis, daß die Kleinen - wie auch zuweilen wir Erwachsenen - ein gewisses Maß an Chaos brauchen, um kreativ zu sein und sich weiterzuentwickeln, war zu ihren Kindertagen sicher noch nicht allgemein anerkannt. Sie wurde ja zur Ordnung erzogen, wie sie selbst sagte. Was das bedeuten mag, können alle Leidensgenossen nachvollziehen, die eine solche »Dressur zu einem kleinen braven Äffchen« durchlaufen mußten.

Glücklicherweise wehrt sich die Seele gegen ein solches Zwangskorsett und fordert uns - vor allem durch die Träume - immer wieder dazu auf, den Ballast einseitiger Erziehungsideale loszulassen. Hier ist es ein *Kettenkarussell*, das im Mittelpunkt des Interesses steht. Es ist im übertragenen Sinne zu verstehen, etwa wenn wir davon sprechen, »daß wir uns im Kreis drehen« oder uns in einem »Teufelskreis« bewegen. Von diesem Kreislauf ohne Ende, das heißt von den Schwierigkeiten, aus eingefahrenen Denk- und Verhaltensmustern herauszukommen, hat die Träumerin wahrlich genug. Sie will die inneren Ketten (die das Kettenkarussell auch symbolisiert) *überwinden*. Ob eine Verpackung dieses »verinnerlichten Moralkorsetts« eine endgültige Lösung ist, darf bezweifelt werden. Übersetzt könnte das etwa bedeuten, daß man internalisierte, einengende elterliche Vorschriften beispielsweise in die Hüllen religiöser, philosophischer oder esoterischer Weltbilder einzupacken versucht. Die Zwänge erhalten dann zwar ein anderes Aussehen, ihre Wirkung bleibt jedoch die gleiche: Abhängigkeit und Hörigkeit anstatt Eigenständigkeit, Selbstbewußtsein und eine entwickelte Individualität.

Warum wohl befindet sich ausgerechnet ein Holzstoß in dem Zimmer? Vermutlich ist dies ein »Wink mit dem Zaunpfahl«, das »Sich-im-Kreise-Drehen« *aufzugeben* und auf dem Scheiterhaufen zu verbrennen. Das wäre ein Bild für eine *endgültige Lösung* des Problems, eine *Auflösung* der Haupthindernisse auf dem Weg, ihre eigene Identität in dem Durcheinander der übernommenen Norme, Werte und Moralvorstellungen zu finden.

Daß die Verpackung des Karussells ungünstig wäre, sehen wir bereits daran, daß die Betroffene kein geeignetes Verpackungsmaterial finden kann. Sie verschmäht den schmutzigen Karton, realisiert allmählich, wie unpassend oder ungünstig es ist, alte und überholte Verhaltensmuster unter anderen »Deckmäntelchen« beizubehalten. Wir täuschen uns auf diese Weise häufig selbst – und schlimm an solchen Illusionen ist, daß uns dann nicht mehr bewußt ist, wie sehr eigentlich alles beim alten geblieben ist.

Der Traum hat kein Ende und zeigt damit, daß für die Träumende noch offen ist, wie sie mit diesem Problem umgeht. Ein weiterer Traum, den sie kurz darauf hatte, gibt Anlaß zu einer positiven Bewertung; er befindet sich im sechsten Kapitel unter dem Titel »Keine Lust zum Bügeln« (Seite 183).

Maske: Die FISCHE-Entsprechung ist *Täuschung*, *Vortäuschung*; im Indischen gilt »Maya«, die Illusion in der Erscheinungswelt, als die Maske der Götter. Tragen wir oder andere Personen im Traum eine Maske, können wir uns fragen, ob wir uns selbst, anderen oder diese uns etwas vortäuschen. Eine Demaskierung kann in dieser Hinsicht das Abstreifen von Illusionen bedeuten.

Alkohol, *Drogen* und andere *Suchtmittel* bedeuten, wenn wir ihnen hörig sind, die *Flucht* in eine *Scheinwelt*. Diese Flucht in die Sucht entspricht einem *Abtauchen* aus der Realität. Drogengenuß im Traum ist daher häufig ein Sinnbild für Illusionen und Selbstbetrug. Anstatt der Wirklichkeit ins Auge zu sehen und eigenverantwortlich zu handeln, fallen wir in frühkindliche Entwicklungsstadien zurück, wenn wir auf diese Weise vor ihr flüchten. Realisieren wir im Traum beispielsweise, daß wir uns im Bild des Rauchens »einen blauen Dunst vormachen« und lassen davon ab, bedeutet das meist ein Abstreifen von Selbsttäuschungen. Eher selten mag die Einnahme von Drogen in der Traumbotschaft auf mystisch-transzendente Vorgänge hinweisen – etwa dann, wenn die Szenerie und Handlung mythologische Züge trägt und in ein feierliches Ritual eingebettet ist.

Zauberei: Die Vorstellung, durch eine magische Handlung, ohne persönlichen Energieeinsatz, ein Problem im Handumdrehen zu lösen, spielt nicht nur in der Phantasie unserer Kinder eine Rolle. Auch im Erwachsenendasein geistert die Idee, Erfahrungen oder Objekte »gratis« haben zu wollen, durch unsere Träume. Wollen wir in der Traumhandlung durch Zauberei eine Aufgabe bewältigen oder ein Rätsel lösen, handelt es sich dabei zumeist um kindlich-infantile Wünsche und Illusionen.

Tauchen kann als Traumsymbol erscheinen, wenn es sich um das *Eintauchen* in unsere *inneren* Tiefen handelt. Während in positiver Hinsicht der Kontakt zur Ebene des (kollektiven) Unbewußten gemeint sein kann, ist gerade mit dem sprichwörtlichen »Abtauchen« oder »Untertauchen« auch eine negative Bedeutung gegeben. Folgendes Traumbeispiel zeigt auf, wie das »Abtauchen« ins Unbewußte eine klare Sicht der Realität erschwert.

Traum im FISCHE-Monat: Auf Tauchstation

»Zusammen mit einer anderen Frau befinde ich mich an einer Art Taucherglocke. Indem wir eine bestimmte Position einnehmen, bringen wir sie zum Untertauchen. Nach einer Weile will ich wieder hoch zum Luftholen. Ich steige in die Glocke ein. Von drinnen sehe ich durch die Fenster einen herrlichen Sonnenuntergang; anscheinend sind wir wieder aufgetaucht. Jetzt ist auch Rudi anwesend. Ich mache ihn auf den schönen Sonnenuntergang aufmerksam, doch er geht nicht darauf ein, sondern wendet sich von mir ab. Ich muß daraufhin auf die Toilette.«

Die Träumende durchlebt gerade eine Beziehungskrise. Dieser Traum hätte die junge Frau endgültig davon überzeugen können, die Beziehung zu Rudi zu vergessen. Ihr wird gezeigt, daß nicht sie es ist, die sich abwendet, sondern Rudi selbst. Wie wenig bewußt ihr dies war, erkennen wir in dem Abtauchen ins Wasser, also ins Unbewußte. Erst als sie in die Tauchglocke einsteigt, um Luft zu holen, erkennt sie ihren Exfreund als Passagier dieses Gefährtes. Die Partnerschaft glich anscheinend einer Tauchfahrt im Unbewußten, indem einer den anderen als reale Person kaum registrierte, sondern beide in unbewußten Verhaltensmustern und *illusionären* Sichtweisen gefangen waren. Ein genaueres Hinsehen hätte vermutlich manche Enttäuschung erspart, doch allmählich scheint sie zu ahnen, was hier abläuft, denn das Tauchfahrzeug befindet sich später wieder über Wasser. Die Erzählerin erblickt einen Sonnenuntergang, den wir in dieser Hinsicht als Signal der zu *Ende* gehenden Partnerschaft ansehen dürfen. Sie geht auf Rudi zu, und *er* ist es, der sich abwendet und ihr den Korb gibt. Daß sie daraufhin auf die Toilette geht, um – vermutlich die Enttäuschung und Illusionen – *loszulassen*, ist ein positiver Hinweis der Traumseele. Anscheinend ist es ihr jetzt nicht mehr nur ein rationales, sondern auch emotionales Bedürfnis, den Ballast loszulassen, den diese Verbindung mit sich gebracht hat.

4
Was bedeuten alltägliche und historische Ereignisse im FISCHE-Monat (19.2. bis 20.3.) wirklich?

Um die *zentrale* Bedeutung von Situationen und Geschehnissen zu erkennen und Hintergründe leichter zu durchschauen, blikken wir auf den Zeitpunkt, wann diese *erstmals* in Erscheinung getreten sind. Für den bestimmten Geburtsmoment eines jedes Ereignisses können wir ein sogenanntes »Ereignishoroskop« erstellen, das uns einen Eindruck von dessen Struktur und Wesensart vermittelt. Für unsere Zwecke genügt es, die SONNEN-Position im Tierkreis (das »Sternzeichen« des Ereignisses) heranzuziehen, um die Situation in ihrer *Ganzheit* beziehungsweise das *zentrale Thema* des Geschehens zu erfassen. Wir deuten die Ereignisse vor dem Hintergrund des Tierkreiszeichens, das die SONNE zu deren »Geburt« gerade durchwanderte. Die SONNE »beleuchtet« und »durchleuchtet« in besonderem Maße die Thematiken, die mit diesem Tierkreisarchetypen zusammenhängen. Nicht zufällig läßt der Volksmund in einer Redensart verlauten: »Die Sonne bringt es an den Tag.« Das *Zentralgestirn* unseres Sonnensystems erhellt beziehungsweise »aktiviert«, astroenergetisch gesehen, jene Lebensthemen, die dem Tierkreiszeichen angehören, das sie gerade durchwandert.

Es ergeben sich nun zwei verschiedene Blickwinkel der astroenergetischen Betrachtung von Ereignissen. Zum einen haben – wie eben dargestellt – *alle* Ereignisse, die in der FISCHE-Phase des Jahres neu geboren werden, ihr »Zentrum« im FISCHE-Bereich. Mehr oder minder erlöst beziehungsweise unerlöst werden diese vor den unterschiedlichsten Kulissen ausagiert. Zum anderen beleuchtet in dieser Zeit des Jahres die SONNE auch alle *bereits laufenden* Aktivitäten wie auch uns selbst vom Standpunkt der FISCHE aus. Wir können diese Zeit nutzen, um der Lösung unseres individuellen FISCHE-Rätsels einen Schritt näher zu kommen.

Bei zukünftigen Ereignissen, auf deren zeitliche Realisation wir Einfluß haben (etwa einem Reisebeginn), können wir uns fragen, ob unsere Wünsche und Vorstellungen innerhalb des FISCHE-Monats realisierbar sind, das heißt, ob die gewählte *Zeitqualität* unseren Bedürfnissen gerecht wird. Einen Arbeitsurlaub würde ich nicht unbedingt in diese Zeit des Jahres legen, außer die wesentlichen FISCHE-Qualitäten wie Loslassen und Mitfließen-Können lassen sich dabei verwirklichen.

Es kommt darauf an, was wir wollen! Legen wir Wert auf Erlebnistiefe, oder wollen wir uns treiben lassen, anstatt zu planen, eignet sich die FISCHE-Energie eben besser als die der JUNGFRAU. Andererseits muß sich der FISCHE-Archetyp nicht zwangsläufig in der hier genannten Weise auswirken, denn wie der Leser gesehen hat, verfügen die Urprinzipien über eine breite Palette von Ausdrucksmöglichkeiten und -ebenen.

Wollen wir uns beruflich verändern oder ein Geschäft eröffnen und können den Zeitpunkt mitbestimmen, gilt das gleiche wie beim erwähnten Urlaub. In der Regel wird es jedoch so sein, daß *gerade zu dem Zeitpunkt* ein Job für uns zu haben ist oder eine Partnerschaft in unser Leben tritt, deren *Zeitqualität unserem Lebensthema und unserer Aufgabenstellung entspricht.* Das *gegenwärtige* oder *nachträgliche* astroenergetische »Eintauchen« in den Sinn der Ereignisse ist der »Zukunftsvorhersage-Mentalität« vorzuziehen. Es empfiehlt sich vor allem dann, wenn wir das Geschehen bewußter zu erfassen und unseren individuellen Bezug zu dem jeweiligen Lebensrätsel zu erkennen suchen. Dies bringt uns der Lösung schon einen guten Schritt näher.

Diese Buchreihe hat es sich nicht zur Aufgabe gestellt, »Hobbymagier« auszubilden, sondern es sollen Anregungen gegeben werden, die Herausforderungen des Lebens anzunehmen und die energetischen Abläufe – die wir auch mit Hilfe der Astrologie nicht verhindern können – besser zu verstehen. Aber selbst wenn uns die Entscheidung (scheinbar) freigestellt ist, wie wir bestimmte Erfahrungen erleben wollen (etwa im Urlaub), werden unsere unbewußten Denk- und Verhaltensmuster eine bestimmendere Rolle einnehmen, als uns vielleicht lieb ist. Erst wenn wir unsere Gewohnheiten erkennen, kommen wir in die glückliche Lage, im Rahmen unserer schicksalhaft gesetzten Grenzen wirklich frei zu entscheiden!

Die nachfolgenden Anregungen zur Deutung von möglichen Ereignissen im FISCHE-Monat verstehen sich nicht im festlegenden Sinne; es sollen »Anstöße« dazu sein, die eigenen Aufgaben und Kulissen im FISCHE-Monat zu entdecken. Werden wir den Anforderungen des FISCHE-Archetypen gerecht, verhindern wir, daß sich dessen unerlöste Ebene, beispielsweise als Verrat, Betrug, Täuschung oder Illusionen, einschleicht.

Welche der beispielhaft genannten Themen für den Leser von individueller Bedeutung sind, kann nur er selbst herausfinden. Es sei hier noch einmal darauf hingewiesen, daß dieses Kapitel dem Leser das eigene Rätsellösen nicht abnehmen oder ersparen kann oder will – das wäre »Spielverderberei« und würde auch nicht funktionieren! Vielmehr soll ein Bewußtsein für die Rätsel des Lebens geschaffen werden.

Die Ereignisse des Alltags

Eintritt in eine neue Partnerschaft oder Eheschließung

Da in der Regel Kennenlernen und Ehelichung in verschiedenen Monaten, also »unter verschiedenen Sternen« stattfinden, sind die beiden Größen »Beziehung« und »Ehe« jeweils von einem anderen Blickwinkel aus zu betrachten. Während die Partnerschaft an sich zum Beispiel sehr lebendig, abwechslungsreich und »fetzig« sein kann (zum Beispiel bei einem Kennenlernen im WIDDER-Monat), bringt ein späterer Eheschluß im FISCHE-Monat eine gegensätzliche Note in das Zusammenleben.

Als Themen, die von zentraler Bedeutung für den Beginn einer Beziehung oder einer Ehe im FISCHE-Monat sein können (möglicherweise auch verdrängt sind), lassen sich anführen:

- Die Partner haben miteinander etwas zu *lösen* beziehungsweise zu einem *Abschluß* zu bringen (aus früheren Inkarnationen oder was sich von vorherigen Beziehungen angesammelt hat und nun mit dem aktuellen Partner zu Ende gebracht, vollendet, aufgelöst werden soll).

- ○ Die Partner bilden eine *Einheit* (unerlöst: *symbiotische* Beziehung, bei der beide nur gemeinsam existieren können).
- ○ Es besteht eine *illusionäre*, *unklare* Partnerschaft (die Partner täuschen einander oder/und sich selbst; eventuell sind auch Drogen einbezogen),
- ○ eine *betrügerische* Beziehung (Heiratsschwindel),
- ○ (eher die Ausnahme:) »Unio mystica«, eine *mystische* Vereinigung,
- ○ eine »*grenzenlose*« Partnerschaft ohne Regeln, Gebote oder Ziele.
- ○ Innerhalb dieser Beziehung erleben die Beteiligten eine *Auflösung* innerer Grenzen (in positiver oder negativer Hinsicht).

Eine Ehefrau, die sich von ihrem Mann trennte und aus der gemeinsamen Wohnung auszog, erhoffte sich aufgrund von Versprechungen und Reuebezeigungen ihres Gatten einen *Neuanfang* in ihrer Partnerschaft. Sie kehrte im FISCHE-Monat zu ihm zurück. Nach kurzem bemerkte sie, daß sie, wie auch schon früher, auf *Illusionen* hereingefallen war und sehr bald die alten Spiele wieder abliefen. Die Versprechen, die er ihr gab, zum Beispiel einen Wohnortwechsel, *löste* er – kaum war sie zurückgekehrt – wieder auf. Astroenergetisch besehen, läßt bereits der Zeitpunkt der Rückkehr im FISCHE-Monat vermuten, daß der erhoffte Neubeginn unter keinem »guten Stern« stand. Wir dürfen das natürlich nicht im magischen Sinne verstehen, sondern als Entsprechung betrachten. Es entsprach einfach ihrem Entwicklungsstand und Bewußtsein, einen solchen (illusionären) Schritt zu wagen und bereits nach kurzer Trennungszeit zurückzukehren.

Urlaubsentsprechungen im FISCHE-Monat

Dem FISCHE-Archetypen entsprechen unter anderem folgende Urlaubsarten (welchen Schwerpunkt unser individueller Urlaub haben wird, müssen wir selbst herausfinden, möglicherweise erst »vor Ort«):

- ○ Reisen in FISCHE-betonte Länder oder Städte (siehe zweites Kapitel);
- ○ Urlaub am/im Meer; Tauchurlaub;
- ○ mit dem Segelboot allein auf hoher See fahren;
- ○ ein meditativer Urlaub (eventuell im Kloster);
- ○ Urlaub allein, zum Beispiel in einer einsamen Hütte im Wald oder auf einer einsamen Insel;

- Urlaub als äußerer Rahmen für eine innere Reise;
- Urlaub als (freiwillige oder unfreiwillige) Übung, loszulassen, mit den Ereignissen mitzufließen; Erholungs- und Entspannungsurlaub;
- ein Phantasieurlaub beziehungsweise Urlaub in der Phantasie;
- ein mystischer Urlaub (nicht willentlich »machbar«, sondern eine Frage der Offenheit gegenüber der irrationalen Ebene des kollektiven Unbewußten), zum Beispiel, indem wir unsere Reiseroute und unsere Aktivitäten von der »inneren Stimme« leiten lassen;
- Urlaub beziehungsweise Urlaubsbekanntschaft mit FISCHE-betonten Mitmenschen.

Wie wir dem Begriff des *Ur*laubs entnehmen, handelt es sich bei dieser »Einrichtung« im eigentlichen Sinne um ein Eintauchen in den Urzustand des Sich-treiben-Lassens, der Erholung und des Loslassens von Pflichten, Sorgen, Alltagstrott. Urlaub an sich ist deshalb eine Entsprechung des FISCHE-Archetypen; Abwandlungen wie Arbeitsurlaub oder andere Urlaubsformen, in denen ein festes Programm geboten wird oder zu absolvieren ist, werden in diesem Sinne dem Urlaubsbegriff nicht gerecht, können aber – unter anderen Vorzeichen betrachtet – auch ihre Berechtigung haben.

Beginnen wir eine Urlaubsreise im FISCHE-Monat, wird ein wesentlicher FISCHE-Aspekt zentrale Bedeutung für diese Unternehmung haben. Wird dieser Archetyp von vornherein mit »eingeplant« beziehungsweise berücksichtigt, dann muß er sich nicht »von hinten herum« (etwa dadurch, daß wir betrogen oder bestohlen werden und die Reise vorzeitig beenden müssen) einschleichen. Wie in jedem Lebensbereich ist es auch hier der Fall, daß sich die Archetypen mit zwingender Notwendigkeit auswirken – und wenn wir das bedenken, sind wir vor unangenehmen Überraschungen sicherer. Andererseits kann man es auch als Entsprechung betrachten, wenn wir gerade in der FISCHE-Zeit, die etwas über unser aktuelles Innenleben aussagt, verreisen.

Berufliche Veränderungen oder Neubeginn im FISCHE-Monat

Die »erdhafte« Ebene der Arbeit und Berufstätigkeit ist von dem Wesen des Wasserzeichens »FISCHE« sehr verschieden – das heißt nicht, daß im FISCHE-Monat keine neuen Stellen angetreten werden. Beginnen wir im FISCHE-Monat mit einer neuen Tätigkeit, wird der FISCHE-Archetyp dabei auf irgendeine Weise im *Mittelpunkt* stehen, zum Beispiel dadurch, daß

- die Tätigkeit nach kurzem für uns wieder *beendet* ist (freiwillig oder unfreiwillig);
- wir mit FISCHE-betonten Kollegen oder Vorgesetzten konfrontiert werden;
- die Tätigkeit selbst FISCHE-betont ist (*ungreifbare* Arbeitsstrukturen, keine festen Richtlinien aufweist, und man deshalb ins »Schwimmen« kommt) oder in einem FISCHE-Ambiente liegt;
- zentrale FISCHE-Qualitäten beziehungsweise -Tugenden gefordert sind (Einfühlungsvermögen, Mitgefühl, Inspiration, Medialität, Phantasie und dergleichen);
- wir uns *Illusionen* über diese Arbeit hingegeben haben beziehungsweise die Aufgabe in illusionärer Weise handhaben;
- wir uns selbst, den Kollegen, Vorgesetzten oder Kunden beziehungsweise diese uns bewußt oder unbewußt etwas vortäuschen (»Lug und Trug«);
- wir *getäuscht* beziehungsweise »übers Ohr gehauen« werden;
- auf erlöster Ebene die Arbeit ein Mittel beziehungsweise geeignetes Medium dafür ist, mit dem *Lebensfluß mitzufließen*;
- diese Tätigkeit uns völlig in Anspruch nimmt – die Grenze zwischen Beruf und Privatleben fließend beziehungsweise *aufgelöst* ist (in positiver wie negativer Hinsicht);
- uns die Aufgabe in *Verbindung* mit dem *kollektiven Unbewußten* bringt oder sie dies erfordert, etwa bei künstlerisch-inspirierender Tätigkeit.

Wer im FISCHE-Monat eine neue Stelle antritt oder sich beruflich verändert, wird einen oder mehrere der genannten Punkte als *zentralen* Faktor in der neuen Tätigkeit erkennen. Wer andere Schwerpunkte in seinem Beruf sucht oder anstrebt, etwa größtmögliche Bewegungsfreiheit oder Selbständigkeit, der wird in einer Position, die er im FISCHE-Monat übernimmt, sehr wahrscheinlich nicht das finden, was er sucht. Andererseits kann es für ihn bedeuten, daß nun erst einmal die »wäßrige« Seite auf der beruflichen Ebene an der Reihe ist – es könnte sich darin ausdrücken, daß man eher eine passive Rolle spielt. Möglicherweise läßt sich der Betreffende noch ziemlich stark von unbewußten Vorgängen steuern und findet diese seelische Tatsache jetzt in einer Arbeitssituation widergespiegelt, die *undurchsichtig* ist, *verwaschene Grenzlinien* hat beziehungsweise seine Individualität unberücksichtigt läßt.

Um keiner pauschalen (Fehl-)Deutung zu unterliegen, sind in Zeiten beruflicher Weichenstellungen die Träume hilfreiche Wegweiser.

Geschäfts-, Organisationsgründungen und Verträge

Wollen wir in ein Geschäft einsteigen oder dieses im FISCHE-Monat eröffnen, ist besondere Vorsicht vonnöten, daß wir uns nicht *täuschen* oder *betrügen* lassen. Ob sich das angestrebte Geschäft zu einem »Faß ohne Boden« entwickelt, was die Ausgaben oder das Engagement betrifft, oder ob wir mit unserer Tätigkeit »*im Fluß* sind«, entscheidet unser derzeitiger individueller Bezug zum FISCHE-Archetypen. Haben wir einen gesunden Realitätssinn entwickelt und sind frei von Illusionen, werden sich die FISCHE von ihrer erlösten Seite zeigen. Im anderen Fall werden wir besonders auf die »Fallstricke« dieses Urprinzips achten müssen. Daß wir im FISCHE-Monat starten wollen, könnte also bereits Zeichen einer illusionären Sichtweise sein. Scheiden Illusionen aus, mag dieser Zeitpunkt in positiver Hinsicht als Symbol dafür gelten, daß wir in dem Projekt ganz aufgehen werden.

Ein Beispiel dazu aus meiner eigenen Erfahrung ist der Verlagsvertrag zu dieser Buchserie, den ich im FISCHE-Monat abgeschlossen habe. Die Rückschau bestätigt mir, daß dieses Vorhaben wesentliche FISCHE-Züge trägt. Zum einen ist es eine Tätigkeit, in der ich *völlig aufgegangen* bin, bei der es für mich keine Trennung zwischen Arbeit und Leben gegeben hat. Das, was ich hier schreibe, ist nicht verschieden von mir und meinem Dasein, sondern stellt eine Einheit dar. Und zum anderen ist das Material in großem Maße durch Träume *inspiriert* beziehungsweise aus dem Bereich des kollektiven Unbewußten geschöpft worden.

Die Vorhaben beziehungsweise Organisationen, die im FISCHE-Monat begonnen oder gegründet werden, streben auf irgendeine Weise nach *Einheit*, *Gleichheit*, *Auflösung* von trennenden Grenzen (negativ: »Gleichmacherei«), ob das nun auf deren Fahnen geschrieben steht oder nicht (es zählt nicht der Schein, sondern das Sein!). Ein

Beispiel ist der Beginn des Gründungskongresses der Kommunistischen Internationalen in Moskau im FISCHE-Monat am 2.3.1919.

Geschäftsbeziehungen und Verträge, die in diesem Monat geknüpft oder geschlossen werden, sind besonders auf ihre Verbindlichkeit hin zu überprüfen, und das sogenannte »Kleingedruckte« ist sorgfältig zu beachten. Möglicherweise kommen im FISCHE-Monat geplante Verbindungen beziehungsweise Verträge nicht zustande oder verschieben sich in den WIDDER- oder STIER-Monat, wenn es sich eigentlich mehr um eine WIDDER- oder STIER-betonte Angelegenheit handelt. Beispielhaft sei unser geplanter Hauskauf erwähnt, für den sich ein Notartermin im FISCHE-Monat ergeben hatte, was uns »hellhörig« werden und nach allen möglichen »Fußangeln« Ausschau halten ließ. In Anbetracht der FISCHE war die Vermutung, getäuscht zu werden, nicht ohne weiteres von der Hand zu weisen. Da einer der Verkäufer aber kurzfristig erkrankte und zwischen den Hauseigentümern noch »Täuschungsmanöver« (unerlöste FISCHE-Ebene!) ausgetragen wurden, verschob sich die »Ratifizierung« des Kaufvertrages ohne unseren willentlichen Beitrag in den STIER-Monat. Im Rahmen dieses Erdezeichens nahm das Vorhaben endlich Form an, und die Angelegenheit bekam für uns »Hand und Fuß«.

Werden Läden in diesem Zeitraum eröffnet, steht das FISCHE-Prinzip in irgendeiner Weise im Vordergrund. Es wäre ein Trugschluß zu meinen, daß jetzt nur Fischläden oder Bestattungsinstitute eröffnen würden. Natürlich kommt es auch vor, daß beispielsweise ein Buchladen (Bücher sind eine ZWILLINGE-Entsprechung) im FISCHE-Monat eröffnet wird. Die zentrale »energetische Botschaft« wird dennoch vom FISCHE-Archetypen geprägt sein, etwa durch die Art und Weise des Sortiments (Schwerpunkt Esoterik), die Einstellung des Besitzers oder Trägers (es entsteht zum Beispiel ein christlich oder anthroposophisch orientierter Buchladen), das Ambiente (wenn Räucherstäbchen, fließende Musik und ähnliches eine hypnotische Atmosphäre erzeugen), durch die Mitarbeiter und dergleichen.

Anschaffungen im FISCHE-Monat

Gegenstände, die man im FISCHE-Monat erwirbt (sehen wir von

den üblichen Haushaltswaren ab), nehmen auf ihre Weise, als »materielle Medien«, die FISCHE-Energie mit ins Haus. Sie können beispielsweise Ausdruck des Wunsches sein, eine *einheitliche* Note in die Wohnung zu bringen oder mehr *atmosphärische Tiefe* zu schaffen. Im Extremfall mag es sich um Diebesgut handeln, oder wir haben einfach zuwenig Gedanken auf die Finanzierung verwendet. Auf irgendeine Weise hält durch Möbel, Haushaltsgeräte oder Unterhaltungselektronik das FISCHE-Prinzip Einzug in unser Wohnzimmer - etwa indem wir die Stereoanlage hauptsächlich benutzen, um »Esoterikklänge« oder sonstige FISCHE-Musik zu hören. Und ein Fernseher mag die zentrale Bedeutung haben, daß wir mittels der »Glotze« vor allem *Entspannung* suchen oder der Realität *entfliehen* und in eine Scheinwelt *eintauchen* wollen. Anhand der vielen Beispiele in diesem Buch mag der Leser selbst nachvollziehen, welche FISCHE-Entsprechung er/sie im individuellen Falle findet.

Wohnungsbezug im FISCHE-Monat

Beziehen wir in diesem Zeitraum eine neue Wohnung oder ein Haus, haben die FISCHE grundlegend die »Flossen« mit im Spiel. Initiationsmoment kann die Unterzeichnung des Mietvertrages oder Kaufvertrages, häufiger der offizielle erste Tag im neuen Heim sein (durch bewußtes Hinspüren ist dies nachzuvollziehen, der Initiationsmoment ist von intensiver Energetik geprägt - siehe zu diesem Thema auch den WIDDER-Band). Die FISCHE konfrontieren uns möglicherweise

- mit einer *ungreifbaren*, *zwielichtigen* Nachbarschaft;
- mit einem Umfeld, das keine Grenzen kennt (keine äußeren oder inneren Zäune - zum Beispiel in einer *symbiotischen* Wohngemeinschaft);
- mit einer FISCHE-Umgebung (siehe zweites Kapitel, »Orte«);
- mit einer fließenden beziehungsweise *unstabilen* Wohnsituation (vor allem bei Mietvertragsunterzeichnung im FISCHE-Monat).

Möglich ist, daß die neue Bleibe eher eine wohnliche *Einheit* darstellen wird, statt unterschiedliche Räumlichkeiten zu bieten. Als Archetyp des kollektiven Unbewußten mag eine gewisse *einschläfernde* Atmosphäre (ein »Sog« ins Unbewußte), etwa durch geringes Tageslicht, vorherrschen. Vielleicht sind auch Wasserschäden vorprogrammiert.

Diese Hinweise wollen lediglich dazu anregen, sein eigenes FISCHE-Thema herauszufinden, und ließen sich noch fortsetzen.

Historische Ereignisse und Zeitgeschehen

Die hier aufgeführten Beispiele wurden wegen ihrer leichten Nachvollziehbarkeit ausgewählt. Das will nun aber nicht besagen, daß andere historische Geschehnisse im FISCHE-Monat, die nach außen hin beziehungsweise bei vordergründiger Betrachtung scheinbar keinen zentralen Bezug zum FISCHE-Archetypen aufweisen, nicht trotzdem auch FISCHE-betont sind. In diesem Falle ist die Kenntnis der Zusammenhänge, Hintergründe und Wesensart der beteiligten Personen um so mehr erforderlich.

Die nachfolgende Unterteilung ist lediglich als eine Orientierungshilfe zu verstehen; »rubrikübergreifend« können gleichzeitig mehrere FISCHE-Aspekte zutreffen. Allgemeine Erläuterungen zur astroenergetischen Betrachtung historischer Ereignisse finden sich im Einführungsband.

Zentrales Thema: Einheit, Gleichheit

- Fische-Monat 1993: In einem historischen Referendum erteilt die überwältigende Mehrheit der weißen Südafrikaner ihrem amtierenden Staatspräsidenten FREDERIK DE KLERK (einem FISCHE-Geborenen!) ein klares Mandat, den *Abbau der Rassentrennung* (Apartheid) *fortzusetzen*. Die bisherige Aufteilung in zwei Klassen (Schwarze und Weiße) soll *aufgelöst* und zur *Einheit gleichberechtigter* Bürger geführt werden.
- 9.2.1861: Zar ALEXANDER II. löst im Manifest über die Bauernbefreiung die Leibeigenschaft in Rußland formell auf und stellt die *Gleichheit* aller Bürger her.
- 9.3.1848: Die Frankfurter Nationalversammlung erklärt Schwarz-Rot-Gold zu den Bundesfarben (als Zeichen der *Einheit* der deutschen Staaten).

- 13.3.1938: Der Diktator ADOLF HITLER proklamiert den Anschluß Österreichs an das Deutsche Reich, *löst* die gemeinsamen *Grenzen* dadurch *auf* und *verleibt* dieses Land seinem Herrschaftsgebiet *ein*.
- 19.3.1953: Der deutsche Bundestag ratifiziert den Vertrag über die Aufstellung einer Europaarmee unter einem *einheitlichen* Oberkommando.
- 24.2.1848: KARL MARX und FRIEDRICH ENGELS veröffentlichen in London das *»Kommunistische Manifest«* – FISCHE-Aspekt der *Einheit* beziehungsweise *Gleichheit* aller Menschen innerhalb der kommunistischen Idee. In seinem Werk warnt Marx insbesondere vor einer Entfremdung des Menschen von seiner Arbeit, was den FISCHE-Schluß nahelegt, daß Arbeit und Leben nicht voneinander getrennt sein, sondern eine *Einheit* darstellen sollten.
- 4.3.1801: Erstmals findet die Amtseinführung eines US-Präsidenten (des dritten, THOMAS JEFFERSON) in der gemeinsamen Hauptstadt Washington statt und bedeutet eine Stärkung der US-amerikanischen *Einheit*.
- 2.3.1949: Der erste Nonstopflug um die Erde wird nach fast vier Tagen Flugzeit beendet (als FISCHE-Aspekt vermittelt die *Gesamtumrundung* unseres Heimatplaneten das Gefühl von der *Einheit* der Erde).
- 20.2.1962: Unseren blauen Planeten in seiner *Ganzheit* zu sehen, ist dem Astronauten JOHN H. GLENN vergönnt, der als erster US-Amerikaner die Erde umkreist.

Zentrales Thema: Auflösung (von Grenzen)

- 25.2.1947: Die Siegermächte des Zweiten Weltkrieges *lösen* den Staat Preußen als »Träger des Militarismus und der Reaktion« *auf*.
- 28.2.1933: Reichspräsident PAUL VON HINDENBURG erklärt per Notverordnung die Grundrechte im Deutschen Reich für *aufgehoben*. Wie die Geschichte weiter zeigt, kam dieser Akt einer *Auflösung* der Grundrechte gleich.

Zentrales Thema: Christentum, Glaube

- 28.2.380: Der oströmische Kaiser THEODOSIUS I., der Große, läßt sich taufen und schreibt allen ihm untergebenen Völkern den *christlichen Glauben* vor.

Zentrales Thema: Endgültiges Ende, Beendigung, Ende eines Zyklus
Ereignisse, die im FISCHE-Monat ein Ende mit sich bringen, bedeuten häufig ein endgültiges Aus, das Ende einer Epoche, eines Zyklus, Herrschergeschlechtes und ähnliches. *Niedergang, Tod, Rücktritt* oder *Auflösung* in dieser Zeit des Jahres beschränken sich häufig nicht auf die jeweils betroffene Person beziehungsweise das Auflösungsobjekt. Letztere(s) dient als *Medium* für die Auflösung der von ihm/ihr verkörperten Eigenart, Epoche und so weiter. Beispiele dafür sind die folgenden Ereignisse.

- FISCHE-Monat 1993: Endgültige Einstellung der Schallplattenproduktion in Deutschland; die schwarzen Scheiben mußten den CDs weichen.
- 15.3.44 v. Chr.: Mit der Ermordung des diktatorisch herrschenden römischen Feldherren und Staatsmannes GAJUS JULIUS CAESAR geht ein wesentliches Kapitel römischer Geschichte zu *Ende*. Mit seinem Tod endete auch das von ihm begonnene umfangreiche politische Sicherungs- und Reformwerk. Der Verrat beziehungsweise die *Heimtücke* des Mordes weist ebenfalls auf eine unerlöste FISCHE-Ebene hin.
- 16.3.437: VALENTINIAN III., weströmischer Kaiser, wird *ermordet*. Dies hat zur Folge, daß sich das Weströmische Reich *auflöst*.
- 15.3.493: Ebenfalls *heimtückisch*, während eines Festmahles, tötet der ostgotische Heerführer und König THEODERICH der Große seinen Widersacher, den germanischen König und Herrscher über Italien, ODOAKER. Er sichert sich dadurch die *Allein*herrschaft über Italien. Wenige Tage vor dem Mord, am 25.2.493, wurde eine gemeinschaftliche Herrschaft beider Könige ausgehandelt. Wie die weiteren Ereignisse zeigten, handelte es sich von seiten Theoderichs um ein *Täuschungsmanöver*, um seinen Rivalen auszuschalten – ein markantes Beispiel dafür, daß bei Vertragsschlüssen im FISCHE-Monat besondere Vorsicht vor *Täuschungen* und *Betrug* angebracht ist.
- 15.3.597 v. Chr.: Der neubabylonische König NEBUKADNEZAR II. erobert, nach einem Aufstand des Königreichs Juda, nicht nur Jerusalem, sondern *zerstört* diese Stadt, *löscht* sie gleichsam *aus*, nachdem ihre Einwohner evakuiert und in die babylonische Gefangenschaft geführt wurden.
- 9.3.1452: Mit der Krönung FRIEDRICH III. zum römisch-deutschen Kaiser findet in Rom die *letzte* Kaiserkrönung statt.

- 15.3.1917: Mit der *Abdankung* des russischen Zaren NIKOLAUS II. nach blutigen Unruhen während der Februarrevolution fand die dreihundertjährige Regentschaft des russischen Herrscherhauses ROMANOW ihr *endgültiges Ende.*
- 3.3.1924: Die Ära der »Kalifen« geht zu *Ende*, nachdem die türkische Nationalversammlung dieses »märchenhafte« Amt für abgeschafft erklärt.
- 5.3.1953: Der Tod des sowjetischen Diktators IOSSIF STALIN gilt als das *Ende* einer weltpolitischen Ära, als tiefer Einschnitt in die Nachkriegsgeschichte.
- 14.3.1953: NIKITA S. CHRUSCHTSCHOW wird Sekretär des Zentralkomitees der KPdSU, also Parteichef, und damit mächtigster Mann der Sowjetunion. Er trug wesentlich zur *Beendigung* beziehungsweise *Auslöschung* der STALIN-Ära bei. Chruschtschow verurteilte die Verbrechen Stalins und dessen Personenkult öffentlich und *schaltete* die gesamte Führungsriege der Stalin-Ära *aus.*
- 24.2.1990: In Nicaragua geht mit der Präsidentschaftswahl die sandinistische Ära zu *Ende.*
- 14.3.1990: MICHAIL GORBATSCHOW (FISCHE-Geborener, siehe erstes Kapitel) wird vom Kongreß der Volksdeputierten in Moskau zum ersten Präsidenten der UdSSR gewählt. Wie die Geschichte zeigte, sollte er gleichzeitig auch der *letzte* sowjetische Präsident sein, da sich während seiner Herrschaft die Sowjetunion *auflöste.*
- 18.3.1990: Die erste freie Wahl in der DDR findet statt. Ihr Resultat wird als eindeutiges Bekenntnis zur Wiederherstellung der deutschen *Einheit* gewertet. Als weitere FISCHE-Entsprechung *löst* die gewählte DDR-Regierung *sich*, zugunsten einer gesamtdeutschen Regierung, nach wenigen Monaten Amtszeit bereits *auf.*
- 20.3.1890 (zum FISCHE-Neumond kurz vor SONNEN-Wechsel in den WIDDER): Entlassung des deutschen Reichskanzlers OTTO VON BISMARCK. Bereits zu Lebzeiten zum staatsmännischen Mythos avanciert, endete mit seinem Ausscheiden aus der Politik die »Ära Bismarck«.
- FISCHE-Monat 1994: Beendigung des »Blauhelm«-Einsatzes der deutschen Bundeswehr bei der UNO-Mission in Somalia; Abzug der Truppe, der bis zum Ende des FISCHE-Monats abgeschlossen ist. Die Medien berichten einhellig davon, daß dieser

UNO-Einsatz ein Fiasko gewesen sei. Es bleibt abzuwarten, ob der damit verbundene, umstrittene erste Einsatz der Bundeswehr außerhalb des Natobereiches vorerst auch der letzte war; sein *Ende* im FISCHE-Monat legt das - zumindest in diesem Rahmen - nahe.

Zentrales Thema: Verschleierung, Verborgenes, Täuschung

- 22.2.1915: Proklamierung des uneingeschränkten U-Boot-Krieges des Deutschen Reiches gegen Großbritannien, Frankreich und Rußland während des Ersten Weltkrieges. FISCHE-typisch läuft dieser Teil des Krieges *unter Wasser* ab. Und ebenso typisch ist das Wesen der *U-Boote*, die ja *verborgen* in den Meerestiefen operieren, und von *unten* angreifen.
- 27.2.1933: Das Gebäude des Deutschen Reichstags brennt. Die Tatsache, daß dies im FISCHE-Monat geschieht, bestärkt die Vermutungen, daß die Nazis selbst den Brand legten, um einen Vorwand für neue Terrormaßnahmen, vor allem gegen Regimegegner, zu haben; Bevölkerung wie Politiker wurden *getäuscht.*
- 10.3.1959: Durch ein *Täuschungsmanöver* gegenüber den chinesischen Invasoren gelingt dem tibetischen Oberhaupt, dem DALAI LAMA, die *Flucht* nach Indien.
- 16.3.1968: US-Verbrechen im Vietnamkrieg, Massaker im südvietnamesischen Dorf My Lai und die *vollständige Vernichtung* des Dorfes und seiner Bevölkerung. Im »*Chronik-Tageskalender 93*« lesen wir dazu: »Als die internationale Öffentlichkeit im November von dem Kriegsverbrechen der US-Army erfährt, ist der moralische Bankrott der USA im Vietnamkrieg perfekt. Die Nation muß sich von der Illusion verabschieden, daß US-Soldaten stets humaner kämpfen als die Soldaten anderer Staaten. Der Glaube, in Vietnam kämpften tapfere GIs für Freiheit, Demokratie und Menschenrechte, entlarvt sich als mißlungener Selbstbetrug des Patriotismus.«
- FISCHE-Monat 1992: Der Golfkrieg geht zu *Ende*; die irakische Armee wird durch ein *Täuschungsmanöver* der alliierten Streitkräfte besiegt. Der irakische Diktator SADDAM HUSSEIN versucht seinerseits sein Volk, seine Anhänger beziehungsweise die Welt zu *täuschen* und die Niederlage als Sieg zu verkaufen.
- FISCHE-Monat 1994: Der Deutsche Bundestag beschließt mehr-

heitlich, daß der Verpackungskünstler CHRISTO den Reichstag in Berlin als Symbol der wiederhergestellten deutschen Einheit mit silbrigem Stoff *umhüllen* beziehungsweise *einhüllen* darf.

Zentrales Thema: Vergiftung, Verseuchung

- 17.3.1953: Ein US-amerikanischer Atombombentest findet in der Wüste von Nevada statt; in unmittelbarer Nähe (nur drei Kilometer von der Detonation entfernt) befinden sich über tausend Soldaten. Sie wurden über die Gründe ihres Auftrages *getäuscht*, dienten als menschliche Versuchsobjekte und erfahren schwere atomare *Verseuchungen*.
- FISCHE-Monat 1993: Mehrere schwerwiegende *Gift*unfälle passierten bei dem deutschen Chemiekonzern Hoechst AG. Das wahre Ausmaß und die Tragweite der Umweltvergiftungen wurden zunächst in der Öffentlichkeit heruntergespielt.

Einige Anregungen zur Eigenbeobachtung im FISCHE-Monat

Zunächst soll ein Fragenkatalog dazu anregen, das individuelle FISCHE-Rätsel zu erfassen. Die Fragen werden um so deutlichere Antworten herauslocken, je näher wir sie auf unsere aktuelle Lebenswirklichkeit beziehen. Diese Fragen können natürlich zu jeder Zeit gestellt werden. Energetisch gesehen ist der FISCHE-Monat dafür eine günstige Zeit, da hier die Bewußtwerdungsimpulse durch das SONNEN-Prinzip unterstützt werden.

Welche Vorstellungen, Ziele, Ideale, Beziehungen, Anhaftungen, Lebensstrukturen lösen sich derzeit in meinem Leben auf, beziehungsweise was soll sich auflösen? Wie fühle ich mich dabei, wenn etwas zu Ende geht? Habe ich Angst, daß mir die »Felle davonschwimmen«? Wie fühlt es sich an, wenn der sichere Boden unter den Füßen (unserer Gewohnheitsvorstellungen) nachgibt? Kann ich mich fallenlassen? Wo bin ich derzeit besonders aufgefordert, loszulassen und mit dem Lebensfluß mitzufließen, anstatt mich dagegenzustemmen? Oder sind da einige Lebenslagen, in denen ich mich zu sehr gehenlasse? Was hindert mich am Loslassen? Welcher Art sind meine Phantasien darüber, was geschähe, wenn ich in einer bestimmten Situation loslasse? Beruhen diese Vorstellungen auf Tatsachen oder Illusionen?

Wo erfahre ich eine Erlösung (zum Beispiel von Ängsten, Schwierigkeiten oder Ego-Fixierungen)? Wo sehne ich mich nach der Lösung eines drängenden Problems? Was hindert mich daran, eine Lösung zuzulassen? Sind es meine ausgeprägten Vorstellungen darüber, wie das Leben zu sein hätte, die die Auflösung einer Verkrampfung verhindern?

Was beziehungsweise welcher Zyklus kommt zu einem Ende? Welche Angelegenheit soll abgeschlossen werden, damit ein endgültiger Schlußstrich gezogen werden kann? Wo erlebe ich oder habe ich (vor allem in meiner Kindheit) Verluste (Auflösung) erlitten? Habe ich die notwendige Trauerarbeit geleistet und konnte die Verluste loslassen? Gibt es aktuelle Anlässe oder Träume, die mir unterdrückte Trauergefühle zurückbringen? Kann ich Trauergefühle akzeptieren, verdränge ich diese, oder lasse ich mich davon überschwemmen?

Was muß ich verlieren, aufgeben, loslassen oder hingeben – möglicherweise, um festzustellen (wenn es ohne mein Zutun von selbst in mein Leben zurückkehrt), daß ich »es« wirklich besitze und es nicht festzuhalten brauche? Verfüge ich über ein gesundes Maß an Urvertrauen oder ist es gestört? Welche Situation bietet sich derzeit (als Medium) dafür an, Vertrauen zu investieren, um das Vertrauen in das Leben wiederzufinden? Was hindert mich daran, dem »natürlichen Gang der Dinge«, dem lebendigen Lebensfluß zu folgen?

Habe ich eine Ahnung von der Grenzenlosigkeit meines inneren Wesens? Fühle ich mich an meine innere Einheit angeschlossen? Oder verlagere ich diese Erfahrung nach außen und neige auf der falschen Ebene zu Distanzlosigkeit, Überfremdung und Ich-Schwäche? Gelingt es mir, in meditativen Momenten in mein inneres Wesen einzutauchen und neue Kraft und Inspiration zu schöpfen? Oder verschiebe ich diesen Impuls nach außen und tauche in Situationen ab, die mir unangenehm sind? Wovor laufe ich weg?

Wo ist mein Einfühlungsvermögen gefordert (auch mir selbst gegenüber)? Kann ich anschließend das, was ich von meinem Mitmenschen in mir fühle, auch wieder loslassen? Oder »ziehe ich mir etwas rein«, das mir nicht entspricht und meine Seele vergiftet? Fülle ich das Gefühl einer inneren Leere dadurch aus, daß ich den Partner in mir spüren muß? Ist mir bewußt, wie abhängig man durch eine solche symbiotische Beziehung wird?

Bin ich mit mir selbst einig? Kann ich mein Leben als Einheit begreifen, oder neige ich dazu, mich in meinen Aktivitäten und Gedanken zu zersplittern?

Lasse ich mich täuschen, beziehungsweise neige ich selbst dazu, andere zu betrügen? In welchen Bereichen tendiere ich besonders zu Selbsttäuschungen? Verwechsle ich echte transzendente Erfahrung mit Einbildung?

Kann ich mir vorstellen, daß Absichtslosigkeit die beste Grundlage für mein Handeln sein könnte? Wie leicht oder schwer fällt es mir, absichtslos zu handeln? Verwechsle ich Absichtslosigkeit mit Ich-Schwäche und Entscheidungsangst? Wie rührt mich die Vaterunser-Passage »Dein Wille geschehe« an? Folge ich vielleicht irrtümlicherweise dem Willen anderer Menschen oder unerlöster Stimmen in meinem Innern? Oder bin ich an die wahre Stimme der inneren Führung angeschlossen und »diene Gott mehr als den Menschen«? »Wes Geistes Kind« bin ich?

Die nachfolgenden Beispiele wollen den Leser anregen, eigene Beobachtungen anzustellen. Es sind keineswegs besonders spektakuläre Angelegenheiten gemeint, denn gerade in den kleinen, unscheinbaren Alltagserlebnissen liegen die Lebensrätsel verborgen. So kann die Begegnung mit einem Mitmenschen zu einer astroenergetischen Demonstration avancieren, wenn wir nur aufmerksam genug beobachten, was da *eigentlich* (energetisch gesehen) vor sich geht.

Beobachtungen von Seminarteilnehmern im FISCHE-Monat

Eine Teilnehmerin war durch eine Handverletzung zum *Nichtstun* verurteilt. Anscheinend suchte und fand sie (unbewußt) in diesem vorübergehenden Handikap eine Möglichkeit, alle Pflichten, alle »Erdschwere« ihres erdhaften Sternzeichens STIER *loszulassen.* Das erleichterte es ihr, sich auf die FISCHE-Ebene *einzulassen.* In unserer Zeit ist Krankheit die »akzeptabelste« Form, sich von seinen Verpflichtungen zu entbinden und »alle viere von sich zu strecken«.

Eine LÖWE-Geborene klagte über besondere *Distanzlosigkeit*, die ihr zu anderen Zeiten nicht so deutlich auffiel. Sie hatte Streit mit ihrem Vermieter, und es gelang ihr nicht, sich innerlich abzugrenzen. Statt dessen zog sie alle Anspannung an sich und *vergiftete* dadurch in gewissem Maße die Seele.

Einer STEINBOCK-Geborenen gelang es, eine unbefriedigende Stellung *loszulassen* und zu kündigen. Daß bei ihrer Vorgesetzten deshalb sogar die *Tränen flossen*, ging ihr dann doch ziemlich *nahe*. Gleichzeitig hatte sie den Eindruck, daß ihr Mann, von dem sie seit geraumer Zeit getrennt lebte, sie besser *loslassen* konnte.

Eine hyperaktive WIDDER-Frau fühlte sich in der FISCHE-Zeit ungewöhnlich *traurig* und *niedergeschlagen*.

Ganz »wörtlich« schien eine andere Teilnehmerin das FISCHE-Thema »loslassen« zu nehmen. Sie klagte darüber, daß ihr ständig Gegenstände *herunterfielen* und nichts so verlief, wie sie es sich vorstellte. Sie hatte anscheinend auch Probleme damit, sich *innerlich fallenzulassen*, *mitzufließen*, *einverstanden* zu sein mit dem, was da ist und kommt.

Wie sich das FISCHE-Thema »Fallenlassen« auch ganz direkt ausdrücken kann, schilderte eine junge Mutter: »Unser Kind ist – zum ersten Mal überhaupt – mitsamt dem Stuhl rückwärts um- und hinuntergefallen und hat mit seinem Kopf das Glas des Backrohrtürchens zertrümmert.« Als JUNGFRAU-Geborenes (JUNGFRAU ist das Oppositionszeichen zu FISCHE) hatte das Kind anscheinend besondere Probleme mit diesem Archetypen beziehungsweise dessen Anforderung des Sich-fallen-Lassens. Und wenn wir bestimmte innere Erfahrungen nicht auf psychischer Ebene zulassen können, manifestieren diese sich nicht selten, gleichsam als symbolisch gemeinte Aufforderung, »handfest« in der physischen Wirklichkeit. Dieser Fall war für die Eltern ein Hinweis, woran es dem Kind fehlt, wo es Unterstützung und Hilfestellung braucht, wo es »gehalten« werden will, um das Vertrauen zu entwickeln, sich wirklich *fallenzulassen*.

Ein SCHÜTZE-Geborener sah sich aufgefordert, einen Zustand auszuhalten, in dem viele wesentlichen Angelegenheiten in der *Schwebe* waren. Seine genauen Idealvorstellungen, die er vom Leben hatte, erleichterten es ihm nicht gerade, etwas so zu nehmen, wie es kam.

Eine KREBS-Frau hatte Schwierigkeiten, die Gefühle zuzulassen, die die Auflösung der Beziehung zu einer vormals guten Freundin in ihr auslöste, und den Kontakt *loszulassen*.

Mehrere Teilnehmer des Traumseminars klagten über Probleme mit dem Loslassen, zum Beispiel in bezug auf Ängste, Wunschvorstellungen, Beziehungsillusionen, Versunkenheit in Selbstmitleid.

Mir selbst ist vor allem der *Abschluß* meiner mehrjährigen Tätigkeit in der Asylantenbetreuung in Erinnerung. Es war gleichzeitig die *Beendigung* meiner sozialpädagogischen Tätigkeit (»Ära«) an sich. Ich wechselte die »Branche« und startete im WIDDER-Monat als freiberuflicher Autor und Seminarleiter.

Die FISCHE-Bedeutung einer anderen »Initiation« in einem FISCHE-Monat wurde mir in der Rückschau bewußt. Während meiner Studienzeit entschloß ich mich, gemeinsam mit meiner damaligen Partnerin eine Studentenkneipe zu eröffnen. Im nachhinein ist diese Entscheidung als wesentlicher Auslöser für die *Beendigung* unserer langjährigen Beziehung zu sehen.

Eine Erinnerung an meine erste sozialpädagogische Berufstätigkeit nach Studienabschluß: Ich arbeitete mit Gruppen in der Erwachsenenarbeit. Im FISCHE-Monat war ich mit einer besonders großen und schwierigen Gruppe beschäftigt, und es bereitete mir massive Probleme, mich von der Gruppenatmosphäre beziehungsweise von den negativen Reaktionen einzelner abzugrenzen. In diesen Wochen befand ich mich auf einer sogenannten »Nachtmeerfahrt«. Ich war derart eingefangen, von den Kräften des kollektiven Unbewußten dieser Gruppe umhüllt, daß meine Ich-Kraft geschwächt war. Ich hatte lange Zeit das Gefühl, in einer Traumwelt zu leben; ich konnte zwar die Erfordernisse des Alltags erfüllen, doch dieser ungewohnte Bewußtseinszustand flößte mir auch Angst ein. Das körperliche Resultat dieser *Abgrenzungsschwäche* und *Überfremdung* war der Ausbruch einer Krankheit, in der die *seelischen Giftstoffe* über den Körper ausgeschwemmt wurden und ich endlich die Ruhe hatte, die ich zur Regeneration brauchte.

Eine weitere Begebenheit zeigt, daß sich die Archetypen im kleinen wie im großen Ausdruck verschaffen. Da mein Zimmer in einer früheren Wohnung seit Bezug vor etwa fünf Jahren keine Türe hatte, entschloß ich mich im FISCHE-Monat zum Kauf einer Falttüre. Daß diese *keine wirkliche Abgrenzung* schaffte, merkte ich bald. Sie war zu *dünnwandig* und zudem *nicht verschließbar.* Geräusche drangen wie bisher zu mir durch, was schließlich dazu führte, daß ich sie kaum zuzog und mein Zimmer *offen* blieb – für mich ein äußeres Symbol meiner zu großen *Durchlässigkeit* und meinen *Abgrenzungsproblemen* in der damaligen Zeit.

Diese Beispiele wollen nicht als »Beweise« für das Funktionieren der energetischen Astrologie mißverstanden werden. Ihr subjektiver Charakter verdeutlicht zudem, daß jeder nur für sich selbst herausfinden kann, wie es sich damit verhält. Ich möchte jeden dazu ermutigen und einladen, in dem Erlebnisfeld mitzuforschen, das bislang noch am wenigsten bekannt ist: die menschliche Psyche. Durch das Führen eines astroenergetischen Tagebuches beziehungsweise Traumtagebuches mit integrierten astroenergetischen Eigenbeobachtungen schreibt jeder sein individuelles Astrologie- und Traumbuch selbst.

5
Die kreative Umsetzung des FISCHE-Rätsels

Übungen im FISCHE-Monat beschäftigen sich vornehmlich mit der FISCHE-/NEPTUN-Energie, da die Zeitqualität – in der äußeren und inneren Natur – diese Themen geradezu herausfordert. Je näher wir uns mit unserer Aufmerksamkeit und unseren Aktivitäten am »Nerv der Zeit« befinden, desto effektiver und ergiebiger werden die Resultate sein. Es ist eben – im übertragenen Sinne gemeint – wesentlich aufwendiger, im Sommer Ski laufen zu wollen als in den Wintermonaten. Anpassung an die Möglichkeiten und Erfordernisse der Zeit erleichtern uns das Leben und verhindern einen zu hohen Energieeinsatz für Unwesentliches. Wichtig bei der kreativen Umsetzung unserer Lebensrätsel ist die Freude daran; jegliche Art von Leistungsdruck und Perfektionismus sollte vermieden werden. Beim Malen oder Schreiben liegt das Ziel nicht darin, mit seinen Werken berühmt zu werden oder diese vor Kunstkritikern zu behaupten. Sehen wir unsere kreative Auseinandersetzung mit den Tierkreisarchetypen und Träumen als *schöpferische Selbsterfahrung*, deren Resultate uns in erster Linie persönlich ansprechen, dann vermeiden wir die Anspannung, anderen damit imponieren zu müssen.

Die Übungen in diesem und den anderen Kapiteln wollen in erster Linie dazu anregen, durch die kreative Auseinandersetzung mit der FISCHE-Kraft dieses Lebensrätsel in Außen- und Innenwelt besser kennen- und verstehenzulernen und Kontakt zu unserer FISCHE-Seite (NEPTUN) aufzunehmen. Sie sind vor allem angezeigt, wenn wir ein Gefühl von mangelndem *Urvertrauen*, Einfühlungsvermögen oder mangelnder Hingabefähigkeit besitzen, also ein Defizit an FISCHE-Energie haben. Wenn wir spüren oder durch Träume vermittelt bekommen, daß wir lernen sollten, mehr loszulassen und uns dem Lebensfluß anzuvertrauen, können solche Übungen dafür als »Entwicklungskatalysatoren« eingesetzt werden.

Annäherung durch Imagination

Das Setting: Die innere Bereitschaft, eine normale psychische Stabilität und Belastbarkeit, ein geeigneter Ort (in der Wohnung oder Natur), an dem man für die Dauer der Imagination ungestört ist (Telefon und Klingel sollte man abstellen), und ein Thema, über das imaginiert werden soll, sind nötig. Je nach Vorliebe können Sie im Liegen oder im Sitzen imaginieren; die Kunst dabei ist, die Bewußtseinsschwelle zu senken, damit die inneren Bilder ins Bewußtsein dringen können, ohne daß Sie dabei einschlafen.

Nachfolgend seien einige Anregungen für Imaginationen zu FISCHE-/NEPTUN-Entsprechungen gegeben; energetisch günstige Tage dafür sind: die Zeit während des FISCHE-Monats und vor allem, wenn der transitierende MOND in *Konjunktion* mit unserem NEPTUN (im Geburtshoroskop) steht, was einmal im Monat der Fall ist. Drei weitere energetisch sensible Termine innerhalb eines Mondumlaufes sind die Opposition und die beiden Quadrate des MONDES zu NEPTUN (siehe dazu das Kapitel über Transite im Einführungsband *»Die Rätsel des Lebens«).*

Völlig frei fließende Imagination
Da das FISCHE-/NEPTUN-Prinzip *jenseits* von allen *Vorstellungen* und Strukturen steht, kann es bei Blockaden in diesem Bereich angezeigt sein, den Phantasien freien Lauf zu lassen. Die freie Assoziation im Rahmen der Psychoanalyse (nach SIGMUND FREUD) geht davon aus, daß in diesem ungesteuerten Ablauf von Erinnerungen, Gedanken und Bildern die mehr oder minder *verborgenen* Motive und Wünsche des Betreffenden sichtbar würden. Je tiefer die Entspannung ist, desto tiefer sind die Schichten, denen die ausgelösten inneren Bilder, Gedanken und Gefühle entspringen; in besonderen Fällen kann das bis hin zu *visionärer* beziehungsweise prophetischer Schau reichen.

Sollte es sich erweisen, daß etwa für Anfänger der Traum- und Imaginationsarbeit oder für Menschen mit inneren Blockaden ein gewisser Halt und eine Struktur notwendig sind, kann zunächst auf gerichtete Assoziationen beziehungsweise gelenkte Tagträume zurückgegriffen werden – zum Beispiel durch vom Therapeuten angeleitete

Imaginationen oder, bei entsprechender Erfahrung und Stabilität, auch selbst gesetzte Tagträume.

Gerichtete Imaginationen zu FISCHE-/NEPTUN-Themen wären etwa:

Imaginationen nach Klängen, Mantras, Musik

Fließende Klänge, Meeresrauschen, dahinplätschernde Musik ohne Höhepunkte oder auch sakrale Musik können als Impulsgeber eingesetzt werden, die NEPTUN-Seite in uns anzusprechen und individuell aussagekräftige Phantasien hervorzubringen. Beispielsweise hatten zwei Seminarteilnehmerinnen folgende spontanen Imaginationen zu FISCHE-betonter Musik (Meeresrauschen mit Brandung, dazu sakrale Orgelklänge):

Eine STEINBOCK-Geborene erlebte sich in einer Luftblase über einem Wasserfall. Dieses Bild zeigte ihr Problem, sich einzulassen, das heißt in Gefühle (Wasserelement) »hineinzugehen«, Gefühle zuzulassen. Als STEINBOCK-Geborene lebte sie in einer starken (unbewußten) Identifikation mit dem Element Erde; dies bedeutet Abgrenzung und Zurückhaltung. – Ist das Gleichgewicht zwischen Gefühl und Verstand (KREBS und STEINBOCK) gestört, verwechseln wir in der Regel die Ebenen und grenzen uns dort ab, wo Offenheit angebracht wäre, beziehungsweise öffnen uns in unpassenden Momenten und gegenüber unverträglichen Impulsen. – In ihrer Lebenssituation stellt sich für sie derzeit die Frage, ob sie mit ihrem Freund zusammenziehen will. Im FISCHE-Monat ist ihr das Thema besonders nahe, nachdem sie bislang eher theoretisch daran dachte. Jetzt, wo es »ernst« werden soll, plagen Ängste sie, sich darauf einzulassen, ihre äußeren Grenzen aufzuheben ...

Anders erzählte eine SCHÜTZE-Geborene, die sich während der Imagination in einem Boot auf einen Wasserfall zusteuern sah und von Ängsten geplagt wurde, ob das wohl gutgehen würde. Auch sie hat Schwierigkeiten, sich fallenzulassen, was sich schon durch ihre Blockaden, sich auf die Imagination einzulassen, ausdrückte. Wer Probleme damit hat, sich *gehenzulassen*, wird zunächst spontane Widerstände entwickeln, in eine Imagination einzutauchen und die spontanen inneren Bilder zuzulassen. Ein Beleg dafür waren ihre Versuche, schon während der Imagination die Bilder zu deuten. Das blockiert natürlich den freien Fluß des Unbewußten.

Auch wenn wir bei der Imagination einschlafen oder keine Erinnerung an innere Bilder zurückbleibt, kann das als Widerstand gegen eine bestimmte Imagination oder als Ausdruck einer allgemeinen Sperre gegen die autonomen Prozesse des Unbewußten zu bewerten sein. Nicht selten läßt sich das »Wegdösen« auch im Sinne einer Unbewußtheit – auf das jeweilige Imaginationsthema bezogen – deuten. Die Auslegung einer Imagination und unserer Schwierigkeiten damit hat individuell und – wie bei der Traumanalyse – im Zusammenhang mit den Einfällen und der Lebenssituation des Imaginierenden zu erfolgen.

Loslaß-Imagination

Fällt es uns schwer, Gedanken, Anspannungen, Situationen, Mitmenschen und so weiter loszulassen und uns dem Lebensfluß anzuvertrauen, kann es hilfreich sein, über Phantasiebilder den Prozeß des Loslassens zu unterstützen und anzuregen.

Ein entsprechendes Bild dafür könnten Fallschirmsprünge sein, bei denen man die Absprunghöhe allmählich steigert. Vielleicht beginnen wir auch mit der Vorstellung, vom Tisch herunterzuspringen, wenn das Thema stark angstbesetzt ist. Später mag man ganz auf imaginative Hilfsmittel verzichten und läßt sich in seiner Phantasie »ohne Netz und doppelten Boden« fallen, einsinken, eintauchen. Wenn sich innere Widerstände dagegen regen, dann kann man sich überlegen, welche Mechanismen den Bilderfluß erleichtern würden. Vielleicht bedeutet es zunächst eine Erleichterung, wenn wir uns beim Fallschirmspringen mehrere imaginative Sicherheiten einbauen, vielleicht ein superweiches Auffangkissen auf dem Boden, einen oder mehrere Reserveschirme, einen hilfreichen Begleiter.

Fühlen wir uns von *Fallträumen* belästigt, kann das ein Anlaß sein, über das Fallen zu phantasieren. Im Gegensatz zu einem unbewußten Traum ist uns im Wachzustand ja klar, daß uns bei einem imaginativen Fall kein körperlicher Schaden widerfahren kann. Trotzdem werden wir feststellen, daß auch eine gelenkte Imagination dann nicht ohne innere Widerstände ablaufen wird – ein Zeichen dafür, daß die Seele zwischen Phantasie (seelische Realität) und physischer Wirklichkeit nicht klar zu unterscheiden vermag.

Imaginationen über die Einheit und das kollektive Unbewußte

Hier bietet sich vor allem das FISCHE-Symbol des *Meeres* an, um das wir unsere Phantasie kreisen lassen. Es bestehen viele Möglichkeiten, eine Meeresimagination in bestimmte Abläufe und Formen einzukleiden. Doch unabhängig vom Handlungsablauf ist der grundsätzliche Bezug zu dem Element Wasser das entscheidende Merkmal. Je näher wir in der Imagination am Wasser sind, je tiefer wir eintauchen, desto unmittelbarer befinden wir uns im Reich des Meeresgottes NEPTUN (innerhalb unserer Psyche).

In einer solchen Imagination werden akute oder latente Ängste im Bereich des Seelischen deutlich. Im Bild von gefährlichen Fischen, Strudeln, Atemnot oder Beklemmungsgefühlen (nicht mehr hochzukommen) mag sich ein aktuelles oder chronisches Problem mit dem FISCHE-Archetypen darstellen.

Einige Seminarteilnehmer schildern nun ihre Erlebnisse zu einer Meeresimagination. Die kurze Vorgabe lautete:

»Du befindest dich auf einem Boot oder Schiff deiner Wahl auf dem Meer. Blicke dich um, ob du Land oder Ufer siehst, mache deine Position aus. Achte auch darauf, ob du allein unterwegs bist oder Begleiter hast. Schließlich achte auch noch auf die Tages- und Jahreszeit sowie das Wetter. Dann überlege dir, ob du tauchen willst, um im Meer vielleicht etwas zu finden. Wenn du tauchen willst, findest du alles, was du dazu brauchst, im Boot. Auch eine Unterwasserlampe und ein Zauberstab, mit dem du gefährliche Situationen bewältigen kannst, sind an Bord.«

Dann wurden die Imaginierenden einige Minuten (maximal etwa zwanzig Minuten) mit sich allein gelassen, und jeder begab sich auf seine individuelle Traumreise.

Eine KREBS-Geborene hatte folgendes Erlebnis:

»Ich bin am Ufer einer einsamen kleinen Insel; Sonne, Wind und Wolken. Ich sitze in einem kleinen Boot, das hin- und hergeschaukelt wird. Kopfüber springe ich ins Wasser, es ist kühl, ich tauche, spüre das Wasser überall am Körper, fühle mich sehr wohl. Ich komme tiefer, es wird dunkler jetzt, auch über dem Wasser wird es wohl Abend. Dann sehe ich große Haie und andere Fische, die nah an mir vorbeischwimmen. Ich hab' keine Angst, betrachte sie nur. Dann werde ich nach oben getrieben, kann nicht mehr tauchen, plansche jetzt im Wasser, drehe mich und fühle mich sehr geborgen. Ich bin immer noch in Ufernähe. Es ist jetzt Nacht, und ich schwimme an Land.«

Die Teilnehmerin hatte einige Assoziationen beziehungsweise Ideen zu ihrer Traumreise: »Die Situation ist sehr idyllisch und strahlt viel Ruhe aus – etwas, das ich im Moment nötig brauche. Mein kleiner Sohn ist seit einigen Monaten in einer anstrengenden Phase. Während der letzten FISCHE-Tage hatte ich dann endlich das Gefühl, meine Wut loslassen zu können und mich von seinen Wutanfällen nicht mehr so mitreißen zu lassen. Die Haie im Traum sind wohl noch einmal ein Blick auf die Streßmomente mit ihm, die ich vorbeiziehen lasse und mich auch nicht mehr davor fürchte. Eigentlich dachte ich, ich müßte tiefer tauchen, doch die Dunkelheit unten und mein Gefühl sagen mir, daß es derzeit nicht nötig ist, tiefer zu gehen ...«

Die junge Mutter hat, in einer schwierigen Zeit mit ihrem Kind, das »rettende Ufer« erreicht. Für sie war es bedeutsam, die Vorstellung loszulassen, immer tiefer in das Problem eintauchen zu müssen. Wie die Imagination zeigt, hat sie »ihren Schatz« in der Idylle und Ruhe der Ufernähe gefunden. Das Hin-und-her-Schaukeln des Bootes ist wohl das langsame Ausklingen ihres Hin-und-her-gerissen-Seins bezüglich der Erziehungsprobleme. Ihre übermäßige Betonung des Wasserelementes verführte sie dazu, sich zu sehr in Gefühlen und Emotionen zu verlieren. Statt sich immer tiefer in die Dunkelheit des Unbewußten ziehen zu lassen, handelt sie in der Imagination richtig, folgt ihrem Gefühl und taucht wieder auf. Ihre FISCHE-Lektion in diesem Jahr bestand im Loslassen dunkler beziehungsweise aggressiver Gefühle (Symbol: Haifische) und in dem Sich-einlassen-Können auf eine sichere Position nahe dem Ufer (das Distanzierungsvermögen des Elementes Erde), die ihr Ruhe, Erholung und Frieden bringt.

Eine andere Teilnehmerin fand sich in der Imagination mit ihrem neuen Begleiter auf einem Segelschiff wieder. Zuerst versuchte sie, allein zu tauchen, doch erst als sie ihren Geliebten mit auf Tauchstation nahm, war dieses Vorhaben innerhalb dieser Phantasiereise möglich. Übersetzt bedeutete das für die junge Frau, daß sie durch den neuen Freund lernte, sich fallenzulassen, loszulassen. Da diese Imagination im FISCHE-Monat durchgeführt wurde, wissen wir, daß gerade die Fähigkeit des Loslassens und Eintauchens in die Inwendigkeit zentrale Themen in dieser Zeit sind, die sich auch in den Tagträumen und gelenkten Phantasiereisen ausdrücken.

Zum FISCHE-Thema der *Einheit* allen Lebens ist das *Wasser* als Symbol bestens geeignet. Eine beliebte und häufig angewandte Phantasiereise besteht beispielsweise darin, imaginativ den Weg des Wassers von der Quelle bis zum Meer nachzuvollziehen. Die imaginierten Bilder können dann unter anderem darauf hinweisen, ob und wo sich der Lebensfluß staut, ob wir mit dem Wasser mitfließen können und auch tatsächlich im Meer angelangen.

Führen wir im FISCHE-Monat Imaginationen (auch zu den Lebensrätseln der anderen Tierkreiszeichen) durch, oder assoziieren wir spontane Bilder zu Themen, die uns gerade beschäftigen, ist es sinnvoll, die Ergebnisse vor dem Hintergrund des FISCHE-Archetypen zu betrachten. Wie bei den Träumen und dem Alltagsgeschehen in dieser Zeit, kommt dem FISCHE-Archetyp auch in den Imaginationen zentrale Bedeutung zu. Die Vorgehensweise ist identisch mit der astroenergetischen Traumdeutung (siehe dazu auch den Einführungsband).

Imaginationen wirken, wie die Träume, sehr stark auf die Gefühlsebene ein, da sie dieser Dimension angehören und entspringen. Vor allem bei »kopflastigen« Menschen, die Probleme mit der Traumerinnerung haben oder bei denen ein analytisches Vorgehen keine Resultate bringt, ist die Aktivierung eines Imaginationsprozesses oft sehr förderlich (wenn erst die Widerstände überwunden sind!).

Meditation über die FISCHE-/NEPTUN-Energie

Wenn wir über die FISCHE-/NEPTUN-Energie meditieren wollen, dann bietet sich folgendes an, auf das wir unsere Aufmerksamkeit richten können, um uns zu konzentrieren:

- die musikalische Umsetzung der FISCHE- beziehungsweise NEPTUN-Kraft (siehe zweites Kapitel);
- das Sigel der FISCHE beziehungsweise des NEPTUN (siehe erstes Kapitel);

- ○ eine bildhafte Darstellung des FISCHE-Symbols oder des Meeresgottes NEPTUN;
- ○ der reale Planet Neptun (als Einstimmung kann man zum Beispiel in Astronomiebuch Fotos betrachten oder die astronomische Planeten-Beschreibung lesen);
- ○ das astrologische Konstellationsbild unseres NEPTUN im Geburtshoroskop,
- ○ der NEPTUN-Ton (zum Beispiel über die NEPTUN-Stimmgabel);
- ○ ein Bild oder Foto, welches ein FISCHE-Thema abbildet (zum Beispiel das Meer);
- ○ ein selbstgemaltes Bild über die FISCHE-Energie beziehungsweise ein im FISCHE-Monat spontan gemaltes Bild;
- ○ die Einheit des Lebens, zum Beispiel die Einheit des Atemrhythmus oder das Verschmelzen mit dem Meditationsobjekt.

Meditationen und Imaginationen entsprechen dem FISCHE-Prinzip, da diese »Methoden« vor allem darauf abzielen, Vorstellungen und Gedanken *loszulassen*, uns in den Phantasiereisen dem Lauf der inneren Bilder *anzuvertrauen* beziehungsweise die inneren Seelenschichten zu *berühren*.

Bei den Meditationen ist darauf zu achten, diese nicht zwanghaft, sondern in entspannter Atmosphäre durchzuführen, nicht zu *übertreiben* (nach dem Grundsatz: »Nicht mehr, als mir guttut!«), nicht mit Störungen zu »kämpfen«, sondern Geräusche und Gedanken immer wieder loszulassen und den Gegenstand der Meditation ganz unbefangen auf sich wirken zu lassen. Wahrnehmen, ohne zu interpretieren, zu werten oder zu analysieren, ist die Grundlage der Meditation. Durch die Konzentration auf die FISCHE-Energie in der meditativen Schau nehmen wir Kontakt zu dieser Wesensseite (NEPTUN) in uns auf. Unsere Erlebnisse können wir *anschließend* als Selbsterfahrung werten; im Seminar beziehen wir diese Ergebnisse mit in die Arbeit ein.

Energetisch sensible Zeitpunkte für FISCHE-Meditationen sind:

- ○ der *Neumond* und *Vollmond* in den FISCHEN (findet man in den meisten Kalendern vermerkt);

- der Zeichenwechsel der SONNE von WASSERMANN in FISCHE;
- der Wechsel des MONDES von WASSERMANN in FISCHE (einmal pro Monat; der genaue Zeitpunkt ist über die Ephemeriden zu berechnen oder dem Astrokalender zu entnehmen);
- die Konjunktion der verschiedenen Planeten mit dem NEPTUN im Geburtshoroskop.

Dominiert die FISCHE-Seite beziehungsweise das innere Wasserelement, kann es ratsam erscheinen, unter Anleitung eines kompetenten Therapeuten zu imaginieren. Dann kann unter Umständen sehr viel therapeutisch verwertbares Material zutage gefördert werden, ohne die Gefahr, daß sich der Betreffende in seinen Phantasien verliert. Andererseits kann für »Wassermenschen« die vordringliche Notwendigkeit bestehen, sich zu »erden« und entsprechende »erdhafte« Tätigkeiten zu verrichten (zum Beispiel Gartenarbeit, gestalterische Arbeiten; siehe dazu auch den STIER-Band).

Affirmationen

Folgende *Affirmationen* bieten sich als positive FISCHE-»Mantras« an, die wir meditativ nachempfinden können. Stellt sich einer dieser hilfreichen »Zaubersprüche« als besonders wichtig für uns heraus, wiederholen wir ihn einige Zeit laut oder gedanklich, sooft wir daran denken, und verbinden uns dadurch mit seiner segensreichen Wirkung. Nach einer gewissen Zeit der bewußten Intonation der Affirmation wird diese gleichsam »in Fleisch und Blut übergegangen« sein und auf unbewußter Ebene ihre Botschaft vertiefen.

Beispiele für Affirmationen (vor allem bei unterdrückter FISCHE-/NEPTUN-Seite, das heißt bei Lebensangst und gestörtem Urvertrauen) sind:

- »Ich kann mich der Führung meiner inneren Weisheitsquelle anvertrauen.«

- »Ich habe Vertrauen in meine Kraft und meinen Weg.«
- »Ich bin eins mit meinem Gott.«
- »Ich atme tief und ohne Angst.«
- »Ich lasse los und werde vom Lebensfluß getragen.«
- »Ich gebe mich hin und werde aufgefangen.«
- »Ich lasse mich auf die Erfahrungen des Lebens ein.«
- »Ich überwinde meine Illusionen.«

Vor allem auch die Worte von CHRISTUS, passende Psalmensprüche sowie die kurzen Gedichte von ANGELUS SILESIUS eignen sich als FISCHE-Affirmationen, indem sie unseren Bezug zum göttlichen Urgrund in das Bewußtsein und das Gefühl zurückrufen. Weitere Affirmationen lassen sich aus dem Inhalt dieses Buches je nach Bedarf ableiten.

Dramatische Umsetzung, Rollenspiele, Übungen

Rollenspiele, Übungen oder dramatische Umsetzungen von FISCHE-Themen sind ebenfalls denkbar, obwohl die theatralisch-bewegte Ausdrucksweise (als LÖWE-Entsprechung) zum FISCHE-Prinzip im Spannungsverhältnis steht. Den Anstoß für eine bewegte Umsetzung kann ein Traum geben, der ein Problem mit dem FISCHE-Zeichen erkennen läßt. Wurde etwa in einem Traum ersichtlich, daß der Betreffende Angst hat, sich fallenzulassen, und diagnostizieren wir ein Problem mit Hingabe und Vertrauen, läßt sich daraus eine kleine Szene entwickeln. Dabei sind für die »dramaturgische« Ausgestaltung die spontanen Einfälle der Teilnehmer einzubeziehen. In diesem Falle könnte schon die kleine Übung, vor allen Anwesenden – die sich im Kreis aufstellen – von einem Tisch (in der Mitte des Kreises) herabzuspringen, interessante Erfahrungen vermitteln. Man neigt als Außenstehender leicht dazu, die Wirkung solcher äußerlich unscheinbaren Übungen auf die Psyche zu unterschätzen. Für jemanden, der gerade in diesem Bereich sensibilisiert ist, kann eine solche symbolische Handlung aber eine Ermutigung sein, in dieser Richtung weiterzuarbeiten.

Eine andere einfache wie hilfreiche Gruppenübung bei Problemen mit dem Loslassen ist der sogenannte »Vertrauenskreis«. Der »Kandidat« stellt sich in die Mitte des Kreises, den die übrigen Teilnehmer bilden. Er schließt die Augen, streckt den Körper kerzengerade, macht ihn steif und läßt sich nach hinten, vorne oder nach der Seite fallen. Die Füße bleiben dabei wie festgewurzelt am Boden »kleben«. Der Durchmesser des Kreises muß so groß sein, daß sich der Betreffende fallen lassen kann, aber klein genug, damit ihn die Gruppenmitglieder sicher auffangen und halten können. Sachte wird der Teilnehmer in der Mitte hin- und hergewiegt, das heißt, der Betreffende erhält einen Impuls in eine andere Richtung, in die er dann fällt. Diese Prozedur kann einige Male wiederholt werden, sollte aber weder zu kurz noch zu lang dauern.

Häufig ist es der Fall, daß auch andere Gruppenmitglieder Lust verspüren, diese Übung zu versuchen. Sie werden erfahren, daß es um so schöner ist, je mehr man sich darauf einlassen und loslassen kann. Es ist ganz natürlich, daß jeder eine gewisse »Anlaufzeit« braucht, bis die inneren beziehungsweise körperlichen Widerstände während der Übung aufgegeben werden. Allerdings muß die Gruppe für eine solche Aufgabe innerlich bereit sein. Je größer die innere Distanz oder das Mißtrauen der Teilnehmer untereinander sind, desto verkrampfter und schwieriger wird die Ausführung sein. Andererseits hat der »Vertrauenskreis«, wenn er zur richtigen Zeit und einfühlsam durchgeführt wird, positive, vertrauensfördernde Wirkung auf den Gruppenprozeß.

Eine verhältnismäßig einfach umzusetzende Übung zum FISCHE-Thema *Einheit* ist das gemeinsame Singen oder Summen von Tönen. Die Teilnehmer werden dabei erleben, daß es einige Zeit dauert, bis ein harmonisches Zusammenfließen der Töne erreicht ist. Je länger man diese Übung durchführt, desto mehr verschmelzen die Töne zu einem einheitlichen Klang und weben miteinander einen Klangteppich. Voraussetzung für das Gelingen ist die Bereitschaft der Teilnehmer, sich darauf einzulassen. Widerstände zeigen sich darin, daß die Mißtöne überwiegen und sich auch nach einer gewissen Anlaufzeit noch kein Einklang einstellt. Wahrscheinlich spiegelt dies die Spannungen und Uneinigkeiten innerhalb der Gruppe wider.

Wollen wir zu dem Thema »Sich-führen-Lassen« eine Übung durchführen, läßt sich das unproblematisch und ohne großen Aufwand umsetzen. In einem sogenannten »blinden Spaziergang« sind die Übenden jeweils paarweise zusammen. Ein Teilnehmer übernimmt die Rolle des »Blinden«, dem die Augen zugebunden werden. Der andere übernimmt die Führung. Nach einigen Minuten – die Dauer sollte vorher festgelegt werden – werden die Rollen getauscht. Die Mitwirkenden erfahren durch diese Übung, wie schwer oder leicht es ihnen gefallen ist, sich führen zu lassen beziehungsweise Vertrauen zu entwickeln.

Als effektive Praktik, den negativen Impulsen beziehungsweise zerstörerischen psychischen Kräften *Gestalt* zu verleihen und sich dadurch besser davon *abgrenzen* zu können, hat sich die *Dialogmethode* erwiesen. Diese von CARL GUSTAV JUNG geprägte Methode wird unter anderem auch in der *Gestalttherapie* angewandt. Solche Übungen bieten sich vor allem dann an, wenn eine zu große *Distanzlosigkeit* gegenüber bestimmten Menschen, Situationen oder Kräften besteht, also bei einem Übergewicht des Wasserelementes beziehungsweise der FISCHE-Seite. Indem wir Gedanken, Gefühle oder verinnerlichte Ansichten von Mitmenschen, mit denen wir uns in einer zu großen Identifikation befinden, als *Gegenüber* definieren, können wir nun damit in Kommunikation treten. Auf diese Art und Weise befreien wir uns von *Überfremdung* und stärken unsere Ich-Identität. So können wir etwa einem Angstgefühl, das uns völlig zu vereinnahmen droht, einen Platz auf einem Stuhl uns gegenüber zuweisen. Anschließend nehmen wir wechselweise die Seite unseres Ichs (unsere bewußten Einstellungen) und dieses Angstgefühles ein. Wir lassen beide Seiten zu Wort kommen und versuchen, die Angst zwar zu verstehen, ihr aber nicht die Dominanz zu überlassen.

Obwohl diese Beispiele zum eigenen Ausprobieren anregen sollen, ist bei der Durchführung von Rollenspielen und Übungen ein erfahrener Kursleiter oft unerläßlich. Denn mit der Seele der Mitmenschen dürfen wir nicht leichtfertig nach unserem Gutdünken verfahren und müssen uns die Frage stellen, ob wir in der Lage sind, das »Versuchskaninchen« notfalls auch aufzufangen!

Die Umsetzung in Geschichten, Gedichte, Märchen

Je nach Neigung und Bedürfnis kann es befreiend sein, die Phantasien oder Träume schreibend auszumalen, weiterzuspinnen und ihnen dadurch eine Ausdrucksmöglichkeit zu verleihen, die auf *physischer* Ebene (derzeit) nicht möglich ist. In einer Geschichte oder märchenhaften Handlung dürfen wir unserer Phantasie freien Lauf lassen und sie einsetzen, um unsere Probleme mit dem FISCHE-Prinzip zu meistern. Da die Seele auf unsere Phantasieprodukte ähnlich reagiert wie auf die Alltagswirklichkeit, haben wir im Schreiben eine Möglichkeit, innere Prozesse zu begleiten und zu unterstützen. Vor allem bieten sich unsere Träume dazu an, eigene Geschichten zu verfassen. Literarische Qualität ist dabei nebensächlich – die Hauptsache ist unsere innere Beteiligung an dem, was wir schreibend produzieren. Beispiele dazu findet der interessierte Leser in anderen Tierkreisbänden.

Naturerfahrungen und gesellschaftliche Rituale

Dazu gehört etwa ein Spaziergang im FISCHE-Monat durch die *auftauende* Natur, kurz *bevor* das neue Leben beziehungsweise die Sonnenkraft im Frühlingsbeginn ihren Durchbruch erfährt.

Ein intensives Erlebnis ist die *Ruhe vor dem Sturm*, wenn sich – innerlich spürbar – im *verborgenen* vorbereitet, was bald darauf in einem gewaltigen Ausbruch sichtbar wird.

Um den Kontakt zum inneren Wasserelement zu vertiefen, kann auf äußerer Ebene das Baden und Schwimmen unterstützend wirken. Vor allem im Meer oder in einem großen See, wo man das gegenüberliegende Ufer nicht sieht und das Gefühl von Grenzenlosigkeit hat, ist man dem FISCHE-Archetypen innerlich nah. Da aber – wie innen, so außen! – Menschen mit Problemen in bezug auf das Element Wasser auch das reale Wasser zunächst scheuen werden, ist ein langsames Vortasten, ohne sich zu überfordern und mit den nötigen

Absicherungen, anzuraten. Haben wir den Schritt in das kühle Naß gewagt, nehmen wir mit allen Poren die *Verbundenheit* mit dem Wasserelement wahr.

Fasten hat den Sinn, vorübergehend *Verzicht* zu leisten, etwas *loszulassen* (etwa physische Nahrung, Genußmittel, das Fernsehen), möglichst etwas, an das wir besonders gewöhnt sind. Durch das Fasten verlieren wir an Erdschwere, und es gelingt uns leichter, das Bewußtsein dem FISCHE-/NEPTUN-Bereich zuzuwenden. Wir erhalten so ein deutlicheres Gespür für die Welt jenseits der Erscheinungen und eine Ahnung von der Ewigkeit und Grenzenlosigkeit unseres Seins jenseits des Stofflichen.

Der Zeitpunkt des Fastens sollte jedoch gut gewählt sein und Körper wie Seele nicht aufgezwungen werden. Möglicherweise geben uns die Träume einen Hinweis darauf, wenn eine Fastenkur angebracht wäre, beziehungsweise sie fordern uns auf, ein unpassendes Fasten zu beenden. Im Zweifelsfall sollte ein Arzt zu Rate gezogen werden.

Abschiedsfeste sind gesellschaftliche Rituale, die einen offiziellen *Schlußpunkt* setzen und den Betreffenden das *Loslassen* erleichtern sollen.

Beerdigungen oder *Totenrituale* haben in diesem Sinne ebenfalls Bedeutung als Abschiedsrituale. Ein wesentliches Ritual des tibetanischen Buddhismus ist beispielsweise die Begleitung und Führung der verstorbenen Seelen durch lautes Vorlesen von Texten aus dem Totenbuch. Diese wichtige Aufgabe, die darin besteht, die Seele durch den Zwischenzustand (»Bardo«) zu führen, um eine möglichst gute Wiedergeburt oder sogar den Ausstieg aus dem Rad der Inkarnationen zu erlangen, fällt vor allem den Lamas (Meditationsmeistern) zu.

Die FISCHE-Themen als Bilder

Emotionen, Traum- und Phantasiebilder oder Horoskopkonstellationen zu malen, bringt diese Impulse näher an unser Bewußtsein heran. Indem wir eine innere Symbolgestalt durch ein Bild ausdrücken, reichern wir das Deutungsmaterial mit zusätzlichem Stoff an. Es ist eben nicht zufällig, wie wir die Striche setzen, welche Farben wir verwenden oder wie wir den Raum aufteilen. Alle diese Aspekte haben eine individuelle Bedeutung – das Unbewußte führt den Pinsel in weit größerem Maße, als wir glauben oder wahrhaben wollen. Und wenn wir uns dieser Führung anvertrauen, anstatt ängstlich alle »verräterischen« Elemente auszuschließen, können wir sehr viel über uns erfahren.

In bezug auf die FISCHE sind es vor allem Traum- und Phantasiebilder zu den FISCHE-Themen beziehungsweise zu Träumen im FISCHE-Monat; von der astrologischen Seite her bietet es sich an, die NEPTUN-Stellung im Horoskop im Bild darzustellen. Als Hilfestellung können die Aussagen in diesem Buch zur FISCHE-/NEPTUN-Energie genommen werden, in Kombination mit Hinweisen aus dem Band, der das Tierkreiszeichen beschreibt, in dem der »individuelle« NEPTUN steht. In unseren astroenergetischen Seminaren malen wir die geschauten Bilder und Gefühle zum Beispiel zu FISCHE-Musik und deuten die Bilder später vor dem Hintergrund dieses Zeichens. Wir konnten dabei feststellen, daß die individuelle Thematik in dem gemalten Bild ihren Ausdruck findet. In der Rückwirkung auf den »Maler« dringt ein selbstgefertigtes Bild meist tiefer und erreicht die Gefühlsebene eher als nur astrologisch-rationale Aussagen über eine Konstellation.

Die nachstehende Abbildung ist ein Beispiel dafür, wie das individuelle FISCHE-Thema in einem spontan gemalten Bild Gestalt annehmen kann. Es wurde von einem Teilnehmer während eines Seminars zum FISCHE-Vollmond (= SONNE in den FISCHEN, MOND im oppositionellen JUNGFRAU-Zeichen) nach einer Einstimmung auf die FISCHE-Energie angefertigt. Betrachten wir diese Darstellung vom Blickwinkel des FISCHE-Zeichens aus, erhalten wir Einblick in den individuellen Bezug des Teilnehmers zu diesem Archetypen. Was sagt nun dieses Bild über zentrale FISCHE-Themen wie Einheit, Loslassen, Glauben und Urvertrauen aus? Am linken Bildrand sehen wir einen Fisch aus dem Wasser springen. Es tritt etwas in die Sichtbarkeit, das vorher verborgen gewesen ist – ein Zeichen dafür, daß dem Betreffenden in diesem FISCHE-Monat etwas in diesem Zusammenhang bewußt wurde. Andererseits kann der Aufenthalt des Fisches außer-

halb seines Lebenselementes Wasser auch nur kurz und vorübergehend sein. Der Teilnehmer, der eine starke Betonung des Feuerelementes hat, neigt zu einer »Bewußtseinssucht« und sollte lernen, daß wir, wie auch C. G. JUNG feststellte, Tiefenbereiche in uns haben, die man nicht dem Licht des Bewußtseins aussetzen und besser unangetastet lassen sollte. Hier fangen Vertrauen und Glauben an, die auf einer inneren Erfahrung beruhen und nicht etwa auf Wissen.

Die Felsen im Wasser auf der rechten Bildseite muten an wie eine Kirche. Unbewußt hat der Verfasser des Bildes hier sein Glaubensthema eingezeichnet – unbewußt, weil im Wasser befindlich, scheint ihm der ganze Bereich überhaupt zu sein. Im Zusammenhang mit dem auftauchenden Fisch dürfen wir die Felsenkirche wohl als im »Auftauchen« begriffen deuten. Die Konturen sind noch verschwommen, wie das Bild, das unser Teilnehmer von Glauben und Vertrauen hat. Er neigt zu Sorgen und Grübeleien und war bislang alles andere als ein *gelassener* Zeitgenosse, der sich der Führung des Lebens anvertrauen konnte. Gerade hier ist aber Bewußtwerdung nötig, um von Ängsten und Verdrängungen loszulassen. In diesem Zusammenhang ist die auftauchende Felsenkirche wohl als positives Signal eines Bewußtwerdungsprozesses zu verstehen.

Die Steine im Meer erscheinen – vor dem Hintergrund des FISCHE-Zeichens – auch als »innere Versteinerungen«, die sich im Festhalten, in einer permanenten Anspannung und im Kontrollzwang ausdrücken. Sich dessen bewußt zu werden, ist eine Vorstufe, um es loslassen zu können. Handelt es sich doch bei den FISCHEN gerade darum, alle Vorstellungen, alle Hintertürchen loszulassen, ein Gespür für die innere Führung zu entwickeln und vertrauensvoll in die Erfahrungen des Lebens »einzutauchen«. Daß für den Betreffenden eine solche Phase bevorsteht, läßt der Sonnenuntergang auf dem Bild vermuten. Die Sonne als Symbol für die Bewußtseinskraft steht hier zwischen zwei Wolken und versinnbildlicht den trennenden Aspekt des Bewußtseins. Getrennt sind auch die beiden Fische, die ja gerade das FISCHE-Zeichen ausmachen. Im Bild ist nur einer zu sehen – ebenso ein Hinweis auf die Tendenz nach Trennung, Separation anstatt Verdingung, Einheit, Ganzheit. Daß der Fisch eine Ähnlichkeit mit einem Phallus hat, ist nicht zufällig. Beziehen wir das Thema Sexualität beziehungsweise Lebenskraft im allgemeinen (WIDDER) mit in die Deutung ein, dann ist gerade das ein Bereich, der für den Teilnehmer sehr ungreifbar und mit Illusionen behaftet ist. Astrologisch gesehen befindet sich sein WIDDER-Zeichen im FISCHE-Haus (zwölftes Haus).

6
Die Deutung der Träume im FISCHE-Monat

Die Interpretation der Träume und die Deutung von Orakeln sowie äußeren Geschehnissen hängen wesentlich vom gewählten Deutungshintergrund ab. Die Grundlage für ein zeitgemäßes Verstehen der nächtlichen Botschaften wurde durch die Traumdeutung von SIGMUND FREUD geschaffen und von seinem Schüler C. G. JUNG weiterentwickelt. Jungs Lehre, die mir kompetent und einfühlsam von der Traumtherapeutin HILDEGARD SCHWARZ vermittelt wurde, erlebte ich als eine Quelle der Inspiration, neue Zugänge zum Traumrätsel zu suchen. Einer dieser neuen Wege in das Innere der Traumbotschaft ist die Entdeckung, daß viele Traumbotschaften in die bildhafte Sprache der Sprichwörter und Redensarten eingekleidet sind. Gemeinsam mit HILDEGARD SCHWARZ zeige ich dies in unserem Werk *»Das Bilderbuch der Träume«* auf und erläutere es dort.

Diese Reihe der Tierkreisbände stellt als weiteres Novum einen bislang ungenutzten Lösungsweg zum Verständnis des Traumrätsel erstmals einem breiten Publikum vor: den Brückenschlag zwischen der JUNGschen Traumpsychologie und der Astrologie. Bei dieser *astroenergetischen Traumdeutung* nutzen wir das Wissen um die Qualität der Zeit und betrachten die Träume vor dem Hintergrund des Tierkreiszeichens, das die SONNE zum Zeitpunkt des Traumes gerade durchwandert hat – in diesem Falle also die FISCHE.

Zum besseren Verständnis dieser Vorgehensweise und der nachfolgenden Fallbeispiele empfehle ich dem Leser, sich durch die Lektüre der vorangegangenen Kapitel auf die FISCHE einzustimmen. Das dadurch entwickelte »Gespür« für diesen Archetypen ermöglicht es, die hier besprochenen Fallbeispiele und die eigenen Träume im FISCHE-Monat nachzuvollziehen und deren *zentrale* Botschaft zu erfassen. Eine ausführliche Erläuterung der *energetischen Astrologie* und der *astroenergetischen Traumdeutung* enthält das Einführungsbuch *»Die Rätsel des Lebens«*.

An dieser Stelle sei noch einmal darauf hingewiesen, daß auch die

Traumdeutungen mit der astroenergetischen Methode nicht auf die Einfälle des Träumenden und den Einbezug von dessen aktueller Lebenssituation verzichten können. Jeder Traum ist eine individuelle Schöpfung und als solche zu behandeln. Die astrologische Symbolik soll kein »Schubladendenken« fördern, sondern die Traumbotschaft mit zusätzlichem Material anreichern. Es wird dabei deutlich werden, wie die unterschiedliche Prägung der Träumenden (im Horoskop astrosymbolisch dargestellt) den Zugang und Bezug zum FISCHE-Archetypen bestimmt. Wir dürfen aber nicht übersehen, daß der individuelle Reifegrad der Seele entscheidend dafür ist, wie wir mit den verschiedenen Erfahrungen und Herausforderungen umgehen. Andererseits trägt die Auseinandersetzung mit den Lebensrätseln wesentlich zur seelischen Reifung bei.

Die nachfolgende Checkliste soll eine Orientierungshilfe sein, um den Bedeutungskern der Fallbeispiele und der eigenen Träume im FISCHE-Monat schneller zu erfassen. Diese allgemeinen Aussagen sind als Anregungen gedacht, das persönliche FISCHE-/NEPTUN-Thema herauszufinden; sie sind, auf den Einzelfall bezogen, gegebenenfalls zu modifizieren. Diese »Kerngedanken« zum FISCHE-Thema zeigen an, unter welchen Gesichtspunkten die Träume in dieser Zeit des Jahres *vorrangig* zu betrachten sind. *Welche* der genannten Aspekte in einem Traum besonders hervortreten und vor *welcher* Kulisse die Traumhandlungen stattfinden, hängt von den subjektiven Gegebenheiten des Träumenden ab.

Was uns die Träume zeigen

Träume im FISCHE-Monat

- ○ wollen uns helfen, Objekte, Menschen, Gewohnheiten, Vorstellungen, Ideale, Idole, die uns nicht (mehr) entsprechen, *loszulassen*;
- ○ sagen uns, was wir *loslassen* sollen, wo wir noch *Trauerarbeit* zu leisten haben;
- ○ lassen uns wissen, welche Vorhaben wir *fallenlassen* sollten, welche ins »Wasser fallen« oder zu fallen drohen beziehungsweise wo wir einen *Verlust* oder eine *Niederlage* erleiden, wenn wir nichts ändern;
- ○ zeigen auf, was wir *begraben* und *beerdigen* sollten;
- ○ machen uns bewußt, welche inneren oder äußeren Strukturen der-

zeit in unserem Leben in einer *Auflösung* begriffen sind beziehungsweise sich *auflösen* müssen, um Platz für Neues zu schaffen;
- ○ sagen uns, welche inneren oder äußeren Verhärtungen im *Auftauen* begriffen sind beziehungsweise dringend *auftauen* müssen;
- ○ spiegeln wider, ob wir uns auf unsere Gefühle, Mitmenschen, Lebensbereiche, Situationen *einlassen* können, und zeigen auf, worauf wir uns mehr einlassen sollten;
- ○ machen deutlich, welche Lebensrätsel wir derzeit (oder als Lebensaufgabe) zu *lösen* haben und wie nah oder fern wir deren *Auflösung* beziehungsweise *Erlösung* sind;
- ○ wollen zu *Lösungen* unserer Aufgaben und Rätsel hinführen;
- ○ spiegeln wider, wenn sich ein Lebenszyklus oder eine Lebensphase ihrem *Ende* nähert und was wir dabei *empfinden*;
- ○ holen vergangene *Verlusterlebnisse* (*Auflösungserlebnisse*) aus der Versenkung, wenn diese in einem Zusammenhang zu unserer gegenwärtigen Lebenslage stehen;
- ○ zeigen uns, was wir *verlieren*, *aufgeben*, *loslassen*, *hingeben* beziehungsweise *opfern* müssen (um etwas Wesentlicheres zu erhalten oder als »Test«, ob wir es *wirklich* benötigen, ob es uns wirklich gehörte – wenn es »von selbst zu uns zurückkehrt«);
- ○ sind Abbild unseres *Vertrauens* in »den Gang der Dinge« und wollen uns helfen, zu einem *Urvertrauen* zurückzufinden;
- ○ lassen uns bewußt werden, wem wir unser *Vertrauen* schenken und ob es sich dabei um *vertrauenswürdige* »Objekte« handelt;
- ○ lenken unser Bewußtsein in *grenzenlose* Bereiche unseres Seins, um eine Verbindung zu unserem *Innersten* herzustellen;
- ○ zeigen uns, daß wir *innerlich* geführt werden, wenn wir es *zulassen;*
- ○ lassen uns aber auch wissen, wenn wir *Abgrenzungsprobleme* haben, zu »*dünnwandig*« sind und *überfremdet* werden;
- ○ weisen darauf hin, wo wir *durchlässiger* sein sollten, anstatt Gefühle oder andere Regungen festzuhalten;
- ○ spiegeln den Grad unseres *Einfühlungsvermögens* und *Mitgefühls* wider, ob wir zu *uneinfühlsam* oder aber zu *empfindlich* sind;
- ○ zeigen, ob wir uns gewaltsam an einer *Einheit* festklammern beziehungsweise zu *symbiotischem* Beziehungsverhalten neigen;
- ○ zeigen, wie es um die *Einheit* unserer inneren oder äußeren Familie bestellt ist und in welchen Bereichen wir die Einheit nicht aus den Augen verlieren dürfen;

- machen uns bewußt, ob und wo wir zu *Selbsttäuschungen* neigen beziehungsweise ob wir von anderen *getäuscht* werden oder andere *betrügen*;
- warnen uns davor, wenn wir uns auf »*schwammiges Terrain*« begeben;
- bringen uns nahe, wo wir *absichtsloser* handeln sollten;
- wollen uns bewußtmachen, »wes Geistes Kind wir sind«, das heißt für welche geistige Ebene wir gleichsam *Medium* sind; ob wir uns durch »niedere Geister« oder »lichte Kräfte« *beeinflussen* lassen.

Träume im FISCHE-Monat gehen häufig besonders *nahe* und haben eine besonders *tiefe Wirkung* auf uns – wenn wir das *zulassen*. Sie fordern uns auf, einschränkende Lebensmuster, Gewohnheiten, unpassende Beziehungen und dergleichen *loszulassen*. Es sind Träume, in denen wir nach *Lösungen* suchen, uns nach unserem Weg, nach uns selbst auf die Suche begeben. Sie drücken unser Bedürfnis nach *Einheit* und Dazugehören ebenso aus wie unsere Angst vor einem *Verschmelzen* mit dem Du und dem damit verbundenen Verlust unserer Individualität. Wir werden in diesem Traummonat insbesondere mit unseren *Illusionen* konfrontiert, die uns vor allem über die Lebensbereiche der »Häuser« unseres FISCHE-Zeichens und des NEPTUN begegnen. Träume und Horoskop (hier vor allem das SONNEN-Zeichen, der Aszendent und unsere NEPTUN-Position) sagen uns, wie wir die Themen des FISCHE-Monats aufnehmen, damit umgehen und ob eine Integration oder Abwehr dieser Erfahrungen erfolgen soll.
Alle Namen der nun folgenden Beispiele sind – wie vorher auch schon – zur Wahrung der Anonymität geändert.

Fallbeispiele

Traum vom 19.2.94: Abschied
»Ich suche mir einen Platz im Garten aus, um dort zu übernachten. In einem Raum sind mehrere Männer zwischen fünfzig und sechzig Jahren, zum Teil in dunklen Anzügen. Herbert und Anton, meine zwei

beruflichen Vorbilder, sind auch unter ihnen. Ich begrüße Anton, rede ihn anfangs versehentlich mit ›Herbert‹ an, korrigiere mich aber dann. Ich unterhalte mich mit Anton über meine Arbeit, die ich ihn gebeten habe durchzusehen. Er hat meine Unterlagen mitgebracht und gibt sie mir bei der Gelegenheit zurück. Ich bin zunächst nicht sicher, ob er sie schon durchgearbeitet hat oder, wenn ja, nichts davon hält. Ich spreche kurz mit ihm darüber; ich glaube, daß er doch mit meiner Arbeit einverstanden ist. Später, als sich die Versammlung auflöst, frage ich Anton, ob wir uns nicht noch etwas zusammensetzen, um miteinander zu reden, vor allem auch über meine Arbeit. Aber er hat es ziemlich eilig, meint, daß er zu den Kindern nach Hause wolle. Seine Frau begleitet ihn. Ich frage sie, ob ich einmal bei ihnen vorbeikommen dürfe, wenn ich in der Gegend sei, was sie bejaht. Dann sind beide in einer Unterführung verschwunden.

Ich stehe jetzt im Bahnhof der Stadt meiner Kindheit. In der Hand halte ich meinen alten tragbaren Fernseher, den mir Anton beim Abschied mitgab. Ich suche auf dem Fahrplan nach einem Zug oder Bus in meinen derzeitigen Wohnort. Doch da heute Sonntag ist, kann ich keinen finden und überlege, mit dem Taxi zu meinen Eltern zu fahren. Ich lerne eine attraktive junge Frau kennen, die ich dazu einlade, sich mit mir das Taxi ein Stück zu teilen und mitzufahren; sie stimmt zu. Bevor wir fahren, muß ich aber erst noch telefonieren. Ich bitte sie, kurz zu warten. Dann – Szenenwechsel – befinde ich mich irgendwo in einer Hügellandschaft, anscheinend auf einem Parkplatz nahe der Autobahn. Ich rutsche den Hügel hinunter, unterhalte mich mit einem Mann, der Name der Stadt, in der Herbert wohnt, fällt; anscheinend liegt sie gleich hier in der Nähe. Dann muß ich an die junge Frau denken, die sicher noch am Bahnhof auf mich wartet.«

Deutung: Der Erzähler ist vom SCHÜTZE-Archetypen, unter dessen »Stern« er geboren ist, geprägt. Als solcher identifiziert er sich um so mehr mit *Idealen* beziehungsweise Idolen. Herbert und Anton sind zwei solche beruflichen Vorbilder für ihn. Sie könnten vom Alter her seine Väter sein und sind für ihn positive Vaterfiguren. Sie haben es in dem Beruf, in dem auch der Erzähler arbeitet, schon weit gebracht und viel Anerkennung dafür erhalten. Er eifert ihnen nach und hält große Stücke auf ihre Meinung zu seiner Arbeit. Vor einiger

Zeit bat er Anton, sich seiner neuesten Ideen anzunehmen, diese durchzuarbeiten und seine Meinung darüber zu äußern. Er fiebert schon der Antwort seines Vorbildes entgegen und erhofft sich natürlich Anerkennung und Lob.

Dieser Traum im FISCHE-Monat konfrontiert ihn mit der Notwendigkeit, seine Vorbilder rechtzeitig *loslassen* zu können. Schließlich ist es nicht seine Aufgabe, ihrem Weg nachzufolgen, sondern seinen eigenen Weg zu entdecken. Jeder individuelle Weg ist ein *neuer Weg* (= WIDDER), der aber nur entdeckt und beschritten werden kann, wenn wir die – vorübergehend durchaus notwendige – Wegweiserfunktion unserer Vorbilder und Idole loslassen können. So *verabschiedet* sich Anton von seinem Mitarbeiter und *verschwindet* im Traum gleichsam »in der *Versenkung*« (einer Unterführung), nachdem er ihm seine Unterlagen und seinen alten Fernseher zurückgegeben hat. Auch in der Realität hat Anton die Unterlagen durchgesehen und dadurch aufgewertet. Damit nun der Träumende – nennen wir ihn Karl – nicht dem Irrtum verfällt und sich zu sehr mit seinem Idol und dessen Weg identifiziert, lassen ihn die FISCHE die Notwendigkeit des *Abschiednehmens* erkennen. Daß er dabei eine gewisse *Traurigkeit* empfindet, ist natürlich und gehört zu jeder Art von *Loslassen.* Um frei zu werden, muß er vor allem alte Sichtweisen (die in dem alten Fernseher stecken) – zum Beispiel seine Art, andere Menschen und deren Tätigkeiten zu idealisieren – loslassen.

Der Bahnhof weist auf eine Veränderungssituation hin, die von Kindheitsvorstellungen beziehungsweise kindlichen Idealen (Stadt der Kindheit) wegführt und ihn dorthin bringen soll, wo er jetzt steht (zum jetzigen Wohnort). Die junge Frau, die er dabei mitnehmen will, verkörpert die weibliche Seite, die er auf seinem geistigen Höhenflug und durch sein berufliches Karrieredenken vorübergehend aus den Augen verloren hat. Die Nähe des Hügels zur Heimatstadt des anderen Vorbildes (Herbert) zeigt noch einmal, wie sehr Karls »Verstiegenheit« durch die zu starke Orientierung an seinen Leitbildern zustande kam. Doch wie der Traum zeigt, kann er sich *fallenlassen*, rutscht vom Hügel hinunter und begibt sich wieder auf den Boden seiner inneren Lebenswirklichkeit. Auch real war für ihn die Erkenntnis, daß er nicht zwangsläufig so erfolgreich sein muß wie seine Vorbilder, eine große Erleichterung – vor allem auch deshalb, weil ihm bewußt wurde, daß er sich Zeit dafür lassen durfte, den eigenen Weg zu entdecken und zu beschreiten. Das *Heruntergleiten* vom Traumhügel ist in diesem Sinne eine Aufforderung, sich *fallen zu lassen*, den Karrieredruck *aufzugeben* und sich dadurch wieder der Anima beziehungsweise der weiblichen Seite zuzuwenden. Diese hat er auf seiner Exkursion im Bahnhof vergessen.

Welchen Wert hat eine Karriere, wenn dabei die Gefühlsseite, die seelische Natur, verlorengeht? Unsere Zeit kennt genügend Negativbeispiele, wie sich die Überbetonung der männlichen Seite auswirkt, zum Beispiel in der massiven Zerstörung unserer natürlichen Lebensgrundlagen. Damit Karl nicht auch in diesen verhängnisvollen Strudel gerät, tut er gut daran, zu der jungen Frau im Bahnhof zurückzukehren und mit ihr den weiteren Lebensweg zu beschreiten. Er darf gespannt sein, welche neuen, unerwarteten Perspektiven sich dann in seinem Leben öffnen und vor allem, um wieviel *tiefer* sich das Leben dann gestalten wird. Und er wird sich freier fühlen, wie wir dem Anfangsbild, der Übernachtung im Freien, entnehmen.

Traum im FISCHE-Monat: Der Zug ist abgefahren
»Ich befinde mich mit meiner Tochter auf dem Rücksitz des Autos meines Bekannten Fred, als ich draußen Rainer vorbeilaufen sehe. Ich wende mich ab, will nichts mit ihm zu tun haben, doch meine Tochter steigt aus, um ihm etwas zu geben. Dann fahren wir los. Nach kurzer Wegstrecke bereue ich meine Ignoranz Rainer gegenüber und bitte Fred zurückzufahren. Doch als ich zurückblicke, fährt gerade ein Zug zwischen unserem Auto und Rainer durch, so daß ich ihn aus den Augen verliere, und als der Zug durch ist, ist auch Rainer weg.«

Das FISCHE-Thema lautet: *Loslassen*, *Beendigung* der Beziehung zu Rainer, Auflösung der *Beziehungsillusionen.*

Die Erzählerin hatte am Vortag dieses Traumes die Beziehung zu Rainer *gelöst.* Danach plagten sie einige Zweifel, ob die Entscheidung richtig gewesen sei oder vielleicht zu voreilig. Der Traum zeigt ihre Unsicherheit. Sie will das »Rad noch einmal zurückdrehen«, will zurückfahren, um Rainer zu treffen. Doch es kommt nicht dazu, wie die weitere Traumhandlung klar aufzeigt. Ein vorbeifahrender Zug ist im Wege, und wir können mit dieser Traumbotschaft sagen, daß »dieser Zug für sie *abgefahren* ist«. Dieser FISCHE-Hinweis läßt keinen Zweifel daran, daß die Beziehung tatsächlich zu *Ende* ist. Einige Tage später, als die Träumende noch ein klärendes Gespräch mit Rainer hatte, verdeutlichte er ihr, daß für ihn definitiv *Schluß* sei. Die Tochter der Erzählerin gibt dem Exfreund ihrer Mutter im Traum etwas zurück. Auch hier läßt sich vermuten, daß in dieser Rückgabe der Wunsch nach einem *Abschluß* steht. Da es die Tochter ist, waren es vermutlich kindliche Vorstellungen und Wünsche, das heißt *Beziehungsillusionen*, *Projektionen*, die zurückgenommen werden, weil ihre Hoffnungen enttäuscht wurden. Daß sie außerdem im Auto ihres Bekannten Fred sitzt, unterstreicht die Abwendung von Rainer.

Traum vom 15.3.93: Das Heft aus der Hand geben

»Ich fahre in der Straßenbahn, als mich plötzlich ein unbekannter Mann auffordert, ein Schulheft, das ich in der Hand halte, wegzuwerfen. Erst bin ich verwundert und will es behalten, doch er meint erneut, daß ich es doch wegwerfen solle. Schließlich komme ich seinem Wunsch nach und werfe das Heft weg, als plötzlich durch die Verbindungstür der Straßenbahnwagen mein Chef zu mir herkommt und vor mir steht. Ich habe ein furchtbar schlechtes Gewissen, weil ich das Heft weggeworfen habe, bin sehr nervös, als ich ihm stotternd versuche, dies zu erklären und mich zu entschuldigen. Ich bin ganz verwundert, daß er gelassen bleibt und mir mit einer Geste bedeutet, daß es schon in Ordnung sei, was ich getan habe.

Dann ist Szenenwechsel: Ich bin jetzt in einem Labor, in dem sich vier oder fünf Kinder im Alter von etwa sieben bis zehn Jahren befinden. Zwei Kinder scheinen sich an Gefäßen mit Gift vergriffen und vergiftet zu haben, und ich befürchte, daß ich daran schuld bin, wegen des weggeworfenen Heftes im vorangegangenen Traumteil. Anscheinend standen irgendwelche Anweisungen oder Richtlinien darin. Dann bin ich aber gar nicht ängstlich, sondern habe ein gutes Gefühl, bin selbstsicher und denke, daß ich die Kinder schon wieder gesund bekommen werde. Ich bin ihretwegen zwar besorgt, fühle mich innerlich aber gut und stabil. Ein Kind, das mir besonders am Herzen liegt und von dem ich den Eindruck habe, daß es ich selbst als Kind sein könnte, hat Durchfall und sieht ganz blaß aus. Ich kümmere mich besonders um sein Wohlergehen. Dann sehe ich die kranken Kinder in einer Art Karussell, vielmehr stehen sie in einer Glaskuppel, die das Karussell umgibt. Es dreht sich langsam, um – so habe ich den Eindruck – mir die Kinder vorzuführen. Es scheint ihnen darin nicht schlechtzugehen. Die Kuppel ist mit Glastüren versehen, die man öffnen kann, um zu den Kindern zu gelangen. Ich wache mit einem guten Gefühl auf.«

Als FISCHE-Thema zeigt sich hier: *Loslassen* von Kontrollzwang, lernen, »das Heft« (wenn nötig) »aus der Hand zu geben«, die Kontrolle aufzugeben und dadurch die seelische *Vergiftung* zu heilen.

Die Träumerin – nehmen wir an, sie hieß Doris – hat als älteste von mehreren Geschwistern früh lernen müssen, Verantwortung zu übernehmen. Diese Bürde lastete jedoch schwer auf ihren kindlichen Schultern, und strafende Reaktionen ihrer Eltern, die mit Schlägen aufwarteten, wenn sie ihre Aufgaben den kleineren Geschwistern gegenüber nicht ordnungsgemäß erfüllte, verstärkten die Angst und den inneren Druck, nur nichts falsch zu machen, immer alles unter Kontrolle zu haben, gut aufzupassen. Und nie durfte sie ihre Wut zeigen, sondern mußte ihre seelische Not »hinunterschlucken«. Dermaßen erzogen, Emotionen und Gefühle zu unterdrücken, fällt es ihr auch in ihrem Erwachsenendasein schwer, *loszulassen*, sich *fallenzulassen*, Gefühle *zuzulassen*, sich auf das Leben *einzulassen*. Statt dessen lauert immer die Angst vor Kontrollverlust. Die FISCHE-Seite blieb unentwickelt.

Dieser Traum stellt einen Wendepunkt dar, in dem Doris es schafft, »das Heft aus der Hand zu geben«, wie wir sprichwörtlich sagen, wenn wir die Kontrolle aufzugeben bereit sind. Sie *wirft* das Schulheft *weg*, in dem sicherlich viele der Normen, Werte und Lebensregeln ihrer Kindheit verzeichnet sind, die ihr Leben so beschwerlich gestalteten. Der unbekannte Mann im Traum, eine Animus-Figur, will ihr helfen, zu mehr innerer Autonomie zu gelangen. Schließlich befolgt sie seinen Rat, zunächst um den Preis von schlimmen Schuldgefühlen und Ängsten. Prompt erscheint auch eine Autoritätsfigur, ihr Chef, den sie jedoch völlig falsch einschätzt, denn er ist unerwarteterweise mit ihrer Handlung einverstanden. Selbst die innere Obrigkeit hat also nichts dagegen einzuwenden, daß sie etwas *weggeworfen* hat, das ihr anscheinend nicht mehr entspricht, das sie nicht mehr nötig hat, das sie nur behindert.

Dann erfolgt ein Szenenwechsel, und es tauchen plötzlich erneut Ängste, Zweifel und Schuldgefühle auf. Diesmal glaubt Doris, durch ihr Verhalten an der *Vergiftung* von Kindern schuld zu sein. Durch das

Loslassen im ersten Traumteil wurde eine Verdrängung *aufgelöst*, und die angstbesetzten, verdrängten Gefühle gelangen nun in ihr Bewußtsein. Ähnlich mag es ihr während der Kinderjahre ergangen sein, als sie sich, völlig überfordert, für die kleinen Geschwister verantwortlich fühlte.

Doch dauert die Verzweiflung im Traum nicht an, sondern weicht einer Zuversicht und Selbstsicherheit, einer positiven Sorge um das Wohl der Kinder, die sich als ihre inneren Kinder herausstellen. Schließlich glaubt sie sich in einem Kind selbst zu erkennen. Der Druck, der auf ihrer Seele lastete, hat die kindlichen Anteile in ihr *vergiftet*. Damit ist vor allem die spielerische, lustbetonte Seite gemeint, welche die kindliche Seele in einem gewissen Rahmen (den wir »Erziehung« nennen) ausleben können muß.

Weil sie sich um die Kinder kümmert und ein gutes Gefühl dabei bewahrt, bestärkt dies die Deutung, daß es richtig war, das Schulheft im ersten Traumabschnitt wegzuwerfen. Schließlich ist es für die Erklärung eines Traumes wesentlich, mit welchen Gefühlen man erwacht. Für Doris ist dieser Traum eine Bestärkung und Ermutigung, den Weg fortzusetzen, den sie eingeschlagen hat, anhand der Träume zu lernen, das *Vertrauen* ins Leben und ihre natürlichen Impulse zurückzugewinnen, mitzufließen, Gefühle zuzulassen, anstatt im Kontrollzwang zu erstarren.

Die Glaskuppel schließlich weist darauf hin, daß ihr das Problem, mit dem sie sich »im Kreis drehte« (Karussell) nun *durchsichtig*, *transparent* geworden ist. Es zeigt die Abgeschlossenheit beziehungsweise Abgespaltenheit der kindlichen Wesensteile in der Kuppel, die jedoch durch die Entdeckung der Türen jetzt wieder freigelassen werden können.

Traum im FISCHE-Monat 1993: Fischgeburt
»Ich befinde mich auf der Toilette und habe dort eine Geburt. Es ist ein Fisch, den ich dort zur Welt bringe. Es ekelt mich.«

Die Träumerin, eine ältere Frau, hatte vor diesem Geburtstraum bereits mehrere Schwangerschaftsträume. Wie die Gefühle des Ekels zeigen, hat ihr dieser jedoch nicht behagt. Da es ihr schwerfällt, Gefühle *zuzulassen*, und Angst vor den Reaktionen und den »Bewohnern des Unbewußten« hat, ekelt ihr vor etwas, das ihr doch Anlaß zur Freude sein sollte.

Der Fisch gehört als Wassertier dem Bereich des Unbewußten an und symbolisiert eine seelische beziehungsweise gefühlshafte Regung. Der Ort, in dem seine Geburt stattgefunden hat, ist eine Toilette, also ein Platz des *Loslassens*. Diese Geburt ist zustande gekommen, weil die Betroffene anscheinend, ohne es zu wissen oder zu wollen, einen inneren Druck *losgelassen* hat. Sie wird wohl noch Zeit brauchen, um sich mit den Wassertieren anzufreunden; jedenfalls ist eines von ihnen schon in den Bereich der Sichtbarkeit, des Bewußtseins gedrungen.

Zur weiteren Bearbeitung dieses Themas würde sich eine Imagination zu dem Fisch anbieten. Die Träumende könnte in ihrer Phantasie den Traum weiterspinnen – vielleicht ist der Fisch ein »verwunschener Prinz«, der auf Erlösung wartet?!

Traum vom 8.3.93 (zum Vollmond): Die Ohrfeige
»Ich begegne meinen Freunden M. und K. Ich finde sie sehr arrogant, und ihre Besserwisserei stört mich außerordentlich. Das sage ich ihnen auch. Daraufhin gibt K. mir unvermittelt eine Ohrfeige.«

Der Traum hat Bezug zum FISCHE-Thema *Illusionen loslassen.*

Die beiden Freunde hatten für die Erzählerin früher einmal die Funktion einer Art Ersatzeltern, so sehr idealisierte sie diese Menschen. Da sie in der Realität kaum noch Kontakt zu M. und K. hat, sind die Freunde auf der Subjektstufe als verinnerlichte Elternbilder zu verstehen. Die Auseinandersetzung der Seminarteilnehmerin mit ihnen ist Teil des *Ablösungsprozesses* von kindlich-elterlicher Prägung. Die Träumende fühlt sich in die beiden Traumfiguren ein und erinnert sich an frühere Zeiten. Sie erkennt, daß es sich um verinnerlichte Wesenszüge handelt, um übernommene Werte, Normen und Idealvorstellungen, die ein Eigenleben führen und ständig an ihr herumnörgeln, immer alles besser wissen. Lange hat sie sich mit diesen überkritischen Ansprüchen identifiziert, was ihr die Selbstwerdung und Individuation erschwerte. Ihre überzogenen Ideale in der einstmals überidealisierten Beziehung zu K. und M. finden in diesem Traum Ausdruck. Die unverhoffte Ohrfeige, die sie erhält, soll sie aus ihrem »Dornröschenschlaf« aufwecken, damit sie *Illusionen* und *Selbsttäuschungen* erkennt und loslassen kann.

Traum im FISCHE-Monat: Die verworrene Suche

»Das Telefon klingelt. Meine Freundin ruft mich wegen der Matheaufgaben an, die sie nicht versteht. Ich soll ihr helfen, doch ich versuche sie zu überreden, die Aufgaben selbst zu lösen. Das lehnt sie jedoch ab, und ich soll ihr die Lösungen vorbeibringen. Ich fahre daraufhin mit dem Fahrrad los zu ihr, um ihr die Aufgaben zu bringen, vergesse es jedoch und komme in der Uni an, an der ich studiere. Ich befinde mich dann in der Mensa, die jedoch wie ein Unterrichtsraum aussieht. Es ist kein Bekannter hier, die wenigen Studenten, die ich sehe, sind mir abgewandt. Ich empfinde die Stimmung als abweisend. Dann sehe ich eine ehemalige Mitschülerin aus der Kollegstufe des Gymnasiums. Da ich sie nie sympathisch fand, bin ich froh, daß sie mich nicht wahrnimmt. Danach erkenne ich ebenfalls zwei Lehrer aus meiner Schulzeit, die jedoch mich nicht sehen. Dann fällt mir wieder ein, daß ich ja meiner Freundin die Matheaufgaben bringen wollte. Ich fahre mit dem Fahrrad los, der Weg ist sehr lehmig. Zwei Vietnamesinnen in meinem Alter überholen mich mit ihren Rädern, obwohl sie sehr langsam fahren. Das ärgert mich, und ich versuche, sie zu überholen. Es gelingt mir jedoch nicht, statt dessen falle ich fast vom Fahrrad, da ich auf dem Lehmboden ins Rutschen komme. Dann bemerke ich, daß ich auf dem falschen Weg bin, da ich ja zur Freundin wollte und die Vietnamesinnen in eine andere Richtung fahren. Ich fahre wieder zurück, da begegnen mir plötzlich meine Eltern, die mit dem Auto hergekommen sind, um mich zu suchen. Mein Vater läßt meine Mutter, die wenig Fahrpraxis hat, auch ans Steuer, damit sie hier auf der Wiese fahren kann. Beim Rückwärtsfahren überfährt sie mich fast; ich kann gerade noch ausweichen.«

Als FISCHE-Thema stellt sich: Problem*lösungen* finden, *Ablösung* vom Elternhaus, von der Schulzeit, von alten Vorstellungen und Gewohnheiten, um den eigenen Weg zu finden.

Die junge Frau, die dies träumte, fühlt sich in ihrer neuen Rolle als Studentin im ersten Semester nicht wohl. Im Gegensatz zu den meisten anderen Kommilitonen hat sie noch kaum Anschluß gefunden, fühlt sich zuwenig beachtet und nicht richtig verstanden. Ihre Gefühle des Unglücklichseins darüber rationalisiert sie, findet Begründungen dafür, warum das eben so sei, und verhinderte dadurch bisher die *Lösung* des emotionalen Problems.

Von *Lösungen* handelt auch ihr Traum. Hier sind es zunächst die Lösungen der Matheaufgaben, welche die Freundin verlangt. Übersetzt sind damit die *Rätsel* gemeint, die ihr die Lebenssituation aufgeben. Sie befindet sich in einem Alter, in dem die *Ablösung* vom Elternhaus und von elterlichen Wertvorstellungen immer dringlicher wird. Es ist wichtig für sie, den eigenen Weg zu finden, die eigene Wesensart zu entfalten und die übernommenen und zur Gewohnheit gewordenen Verhaltensmuster, die dem Wesen und der Zeit nicht mehr gerecht werden, *aufzulösen*.

Der Traum zeigt sie auf der *Suche*. Sie *irrt* herum, kommt mehrmals vom Weg ab, muß sich immer wieder neu orientieren, kommt auf Wege, die nicht leicht zu befahren sind. Schlamm und Lehm erscheinen als Symbole der schwierigen Suche nach dem richtigen Weg, wobei man leicht ins Schleudern geraten kann. Die Frage ist, was sich uns bei unserer Suche als Orientierung bietet. Als die beiden Vietnamesinnen dahergeradelt kommen und unsere Träumerin mühelos, ohne Anstrengung überholen, wird diese wütend. Ihr Überholmanöver mißlingt, und sie hat Schwierigkeiten, das Gleichgewicht zu halten, stürzt fast vom Rad – so ist das natürlich nicht mit dem »Sich-fallen-Lassen« gemeint!

Im Gespräch über den Traum berichtet sie von Ungeduld, von Streß und Druck, die sie blockieren, statt weiterzuhelfen. Der Traum will ihr zeigen, wie sie im Studium beziehungsweise im Leben besser und leichter vorankommt. Sie soll sich ein Beispiel an den Vietnamesinnen nehmen, die mit *Gelassenheit* und *Kontinuität*, langsam, aber stetig, ihren Weg verfolgen. Im Bild der Asiatinnen wird ihr nahegelegt, sich die fernöstliche *Gelassenheit* zumindest ein Stück weit zum Vorbild zu nehmen.

Als dann noch die Eltern im Traum auftreten, wird die Wurzel ihres inneren Konfliktes offenbar. Die Eltern suchen nach ihr, lassen sie nicht los, verhindern, daß die Tochter eigene Erfahrungen machen kann. Das müssen nicht unbedingt die »äußeren« Eltern sein, denn die verinnerlichten Vater- und Mutterkomplexe kontrollieren unser Ich häufiger, als uns das bewußt und lieb ist. Tanzen wir »aus der Reihe« der elterlichen Wertvorstellungen, überkommen uns meist Schuldgefühle.

Die junge Studentin muß sich vorsehen, von der Mutter nicht überfahren zu werden, und kann gerade noch ausweichen. Bezeichnend dabei ist das Rückwärtsfahren der Mutter, das fast zu einem Unfall führt. Möglicherweise fühlt sich die Mutter selbst in die eigene Jugend zurückversetzt, und ihre damaligen Ängste, Vorstellungen und Erwartungen drohen die Tochter zu überrollen. Vermutlich stehen diese Wertvorstellungen mit übersteigerter Hilfsbereitschaft, Minderwertigkeitsgefühlen und der Schwierigkeit, sich den Mitmenschen frei zu nähern, im Zusammenhang; Problemen, die aus dem Traum ersichtlich werden.

Doch was unternimmt die Tochter, um das Eis zu brechen? Auch in der Realität befindet sie sich in einer Abwarteposition, anstatt auf die anderen zuzugehen, wenn sie Kontakt und Gesellschaft wünscht. Möglicherweise ist sie zu kritisch, sonst würde sie die Mitschülerin, die ihr im Traum als einzige Bekannte erschien, doch erfreut begrüßt haben. Auch zu den Lehrern, die sie im Traum ebenfalls erkannt hat, wünschte sie sich zu Schulzeiten mehr Kontakt, das gelang ihr aber nicht.

Die überzogene Hilfsbereitschaft, das heißt die Unfähigkeit, nein zu sagen, verwickelt sie schließlich in diese verworrene Suche, einem ruhelosen und unsicheren Hin und Her.

Es wird hier die Suche eines jungen Menschen geschildert, der durch Versuch und Irrtum, durch Ausprobieren seinen Weg finden muß. Neue Wege lassen sich jedoch erst dann beschreiten, wenn alte aufgegeben werden. In diesem *Ablösungsprozeß* steckt die junge Frau. Die Aufgaben, die sie zu *lösen* hat, kann nur *sie selbst lösen*. Der Freundin, die einen bequemen Wesenszug der Träumenden verkörpert, erweist sie keinen Gefallen, wenn sie ihr die fertigen Lösungen präsentiert. Denn es ist die eigentliche Aufgabe jedes Menschen, sein individuelles *Lebensrätsel* zu *entschlüsseln*, sich auf den Weg zu begeben, zu *suchen*.

Daß die junge Frau mit dem Fahrrad, also mit eigener Kraft unterwegs ist, sich auch von Umwegen nicht beirren läßt, immer wieder umkehrt, weitersucht, ist als positives Signal der Traumseele zu werten. Ihr wird dadurch gezeigt, welcher Elan, welche Kraft und letztlich auch welche Ausdauer in ihr schlummern.

Traum im FISCHE-Monat: Vor dem Auftritt

»Ich befinde mich in einem Vorraum zu einem großen Saal, hinter der Bühne sozusagen. Dort sind viele Frauen, die auf ihren Tanzauftritt warten. Sie sind in eine schwarz-weiße Tanztracht mit flatternden

Bändchen gekleidet und sehr hektisch und aufgeregt. Ich beobachte sie, stehe dabei an der Wand und überlege mir, wie diese korpulenten Frauen wohl tanzen werden. Es wird gelacht, und ich lache mit. Eine der Frauen guckt mich daraufhin an, bekommt große Zähne, wie Frau Holle im Märchen, und fragt mich drohend, warum ich sie auslache. Ich verneine, fühle mich mißverstanden, sage, daß ich sie doch gar nicht auslachen würde. Doch sie glaubt mir nicht, und alle stürzen sich jetzt auf mich, ich habe Angst, verschlungen zu werden. Sie nehmen meine Beteuerungen, daß ich doch niemanden ausgelacht habe, nicht ernst. Beim Aufwachen erinnere ich mich, diese Art ungerechtfertigter Vorwürfe doch zu kennen.«

Die FISCHE-Themen sind: Schwierigkeiten, sich *einzulassen*, der Wunsch *dazuzugehören*, die Suche nach *Lösungen*.

Die Erzählerin befindet sich, wie sie sagt, »hinter den Kulissen«; das Traumgeschehen findet also nicht im Hauptraum statt, wo man sieht und gesehen wird, sondern dahinter, in einem Raum, in dem sich außer den Akteuren niemand aufhält. Sie hat eine Beobachterrolle inne, und das ist, denke ich, auch der Grund, weshalb die Tänzerinnen ihr das Mitlachen verübeln. Sie ist nicht dabei, steht am Rande des Geschehens, anstatt mitzuwirken und *mittendrin* zu sein im »Tanz des Lebens«.

Dabei würde sie doch so gerne dazugehören, fühlt sich verkannt und bedroht. Das ist eben die andere Seite des *Darinseins*: die Angst, in der Gruppe *unterzugehen*, die Individualität zu verlieren, die Furcht vor dem *verschlingenden* Aspekt der Gemeinschaft. Deshalb ist sie wohl auch Beobachterin und gehört nicht zu den tanzenden Frauen. Ihr wird abschätziges Verhalten unterstellt, sie würde die Frauen wegen ihrer Leibesfülle auslachen. Dabei fällt ihr ein, daß ihre Mutter ebenfalls eine sehr korpulente Dame war und sie deshalb als Kind oft lachen mußte. Regelmäßig reagierte die Mutter mit Ohrfeigen darauf, die Tochter konnte ihr Kichern dennoch nicht kontrollieren. Es floß einfach so aus ihr heraus und verband sich schließlich immer mehr mit der Angst, dafür bestraft zu werden, wenn sie Gefühle (die sich durch Lachen ausdrückten) zeigte.

Das hat sie sehr verunsichert und ihr einen freien, unvoreingenommenen Zugang zur Welt und zu den Menschen verstellt. Sie nimmt statt dessen meist eine Beobachterrolle ein, obwohl sie doch selbst so gerne mittanzen würde, das heißt in die Gemeinschaft integriert wäre.

Die *Lösung* des Problems wird wohl darin bestehen, die erlernte Zurückhaltung *loszulassen*, wieder einzuüben, sich auf das Geschehen *einzulassen*, und die weiblichen Wesensteile, die von den Tänzerinnen dargestellt werden, zu integrieren. Diese inneren Tänzerinnen sind anscheinend zu Recht verstimmt darüber, daß sie stiefmütterlich behandelt werden, und reagieren deshalb ziemlich heftig. Die Frau-Holle-Assoziation dürfte dabei als bedrohliche Geste des Mutterarchetypen verstanden werden. Das verschlingende Element der »großen Mutter«, wie C. G. JUNG diesen Archetypen nennt, begegnet ihr hier. Doch wie wir aus dem Märchen wissen, geschieht der Heldin nichts, sie wird nicht gefressen, sondern erhält den gerechten Lohn für ihren Arbeitseinsatz bei Frau Holle – einen Lohn, der ihr in der Menschenwelt bei der Stiefmutter versagt blieb.

Dazu erinnerte sich die Träumende, daß sie in den Augen ihrer Eltern auch nie richtig handelte und ständige Ablehnung erdulden mußte. Das Gefühl, nie gut genug zu sein und deshalb nicht dazuzugehören, manifestierte sich. Die *Lösung*, die das Märchen *»Frau Holle«* zu bieten hat, mag ihr ein Trost und eine Perspektive sein. Zunächst muß sie lernen, die Erwartungen und Hoffnungen auf eine »irdische Gerechtigkeit« als vergebliche Liebesmühe, die auf infantilen Wünschen und *Illusionen* beruht, zu erkennen. Solange sie im Außen darum kämpft und wie im Traum versucht, sich zu erklären, ihre redlichen Absichten zu beweisen, solange wird sie doch draußen stehen. Die *Lösung* des Dilemmas bestünde vielmehr darin, den Reichtum *in* sich selbst zu finden, sich mit den inneren Tänzerinnen zu verbinden, anstatt mit äußerer Anerkennung zu spekulieren. Vertrauen, Gelassenheit und innere Sicherheit sind die »Belohnungen«, welche die innere Frau Holle für uns hat, wenn wir die Rätsel unseres Lebens anpacken und lösen.

Traumstücke einer Nacht im FISCHE-Monat: Eingeparkt und Der steinige Weg

»Ich höre von einem ganz besonderen Haus und mache mich mit dem Auto auf den Weg dorthin, um es mir anzuschauen. Ich will sehen, was da so Besonderes daran ist. Es liegt am Waldrand und ist ein ansprechendes, herrschaftliches Zweifamilienhaus mit großen Fenstern und einem parkähnlichen Garten. Bislang kommt es mir aber nicht besonders vor – bis auf die Giebelseite, die fünf Fenster hat. Hier sind der Länge nach drei Wohnungen abgetrennt, zwei mit je zwei Fenstern und eine mit einem Fenster. Ich wundere mich über diese Hausaufteilung. Dann gehe ich um das Haus herum, sehe eine Wohnung mit Wintergarten, die sehr schmal ist, angeblich jedoch nach hinten noch weiter hinaus verläuft. Ich gucke in das Fenster und sehe eine Hausbedienstete in Dienstmädchenuniform. Ich erkenne das Klavier meiner Freundin und denke, daß es wohl ihre Wohnung sei. Die Wohnung ist hell und hat viele Pflanzen. Irgendwie finde ich es doch komisch hier und will wegfahren, doch ein dunkles Auto, das hinter meinem Wagen parkt, nimmt mir den Raum. Ich überlege, was ich tun könnte, ob ich auf den Fahrer warten soll, doch dann entscheide ich mich spontan dazu, durch das angrenzende Gartengrundstück über die Wiese auf die Straße zurückzufahren.

In der nächsten Szene befinde ich mich in einem ruhigen und vornehmen Viertel in meiner Heimatstadt. Es ist ein schöner Sommertag, und ich denke mir, daß ich hier gerne wohnen würde.

In der letzten Szene bin ich zu Fuß in einer felsigen Gegend unterwegs und treffe auf meine inzwischen verstorbene Patin und deren Mann. Ich schaue in ein weites Tal, eine schöne Landschaft, die ein Fluß durchzieht. Meine Paten gehen dort hinunter. Ich will auch gerne mitgehen, bin jedoch nicht schwindelfrei. Und da der Weg recht steil bergab führt, nehme ich einen anderen, bequemeren Weg, der nicht so steil und felsig ist. Wir wollen einander unten wieder treffen. Ich habe das Gefühl, daß es in Ordnung geht.«

Die Lebenssituation der Erzählerin, einer Seminarteilnehmerin in den Dreißigern, ist von dem starken Wunsch nach einer beruflichen Neuorientierung geprägt, da sie mit ihrer bisherigen Arbeit sehr unzufrieden ist. Sie würde gerne eine Zusatzausbildung absolvieren, um beruflich eine bessere Position zu erreichen und ansprechendere Tätigkeiten ausüben zu können. Es fällt ihr aber nicht leicht, sich das zuzugestehen, und ihre Ängste, es könnte mißlingen, haben ihre Initiative bislang blockiert. Sie hat Bedenken, sie würde es sich zu leicht machen und es stehe ihr eigentlich nicht zu, einen »bequemen« Weg zu wählen.

Die dritte Traumsequenz signalisiert ihr jedoch, daß es völlig in Ordnung für sie ist, einen Lebensweg zu wählen, der ihr gerecht wird. Auch wenn es die Generation ihrer Patentante wegen des Weltkrieges sehr viel schwerer mit der Lebensbewältigung hatte. Die Kriegsgeneration mußte in der Tat einen steinigen Weg zurücklegen, wie die Paten im Traum auch den steilen und steinigen Weg in das harmonische Tal beschreiten. Doch die Traumseele will die Träumerin ermutigen, sich einen Weg zu gönnen, der nicht so steil und steinig ist. Es wird nicht von ihr verlangt, ebensolche Entbehrungen auf sich zu nehmen, wie das die Verwandten auf ihrem Lebensweg zu tragen hatten. Doch das muß sie selbst erst begreifen und die Hürden und Hindernisse, die sie sich durch ihre Bedenken und Grübeleien selbst aufbaut, *loslassen*. Der neue Weg kann nur gefunden werden, wenn vorher die beschränkenden Vorstellungen *über Bord* gehen.

Im ersten Traumteil werden ihre blockierenden dunklen Gedanken in dem dunklen Auto manifest. Nach der Besichtigung des »besonderen Hauses«, das sie aber gar nicht so besonders findet (weil es ihr anscheinend nicht entspricht!), will sie wegfahren, doch ihr Auto ist zugeparkt. In dem Wagen, der ihr keinen Raum zum Wenden läßt, nehmen ihre Depressivität und die dunklen Gedanken, die ihr das Fortkommen im Leben bislang erschweren, Gestalt an. Und während ihr Verstand bei der Traumbesprechung typischerweise überlegt, ob das in Ordnung war, einfach durch ein Gartengrundstück über die Wiese zu fahren, um aus der Situation herauszukommen, handelt ihr Traum-Ich spontaner, fährt einfach drauflos und überwindet so mit Leichtigkeit das Hindernis.

Sie fragt sich: »Will ich es mir vielleicht zu einfach machen, die berufliche Sackgasse, in der ich mich befinde, dadurch zu *lösen*, daß ich ausschere, *aussteige* und die Situation – wie im Traum mit dem Auto – auf unüblichen Wegen verlasse?«

Dabei wäre nur von ihr verlangt, mit ihren Impulsen und dem, was ihr Leben an Möglichkeiten, Einfällen und Zufällen zu bieten hat, *mitzufließen*. Der Traum sagt: »Du darfst es dir erleichtern und Hindernisse auf unkonventionelle Weise umgehen, anstatt ewig davorzustehen und zu grübeln.«

Das angeblich besondere, herrschaftliche Haus sagt ihr nicht zu. Auch in der Realität will sie die Herrschaftsstrukturen der Institution, bei der sie beruflich tätig ist, nicht mehr ertragen. Die Weiterbildung würde ihr zumindest für eine längere Zeit ermöglichen, sich davon zu befreien, sie *loszulassen.* Im Traum scheint sie auf der Suche zu sein, und was sie zu finden hofft, ist ein neues Haus, in dem sie sich einrichten und wohl fühlen kann, also ein Lebens- und Persönlichkeitsgebäude, das ihr entspricht. Was sie sucht, ist ein neuer Weg, der irgendwo zwischen dem Herrschaftshaus und dem steinig-steilen Weg liegt. In dem kurzen Mittelteil des Traumes befindet sie sich in einer Seelenlandschaft, die ihr wohltut. Das angenehme Wohnviertel, in dem sie auch in der Realität gerne leben würde, ist Ausdruck eines positiven Lebensgefühles, das es zu stabilisieren gilt: ein sonniges Gemüt, frei von Hektik, *gelöst* und guter Dinge.

Ihre WAAGE-Betonung erschwert ihr das Loslassen, denn dieser Archetyp ist in großem Maße am Du orientiert. Ihre Befürchtungen, der Gartenbesitzer könnte darüber verärgert sein, lassen sie an ihrem Befreiungsversuch mit dem Auto zweifeln; einen WIDDER-betonten Menschen würde das kaum von seinem Vorhaben abbringen. Und dann ist da ja noch die Freundin, die in dem angeblich besonderen Haus zu wohnen scheint. Die Träumende läßt sich aber nicht davon beeindrukken, geht ihrer Wege, was für eine WAAGE einen Fortschritt bedeutet. Um die eigenen Wege auf der Suche nach sich selbst zu finden, bedarf es für WAAGE-Geborene vor allem des Loslassens von einer übergroßen Bezogenheit auf andere Menschen, deren Interessen, Meinungen und Werturteilen. Erkennt die Erzählerin, daß die anderen Menschen, so sehr sie nach außen auch ein herrschaftliches Bild darstellen mögen, so besonders auch nicht sind, wird sie leichter loslassen können.

Traum im FISCHE-Monat: Die helfende Hand des Himmels

»Mein Mann liegt seitlich auf dem Boden und hat seinen Kopf in die rechte Hand gestützt. Er wirkt ganz entspannt, obwohl sich an seinem Körper eine kleine weiße Schlange mit schwarzen Flecken befindet. Sie ist sehr lebendig und beweglich und schlängelt sich an ihm hoch. Ich denke: ›Hoffentlich ist sie nicht giftig.‹ Mein Mann hingegen ist von der Schlange nicht irritiert. Dann sehe ich die Schlange flach und ausgestreckt auf dem Boden liegen. Sie wirkt jetzt leblos. Ich sehe, wie eine männliche Hand nach ihr greift, die Schlange am Kopf packt und sie umdreht. Ich kann jetzt ihren Bauch sehen und erkenne, daß es nur die leere Schlangenhaut ist und die Schlange weg ist. Ich bin erleichtert und denke beim Aufwachen: ›Wo mag sie jetzt wohl sein?‹«

Das FISCHE-Thema lautet hier: *Loslassen* der Sorgen und übergroßen Verantwortung gegenüber dem Partner; Hilfe durch die *innere Führung*.

Durch ihre Betonung des Erdelements neigt die Träumerin – lassen wir sie Nora heißen – dazu, sich zuviel Verantwortung aufzubürden, sich für ihre Mitmenschen zu sehr verantwortlich zu fühlen. Das trifft, wie sie selbst sagt, vor allem auf ihre Partnerbeziehung zu. In der Realität wie im Traum sorgt sie sich sehr um die Gesundheit beziehungsweise Unversehrtheit ihres Mannes. Der Traum zeichnet jedoch ein ganz anderes Bild von ihm. Während die Schlange, die an ihm hochkriecht, Nora große Sorgen bereitet, liegt er *entspannt* und *gelöst* auf dem Fußboden.

Bei der Traumbesprechung reagiert Nora wütend auf seine Haltung, fühlt sich benutzt und zuwenig anerkannt. Sie hat ihm bislang viel abgenommen und ihm dadurch viel Bequemlichkeit geschaffen. Ihre Ängste und Sorgen projiziert sie im Traum auf die kleine Schlange, die sich an seinem Körper hochschlängelt. Die *Lösung* des Problems bestünde für sie darin, die Sorgen und Befürchtungen *loszulassen* und statt dessen *Vertrauen* ins Leben zu entwickeln.

Um dieses Vertrauen zu stärken, wird ihr in diesem Traum gezeigt, daß sie mit ihren Problemen nicht allein ist, sondern wie von *unsichtbaren Kräften geführt* und beschützt wird. In dem Traumbild der *hilfreichen Hand aus dem Nichts* erfährt sie eine Unterstützung, mit der sie nicht gerechnet hat. In der Bibel kennen wir diese hilfreichen Kräfte als Engel, die unsichtbaren Begleiter und Beschützer der Menschen. Die helfende Hand zeigt ihr, daß ihre Befürchtungen unrealistisch sind: Die Schlange ist hohl, es ist »nichts dahinter«. Nora reagiert erleichtert, obwohl schon die nächsten Zweifel im Hintergrund lauern: »Wo wird sie wohl jetzt sein?« ist der erste Gedanke beim Aufwachen.

Dieser Traum, an den sie sich nach einer angespannten Familiensituation erinnerte, bewirkte, daß sie manches *gelassener* sehen konnte. Sie hatte das Gefühl, daß etwas »*Giftiges*« weg war, das sie im familiären Bereich als sehr belastend erlebt hatte. Nachdem sie vorher im sprichwörtlichen Sinne *aus der Haut gefahren* war, konnte sie die belastenden Emotionen *loslassen*, und der Druck konnte weichen. Auch in körperlicher Hinsicht fühlte sie nach längerer Krankheit einen Wendepunkt. Das Eingreifen der (helfenden) Hand erlebte sie als ein *überirdisches Gefühl*, eine Be-*handlung*, die sie von ihrer Seele erfahren durfte, eine *innere Heilung*. Sie fühlt sich jetzt viel wohler in ihrer Haut, und wenn sie die helfende Hand nicht vergißt, wird sie diesen Gefühlszustand stabilisieren können.

Als hilfreiche Ergänzung zu diesem Traum bietet sich das Nachempfinden des Gedichtes *»Herbsttag«* von RAINER MARIA RILKE an, das *Fallen* und *Getragensein* poetisch ausmalt:

Herbsttag

Die Blätter fallen, fallen wie von weit,
als welkten in den Himmeln ferne Gärten;
sie fallen mit verneinender Gebärde.

Und in den Nächten fällt die schwere Erde
aus allen Sternen in die Einsamkeit.

Wir alle fallen. Diese Hand da fällt.
Und sieh dir andre an: es ist in allen.

Und doch ist Einer, welcher dieses Fallen
unendlich sanft in seinen Händen hält.

Um tiefer in die Gefühle einzutauchen, bot sich zu diesem Traum außerdem ein Phantasiedialog mit der Schlange an. Im vertrauensvollen Rahmen der Seminargruppe fand die Teilnehmerin die »helfende Hand«, sich auf die hochkommenden Emotionen einlassen und die Gefühle dadurch besser loslassen zu können.

Traum im FISCHE-Monat: Ein geheimnisvoller Auftrag

»Ich muß im Traum eine Aufgabe lösen, die mir jedoch nicht bekannt ist. Ich will mich eigentlich davor drücken, doch der Auftraggeber, der unsichtbar bleibt, spricht mir Mut zu und bejaht meine Frage, ob ich dazu in der Lage sei. Ich bekomme von ihm drei heilige Gegenstände zur Erfüllung der Aufgabe: ein Schwert, dessen Klinge die Form eines ›V‹ hat, einen Knauf mit drei grauen Stäben daran und ein rundes, goldenes Amulett mit Pentagramm-Muster. Ich erhalte die Gegenstände, wie in der Kirche, auf einem Altar dargeboten. Hinter dem Altar trennt ein rötlich-violetter Samtvorhang das Allerheiligste ab. Es herrscht eine feierliche Stimmung.«

Als FISCHE-Thema steht im Vordergrund: Geheimnisvolle Einweihung, Opfer, eine rätselhafte Aufgabe, ein unsichtbarer Auftraggeber.

Der Träumende, ein Familienvater und STIER-Geborener, erfährt durch den unsichtbaren Auftraggeber die *numinose* Kraft, die *jenseits* unserer begrifflichen Vorstellungen an der *Lösung* unserer Lebensrätsel helfend mitwirkt. In diesem Traum wird die *göttliche Führung* erlebbar, die den Erzähler auffordert, eine *geheimnisvolle* Aufgabe zu *lösen*. Wir denken hier unwillkürlich an die Märchenhelden, die auf ihrem Weg, ihrer Suche allerlei hilfreiche magische Gegenstände erwerben und hilfreiche Freunde finden, um die unterschiedlichsten Prüfungen zu bestehen. Der Träumer weiß noch nicht, welche Aufgabe er eigentlich zu lösen hat. Das bleibt vorerst *unbewußt* und erscheint daher noch *rätselhaft*.

Die Ebene der FISCHE gehört zu jenen Seelenregionen des kollektiven Unbewußten, welche C. G. JUNG als »grundsätzlich nicht bewußtseinsfähig« bezeichnet hat. Was wir von diesem Tiefenbereich jedoch erhaschen können, ist eine Ahnung, ein intuitives Gespür für die »*göttliche Kraft*«, die im *Jenseits* unserer Vorstellungswelt wirkt. Solche inneren Erfahrungen geben uns eine unerschütterliche innere Sicherheit.

Für einen STIER-Geborenen ist das Thema »Sicherheit« *zentraler* Lebensaspekt. Möglicherweise besteht die gestellte Aufgabe für ihn gerade darin, durch die Traumarbeit Selbstsicherheit zu entwickeln. Die Gegenstände, die er zur Lösung erhält, sind Hinweise auf den Inhalt der Aufgabe. Es sind allesamt männliche Symbole, die ihn auffordern, seine männliche Kraft zu entdecken und zu integrieren. In einer *feierlich-spirituellen Atmosphäre* bekommt er die hilfreichen und schützenden Gegenstände auf einem *Altar* dargeboten. Er befindet sich nahe dem *Allerheiligsten*, welches durch den rötlich-*violetten* Vorhang abgetrennt ist. Es ist der *heilige Platz* im *Inneren* des *Mandala* damit gemeint, ein zutiefst symbolisches *inneres* Geschehen, dessen volle Dimension der Träumer aber noch nicht imstande ist zu begreifen.

Bloßes Analysieren wird diesem Traum nicht gerecht. Vielmehr ist es wichtig, in der *weihevollen Empfindung* zu bleiben, sich *einzufühlen*, was sich da im *verborgenen* vollzieht. *Geheimnisse* zu früh ans Licht zu bringen, kann deren Zerstörung bedeuten. Es ist wie mit einer Schwangerschaft, die eben ihre Zeit braucht und bei der jede vorzeitige, willkürliche Unterbrechung lebensbedrohend für die Entwicklung des neuen Lebens ist. Dieser Traum weckt Assoziationen zur *Gralssage* und zu *Einweihungen* in *Geheimbünde*. Hier bietet sich an, über entsprechende Literatur den »Faden weiter zu spinnen«, den der Traum initiiert hat.

Traum im FISCHE-Monat 1993: Fußballspiel und Tanz in der Kirche
»Der Traum spielt auf einem Fußballplatz, neben dessen Längsseite ein mit Wasser gefüllter Graben entlangführt. Beim Spielen fällt der Ball in den Graben. Ich springe hinein, treibe den Ball den Graben entlang nach vorn und bin eine Zeitlang für die anderen nicht mehr zu sehen. Dann steige ich aus dem Graben heraus auf das Spielfeld und flanke auf das Tor.

Dann bin ich vor einer Kirche. Man sagt, der Papst würde in Kürze hier Einzug halten. Ich stehe mit anderen Spalier vor der Kirchentür. Ein hoher kirchlicher Würdenträger kommt und geht zum Altar. Ich sitze jetzt vorne in einer Kirchenbank, neben mir sitzen Kinder. Neben dem Altar soll getanzt werden. Ich überlege, mit welchen Kindern ich tanze. Ich reihe mich mit einem Jungen, den ich aus meiner Kindheit kenne, in den Tanz ein. Es ist ein Kreistanz.«

Das FISCHE-Thema ist: Entwicklung einer *ganzheitlichen Spiritualität* durch *Überwindung* der Polarität des Diesseits und Jenseits von Körper und Geist, Lebenslust und Spiritualität.

Der Traumerzähler, in der Kindheit und Jugend ein gläubiger Katholik und Ministrant, ist auf der Suche nach einem neuen Zugang zum *Glauben*, nach einer Spiritualität, die nicht einseitig auf geistig-jenseitige Freuden ausgerichtet ist, sondern auch die lebendige (tänzerisch-spielerische) Seite des gegenwärtigen Lebens beinhaltet. Sein starkes kirchliches Engagement wandelte sich während der Jugendzeit zur leidenschaftlichen sportlichen Betätigung. Und gegenwärtig sucht er die sportlich-kämpferische und die transzendentale Ebene miteinander zu *verbinden*. Sein Bemühen, eine *Einheit* herzustellen, findet im Traum in dem *Kreistanz* neben dem *Altarheiligtum* seinen Ausdruck. Der Träumende wird durch die Traumseele daran erinnert, daß *wahre Hingabe* an das Leben keinen Aspekt ausklammert, sondern alle Seiten bejaht, auch die scheinbar profanen.

Seine alten Glaubenssätze und Einstellungen zum Leben sind dabei, sich *aufzulösen.* Wie der Traum vorführt, tendiert er in eine Richtung, mit dem Leben spielerischer umzugehen, einen neuen Rhythmus zu finden. Während er am Anfang des zweiten Traumstückes noch ehrfürchtig Spalier vor dem hohen kirchlichen Würdenträger steht, ist später von diesem keine Rede mehr. Statt dessen treten die Kinder in den Vordergrund. Hier wird die Notwendigkeit der Integration unserer kindlichen Seiten deutlich, wenn wir auf dem Weg zu unserer inneren Einheit sind. Wenn CHRISTUS im Neuen Testament sagt, wir könnten nur in das Himmelreich gelangen, wenn wir wieder »werden wie die Kinder«, dann ist diese Weisheit für unseren Seminarteilnehmer durch den Traum lebendig nachvollziehbar. Gemeint ist, die Welt und das Leben wieder mit offenen Augen und offenem Herzen zu sehen und das kindliche Staunen wiederzuentdecken. Das bedeutet nicht, daß wir *kindische* Wesenszüge entwickeln sollen! Kindisch werden wir vor allem dann, wenn wir die Bedürfnisse der inneren Kinder unterdrücken beziehungsweise die kindlichen Seiten abspalten, anstatt sie zu integrieren. Um die Weisheit des Christuszitates innerlich zu verwirklichen, müssen wir unsere Vorstellungen, Vorlieben und Abneigungen *loslassen* und dem Dasein mit Unvoreingenommenheit beziehungsweise innerer Freiheit begegnen. Echte *mystische* Erlebnisse und Erleuchtungen finden weit entfernt von religiösen Dogmen und Glaubensvorstellungen statt. Jeder wahre Mystiker hat eine gute Verbindung zum inneren Kind. Daraus schöpft er die Empfangsbereitschaft für die mystische Erfahrung der *Einheit.*

Bei unserem Träumer ist zur Zeit vor allem dessen starke mütterliche Prägung, welche die Entfaltung seiner männlichen Anteile bislang blockierte, in einer *Auflösung* begriffen. Indem er sich auch von »Mutter Kirche« emanzipiert, verliert sein inneres Mutterbild im allgemeinen an Einfluß. Die Übermacht des Mutterarchetypen, die ihn – wie der erste Traumteil zeigt – in den »Wassergraben« des Unbewußten zog, scheint *überwunden.* Nach längerer Zeit des »*Abtauchens*« von der Bildfläche betritt er das Spielfeld des Lebens wieder und kann sich nun seinem Spiel widmen, den Lebenskampf wiederaufnehmen.

Die Nähe zum *Altar,* der in der katholischen Tradition als Ort der *Wandlung* und *Versöhnung* gilt, zeigt ihm die Notwendigkeit, sich mit seinem Leben und Schicksal zu *versöhnen* und auch seine schwachen

Seiten anzunehmen. Er ist im Begriff, diesen wichtigen Schritt zu vollziehen, denn er tanzt im Traum mit einem Jungen aus seiner Kindheit, den er vor allem als Schwächling in Erinnerung hat. Dieses Kind symbolisiert seine eigenen Schwachpunkte, mit denen er sich durch den Tanz *verbindet*. Tanzend stellt er eine *Einheit* zwischen den Polen stark – schwach, aktiv – passiv her.

Schließlich ist durch den Einzug der hohen kirchlichen Autorität auch eine *Versöhnung* mit dem Vaterthema nahegelegt. Insgesamt gesehen kündigt dieser Traum das *Ende* einer längeren Yin-Phase an, während der unser Erzähler mehrere Jahre lang sehr stark introvertiert lebte.

Traum vom 24.2.93: Verhüllung

»Ich bin mit Axel, meinem neuen Freund, auf einem Faschingsball. Ich sitze auf seinem Schoß, will ihn eigentlich fotografieren, aber eine Stimme, die plötzlich ertönt, sagt mir, daß ich noch kein Bild knipsen soll. Gleichzeitig rutscht ein dunkles Tuch auf sein Gesicht, so daß es ganz verdeckt ist.«

Als FISCHE-Thema gilt: Verschleierung, Heimlichkeit, Lüge.

In der Realität fühlte sich unsere Erzählerin von Axel *hintergangen*, als sie ihn und eine bislang *verheimlichte* »Nebenbuhlerin« zufällig im Auto sah. So ertappte sie ihn bei einer sie sehr verletzenden *Lüge*.

Der Traum, den sie *vor* dieser »Enthüllung« träumte, forderte sie auf, sich noch kein abschließendes Bild von Axel zu machen. Sie hatte anscheinend bislang einen falschen Eindruck von ihm, beurteilte ihn zu »rosig«. Das Tuch, das sein Gesicht *verschleiert*, erinnert an den »Schleier der Maya«, der *illusionserzeugenden* Kraft des Universums. Dieses Traumbild legt, auf der Objektstufe gedeutet, nahe, daß Axel nicht sein wahres Gesicht zeigte, vielleicht aus Angst, vielleicht aus Berechnung. Die »Verschleierung« im Traum provoziert geradezu eine »Entschleierung«. Und auch in der Realität hatte die Träumerin das Bedürfnis, »klar Schiff« zu haben, anstatt, wie bisher, solche *Versteckspielchen* mitzuspielen. Sie hat in dieser Hinsicht schon genügend schlechte Erfahrungen gesammelt und ist der Illusionen und Enttäuschungen allmählich überdrüssig.

Dieser Traum ist ein gutes Beispiel dafür, wie unser Unbewußtes alle *Illusionen* und *Täuschungen* durchschaut und uns darauf hinweisen will. Gerade wer dazu neigt, sich etwas vorzugaukeln, findet in den Träumen – so er/sie will! – wundervolle Ratgeber, die aus den Täuschungen herausführen.

Traum vom 9.3.92: Die erotische Statue
»Meine Frau hat ohne meine Erlaubnis verschiedene Gegenstände von mir in den Müll geworfen. Zufällig entdecke ich das und fische einige kleine Figuren, zum Beispiel eine anmutige Inderin (die ich auch in der Realität besitze) und andere asiatische Masken und Schnitzereien, heraus.

Dann ist meine Frau nackt, und als ich mit ihr schmusen will, entdecke ich, daß sie einen Penis hat, und dies berührt mich unangenehm.«

Bei diesem Traum eines meiner Klienten handelte es sich vordringlich darum, zu starre erotische Vorstellungen *loszulassen*. Die Ehefrau kommt ihm dabei zu Hilfe und wirft seine, für die Beziehungsrealität untauglichen, »maskenhaften« Anschauungen in den Müll. Der Träumer bestätigte, daß ihn diese Partnerschaft zwar sehr fordere, andererseits aber seine Entwicklung dadurch fördere. Die Figuren und Masken sind Symbole für seine *Selbsttäuschung*, die er hier zunächst wieder zurückholt – ein gewisser *Rückschritt*, ein Rückfall in *illusionäre* Vorstellungen, der durch diesen Traum jedoch erkannt und relativiert werden konnte.

Das zweite Traumstück verdeutlicht die erotischen Probleme des Träumenden. Seine Frau, die er auch in der Realität als ziemlich stark und männlich erlebt, spiegelt hier den Zustand seiner eigenen weiblichen Seite wider. Diese ist zu männlich, wie der Penis demonstriert. Vor dem Hintergrund der FISCHE ist er dazu aufgefordert, seine Anima zu *erlösen*, damit diese ihre weibliche Erotik zurückerlangen kann.

Traum vom 5.3.94: Die Heimkonferenz
»Es findet eine Heimkonferenz statt. Der Heimleiter sagt, im nächsten Jahr muß ein Haus geschlossen werden. Ich hoffe, daß damit nicht unsere Gruppe gemeint ist. Auch überlege ich mir, wo wir denn dann die vielen Utensilien unterbringen sollen. Unsere Abstellkammer quillt ohnehin schon über.

In der nächsten Szene sehe ich ein überdimensional großes Pferd, dessen Körperproportionen nicht stimmen. Seine Beine sind viel zu lang. Es steht hinter einem sehr hohen Gatter, über das es nur zu schauen vermag, wenn es sich aufbäumt. Es will heraus und tut mir leid, aber ich denke, daß ich ihm doch nicht helfen könne.«

Die junge Frau, die von diesem Traum berichtet, arbeitet im Heimbereich. Es verwundert deshalb nicht, wenn der Traum ihr Arbeitsfeld in seine Botschaft einbaut. Daher ist auch zunächst die Frage zu stellen, ob der Traum auf die berufliche Realität abzielt. Sie bejahte diesen Sachverhalt und erklärte, daß bei einem Rückgang der Bewohnerzahl tatsächlich immer wieder mit der *Schließung* einer Abteilung zu rechnen sei.

Damit könnten wir uns jetzt begnügen und annehmen, der Traum würde die Ängste der Träumenden vor Veränderung oder Kündigung, das heißt vor dem *Loslassen* von gewohnten Lebensstrukturen, ausdrücken. Als wir dann die Idee hatten, die Heimkonferenz auf das eigene Heim, das Zuhause der Betroffenen, zu beziehen, stellten wir fest, daß der Traum wohl vor allem auf diese Ebene anspielte. Die Seminarteilnehmerin erwähnte, daß sie ihre alte Mutter bei sich zu Hause pflegte und sehr unter dem Druck litt, der damit auf ihr lastete. Vor allem durch die Vermittlung von Schuldgefühlen hielt die alte Frau ihre Tochter unter Kontrolle. Sätze wie »Eigentlich willst du mich ja lieber los sein« waren der Undank dafür, daß die Tochter bislang auf ein eigenes Familienleben zugunsten der Mutter verzichtete. Daß die junge Frau dadurch ihre eigenen Kräfte sehr beschnitten hat, wird im zweiten Traumstück deutlich. Das Pferd, welches die vitale Triebnatur der Träumerin verkörpert, ist in ein übergroßes Gatter eingesperrt und leidet unter dem Freiheitsentzug. Das ist sicherlich der Grund für seine Mißgestalt. Noch kann sich die Träumende nicht vorstellen, dieser Seite ihres Wesens mehr Raum zu geben, also ein lebendigeres Dasein, frei von Schuld, Druck und Zwang, zu führen – trotz der spontanen Phantasie, am liebsten sofort auf dem Pferd zu reiten.

Zunächst ist die junge Frau aufgefordert, die FISCHE-Lektion zu lernen, bevor sich eine innere Neugeburt und ein Wiederfinden der Vitalkraft (WIDDER) einstellen kann. Die innere Heimkonferenz hat entschieden und der Heimleiter, die innere Autorität, verkündet, daß ein Haus zu schließen ist. Auf ihre Verhältnisse übertragen, bedeutet das, daß sie etwas *aufgeben*, *loslassen* muß. Etwas soll *zu Ende gehen*, und wir dürfen vermuten, daß es auch mit der belastenden Beziehung zur Mutter in Zusammenhang steht. Daß die Abstellkammer nahezu überquillt, unterstreicht die Notwendigkeit, sich von alten, abgestellten Gegenständen – Vorstellungen, Einstellungen, Werten und Idealen, die für sie nicht mehr zeitgemäß sind – zu *trennen*. Und vermutlich haben Mutter und Tochter von verschiedenen Perspektiven aus das unbefriedigende Gefühl, »abgestellt« zu sein.

Auch hier wird die Notwendigkeit des *Loslassens* nahegelegt. Wie das umzusetzen ist, bleibt abzuwarten. Zunächst stellt sich der jungen Frau die Aufgabe, nach Alternativen zu suchen und sich vor allem nicht mehr durch Schuldgefühle beherrschen zu lassen. Die alten und kranken Eltern bei sich aufzunehmen und zu pflegen, ihrem Bedürfnis nach Versorgung gerecht zu werden, ist keine leichte Aufgabe. Häufig sind dabei die Beteiligten psychisch und physisch überlastet, besonders dann, wenn die unbewußten Eltern-Kind-Spiele weitergeführt werden und die aufopfernde Mühe – vor allem der Töchter – mißbraucht wird. Schließlich darf es nicht so weit kommen, daß jemand sein eigenes Leben zugunsten eines anderen Menschen *aufopfert*! Dies ist sicher kein *Opfer*, das »von Gott gewollt« sein könnte! Handlungen, die uns nicht gerecht werden, entfalten auch für andere Menschen keine segensreiche Wirkung. Ob sich die Träumerin Alternativen zu ihrer jetzigen Lage vorzustellen vermag, hängt auch davon ab, ob sie *loslassen* kann. Nicht selten halten die an einer unbefriedigenden Situation Beteiligten aus Gewohnheit und Angst vor Veränderung an den alten, entwicklungshemmenden Strukturen fest. Im Falle unserer Erzählerin ist es nicht nur die Mutter, die sie festhält und sie durch Schuldgefühle unterdrückt. Es liegt auch an der Tochter, sich von ihrer Seite aus vollständig »abzunabeln«.

Mit der »Heimkonferenz« will die Traumregie die Träumende aufrütteln, die notwendigen Veränderungen in ihrem Heim zu vollziehen und die freiwerdende Energie für die Pflege des Pferdes (ihrer Vitalkraft) einzusetzen.

Traum vom 26.2.94: Ausspucken

»Meine Frau (von der ich in Wirklichkeit getrennt lebe) und ich haben im Traum noch eine gemeinsame Wohnung. Die Gegend hier ist unwegsam, einsam, aber sehr schön. Die Wohnung ist eine Art Wohngemeinschaft, doch die Mitbewohner sind nicht da. Meine Frau ist zu mir zu Besuch gekommen, um etwas zu holen. Wir kramen alle möglichen alten Sachen hervor und schauen sie an, zum Schluß einen alten Tabaksbeutel. Ich nehme den Inhalt in den Mund. Dann spucke ich den alten Tabak durch ein Fenster auf einen schmalen Hof zum Nachbarhaus aus. Es fühlt sich scheußlich an, das trockene Zeug im Mund zu haben. Beim Versuch, den Mund auszuspülen und den Tabak herauszubekommen, wache ich auf. Das Licht wirkt düster, abendlich, es herrscht eine Abschiedsstimmung.«

Der Mann, der diesen Traum mitteilt, lebt seit einigen Monaten getrennt von seiner Ehefrau. Jetzt, im FISCHE-Monat, wird ihm durch die Träume gezeigt, was er noch *loslassen* muß. Die *Einsamkeit* der gemeinsamen Wohnung im Traum konfrontiert ihn mit den Gefühlen des *Allein-* und *Verlassenseins* nach dem Weggang seiner Frau. Er sollte sich allerdings auch fragen, wie *vertraut* ihm seine Ehe überhaupt war, wie *nahe* er seiner Frau wirklich stand. Möglicherweise fühlte er sich auch während der Ehejahre innerlich *einsam* – ohne sich dessen so deutlich bewußt zu werden. Die Wohngemeinschaftsatmosphäre läßt auf eine Zweckgemeinschaft schließen, welche die beiden möglicherweise miteinander gebildet haben, ohne sich dessen bewußt zu sein.

Die Frau ist im Traum gekommen, um etwas zu holen und *Abschied* zu nehmen, wie die *Abschiedsstimmung* am Schluß nahelegt. Der Träumende wird durch das Hervorholen der alten Sachen mit der Notwendigkeit *loszulassen* konfrontiert. Es sind Erinnerungen an die gemeinsam verbrachte Zeit, die gemeinsamen Erlebnisse und Freuden, aber auch die Wut und die Schmerzen, die sich in Trennungszeiten immer einstellen, die die *Trauerarbeit* begleiten und verarbeitet werden wollen. Wie »trocken« die Beziehung gewesen sein mag, bekommt der Erzähler in Gestalt des alten, trockenen Tabaks zu schmecken. Statt diese unbekömmliche Speise, die ihm im Hals steckenblieb, hinunterzuschlucken, wird er vom Traum zum Ausspucken aufgefordert. Unsere Umgangssprache kennt die Wendung »Spuck's aus!« – unser Gegenüber soll etwas Unterdrücktes aussprechen, auch Farbe bekennen und das *herauslassen*, was bislang *verheimlicht* blieb. Für den Träumenden kann das bedeuten, daß er *Illusionen* losläßt und die Trockenheit, das heißt den Mangel an »Wasserelement« (*Gefühlstiefe* und *Vertrauen*), in der ehemaligen Partnerschaft beziehungsweise in sich selbst realisiert.

Traum vom 15.3.94: Keine Lust zum Bügeln
»Ich bin in einem mir unbekannten größeren Raum. Es ist hell, Tageslicht, und es herrscht eine kühle Atmosphäre. Im Zimmer befinden sich etwa zwölf bis vierzehn mir fremde Männer, die alle an einem länglichen Tisch sitzen. Die Köpfe wirken gesichtslos; alle Männer tragen weiße Hemden. Jemand sagt zu mir, ich solle all diese Hemden bügeln. Ich reagiere ablehnend, werde richtig wütend und sage, daß ich das nicht tue.«

Diese Seminarteilnehmerin haben wir bereits im Abschnitt über Symbole durch den Traum vom »Kettenkarussell« kennengelernt; der »Bügeltraum« folgte kurz darauf. Er zeigt, daß sie den inneren Zwang, es allen recht zu machen, allen Ansprüchen zu genügen, *loslassen* konnte. Wenn der FISCHE-Archetyp die *Auflösung* zum Thema hat, so werden wir gerade auch im FISCHE-Monat mit der Notwendigkeit der *Auflösung* von Verdrängungen konfrontiert. Die Träumende empfindet Wut – ein positives Zeichen dafür, daß die Unterdrückung beziehungsweise »Vereisung« ihrer Trieb- und Aggressionsseite (WIDDER-/MARS-Prinzip) im »*Auftauen*« begriffen ist.

Hat sie früher alles »geschluckt« und erfüllt, was von ihr verlangt wurde, setzt sie sich jetzt zur Wehr. Sie ist dessen überdrüssig, ständig »auszubügeln«, was andere verdarben, ständig helfen zu müssen und ausgenutzt zu werden. In der Überzeichnung des Traumes, der ihr vierzehn Männer vorsetzt, deren Hemden sie bügeln soll, wird ihr klar, welches Spiel sie lange Zeit mitgespielt hat – aus Angst davor, ihre »weiße Weste« zu verlieren, das heißt, das Prädikat »hilfreich und gut« einzubüßen. Als ebenso steril und kühl, wie sie den Traumort empfunden hat, muß ihr das Leben erschienen sein. Gelingt es ihr, den *Auflösungsprozeß* untauglicher Lebensstrukturen fortzusetzen, wird eine neue Lebendigkeit (WIDDER) wiedergeboren.

Diesen ermutigenden Traum träumte die Teilnehmerin während eines Seminars im FISCHE-Monat. Am Seminartag davor hatte das Beispiel einer Leidensgenossin sie aufgewühlt und vieles in ihr in Bewegung gebracht (eine Bestätigung dafür, wie hilfreich die Gruppenarbeit für die Selbsterfahrung sein kann).

Traum im FISCHE-Monat: Das Opfer

Der folgende Traum mutet biblisch an und erinnert an die Prüfung, welche Gott Abraham auferlegte, als er ihm die Opferung seines einzigen Sohnes Isaak befahl (Genesis 22, 1–19).

»Ich soll meine Kinder opfern, abschlachten. Zuerst bin ich damit einverstanden, denke, daß es wohl sein müsse. Ein Bekannter von mir richtet schon das Schlachtmesser auf die Kinder, als ich völlig schokkiert realisiere, was da eigentlich abläuft. Völlig hysterisch versuche ich den Mord zu verhindern. Schließlich kommen die Kinder mit einem kleinen Einschnitt am Rücken glimpflich davon.«

Was im Alten Testament für Abraham ein Beweis für dessen absolutes Vertrauen in die göttliche Führung ist, läßt sich auf unser heutiges Dasein nicht so einfach übertragen. Seine Kinder zu opfern ist sowohl auf der Subjekt- als auch auf der Objektstufe ein äußerst negativer Tatbestand. Auch bei der Mutter, die diesen Traum hatte, handelt es sich in keiner Weise darum, den »Willen Gottes« zu vollziehen und ihm ihr Liebstes zu opfern. Sie läuft im Gegenteil Gefahr, durch ihr Verhalten Wesentliches aufzugeben. Ihr Verhalten droht die realen Kinder und auch die inneren Kinder, die Symbole für ihre Entwicklung sind, ernsthaft zu gefährden. Zum Glück durchschaut sie im letzten Moment, was sie anrichtet, und die Beteiligten kommen mit dem Schrecken davon. Der »kleine Einschnitt«, der sichtbar zurückbleibt, ist ein »Mahnmal«, nicht noch einmal wegen zweitrangiger Interessen ihr teuerstes Gut zu opfern.

Das FISCHE-Thema »Opferung« ist für uns »moderne Menschen« eine Quelle von Fehldeutungen und Mißverständnissen. Neigen wir doch dazu, nicht der Stimme unseres göttlichen Wesenskernes zu folgen, sondern den vielen »Versuchungen« dieser Welt nachzugeben. Für Anerkennung, Besitz, Geld und Macht haben wir schon häufig unsere Seele dem »Teufel« verkauft. Wenn wir betrachten, welche große Opfer – unsere natürlichen Lebensgrundlagen und Ressourcen! – wir für (scheinbaren) Wohlstand, (vermeintliche) Sicherheit und Mobilität täglich erbringen, wird der Verlust an wesentlicher Lebensqualität deutlich. Denken wir nur an den »Moloch« Straßenverkehr, der Jahr für Jahr Tausende von »Menschenopfern« fordert und indirekt durch Zubetonierung und Luftverpestung unsere »dritte Haut«, die Umwelt, gnadenlos vernichtet.

Vor allem auch im FISCHE-Monat sollten wir deshalb darüber nachdenken, welcher Verzicht lohnenswert ist, welche Opfer hingegen einen ernsthaften Verlust bedeuten, beziehungsweise was wir als einzelne dazu beitragen können, um unseren inneren und äußeren Kindern eine lebenswertere Welt zu bieten und zu hinterlassen.

Traum im FISCHE-Monat: Die Flucht

»Ein Kunde des Ladens, in dem ich arbeite, verfolgt mich. Ich flüchte auf einen Berg, rutsche auf der anderen Seite wieder herunter. Bin dann in einem großen Gebäude, weiß, daß ich fliehen muß. Etwas Böses ist hinter mir her. Ich denke, daß ich von diesem Haus weit weg muß. Im Treppenhaus treffe ich meinen Sohn. Durch eine Glastüre sehe ich Taxistände und denke: ›Nichts wie weg mit einem Taxi‹. Doch alle Taxis fahren mir vor der Nase davon. Mit meinem Kind an der Hand bin ich jetzt in der Berliner Innenstadt. Inzwischen weiß ich nicht mehr, wer uns eigentlich verfolgt und wohin ich will. Ich weiß nur, daß ich schnell weg will. Wegen des Kindes möchte ich dies aber etwas langsamer bewerkstelligen.«

Die Träumende ist eine FISCHE-Geborene; für sie hat dieser Archetyp demnach eine zentrale Bedeutung in ihrem Dasein. Ihr Traum bringt ihr die Schattenseite der FISCHE nahe. Fluchtverhalten im Traum ist kaum positiv zu bewerten, zeigt es doch die Angst und Weigerung des Träumenden, sich mit einer Angelegenheit, einem Mitmenschen oder einer inneren Wesensseite auseinanderzusetzen.

Unsere Träumerin wird zunächst von einem Kunden den Berg hinaufgejagt. Das kann ein Bild für ein reales Problem mit ihrer beruflichen Tätigkeit sein, sich manchen Kunden nicht gewachsen zu fühlen. Die Wurzel des Problems, die Angst vor unangenehmen Situationen beziehungsweise Zeitgenossen, zeigt uns das nächste Traumbild. Das »Böse« schlechthin ist jetzt die Bedrohung, vor der sie erneut die Flucht ergreift. Daß ihr alle Taxis »vor der Nase« wegfahren, ist ein Signal der Traumregie hierzubleiben, anstatt wegzulaufen – dem »Bösen« ins Auge zu blicken, um es dadurch zu entschärfen, zu desillusionieren. Schließlich ist es doch so, daß alles, vor dem wir davonlaufen, in unserer Phantasie immer bedrohlichere Ausmaße annimmt. Letztlich fliehen wir vor unseren eigenen Angstvorstellungen, die mit der Realität meist nichts mehr gemeinsam haben und zum großen Teil auf kindlichen *Illusionen* beruhen.

Als »böse« bezeichnen wir in der Sprache der Tiefenpsychologie jene Wesenskräfte, die in die Dunkelkammer des Unbewußten verdrängt wurden und dadurch unentwickelt blieben beziehungsweise »verroht« sind. Häufig handelt es sich hier um die WIDDER-/MARS-Seite, die sich unter anderem als männliche Trieb- und Aggressionskraft in unserem Leben manifestiert. Die Erzählerin hat in ihrer eigenen Kindheit damit keine guten Erfahrungen gesammelt, ihr Leben mit den Eltern schildert sie als »Hölle«. Da sie ihre Kindheit hauptsächlich in Berlin verbrachte, wird deutlich, wovor sie flieht beziehungsweise was sie trotz der vielen Jahre, die inzwischen vergangen sind, noch immer verfolgt.

Für FISCHE-Geborene ist das Thema »*Auflösung*« von zentraler Wichtigkeit. Vor allem die Verdrängungen sollen aufgelöst und die unterdrückten Seelenkräfte befreit werden, die aus der *Einheit* der Gesamtpersönlichkeit gerissen und abgespalten wurden. Für unsere Träumende würde das bedeuten, gerade die männlich aggressive Wesensseite zu integrieren, um sich in ihrem Leben besser durchsetzen, abgrenzen und schützen zu können. Aber vor dieser läuft sie noch davon! Ihr Sohn, den sie im Traum bei sich hat, symbolisiert hier auf der Subjektstufe diese, in der Entwicklung befindliche, männliche Seite. Daß sie wegen seines Wohlergehens das Tempo der Flucht verlangsamt, ist günstig zu bewerten. Durch die Auseinandersetzung mit ihren Träumen nähert sie sich ihren Ängsten und verdrängten Emotionen allmählich; ihre späteren Träume bestätigten die positive Entwicklung.

Traum im FISCHE-Monat: Auflösungserscheinungen

»Vom Asylantenwohnheim aus, in dem ich arbeite, sehe ich, wie in einem Nachbargrundstück Bäume gefällt werden. Das scheint mir nicht erlaubt, und ich will die Polizei anrufen. Ich suche im Telefonbuch nach der Nummer, kann sie aber nicht finden.

In meinem Büro warte ich wegen des Umzugs auf einen Transporter. Ein Asylbewerber würde mir beim Umzug helfen. Doch das Auto kommt nicht, wir müssen noch warten.«

Dieser Traum ließ mich bereits ein Jahr vor dem *Ausscheiden* aus einer mehrjährigen Tätigkeit als Leiter einer Beratungsstelle für Asylbewerber wissen, daß die »Tage dieses Jobs gezählt« waren. Zum einen sind es die gefällten Bäume, zum anderen ist es der fällige Umzug, welche auf die bevorstehende Veränderung beziehungsweise *Auflösung* hinweisen. Meine Bedenken, ob das auch richtig sei, finden ihren symbolischen Ausdruck in der Suche nach der Telefonnummer der Ordnungshüter. Da ich die Nummer der Polizei nicht finden kann, scheint es in Ordnung zu sein, daß die Bäume entfernt werden – daß meine Verbindung zu dieser Tätigkeit »abgeschnitten« wird. Andererseits war es damals, zum Zeitpunkt des Traumes, noch nicht soweit, denn das Umzugsauto läßt auf sich warten.

Genau ein Jahr später wurde dieser Traum Wirklichkeit. Hauptsächlicher Auslöser, die Tätigkeit niederzulegen, war die *Schließung* dieses Heimes im FISCHE-Monat 1993 und die damit verbundene Umverlegung der Bewohner, die im Traum bereits in prophetischer Weise zum Ausdruck kam. Als sich parallel zu diesen Veränderungen für mich neue berufliche Aspekte ergaben, erkannte ich, daß es an der Zeit war, die Zelte hier *abzubrechen*, um anschließend neue Wege zu gehen.

Literaturhinweise

Traumarbeit

ANN FARADAY: *Deine Träume – Schlüssel zur Selbsterkenntnis.* Fischer TB-Verlag, Frankfurt/Main 1980.
PATRICIA GARFIELD: *Der Weg des Traum-Mandala.* Ansata Verlag, Interlaken 1981.
HELMUT HARK: *Träume als Ratgeber.* Walter Verlag, Olten 1983.
HELMUT HARK: *Der Traum als Gottes vergessene Sprache.* Walter Verlag, Olten 1985.
JÜRGEN VOM SCHEIDT: *Das große Buch der Träume.* Heyne Verlag, München 1985.
HILDEGARD SCHWARZ/NORBERT TEUPERT: *Das Bilderbuch der Träume. Neue Möglichkeiten des Verstehens.* Ariston Verlag, Genf/München 1992.
HILDEGARD SCHWARZ: *Mit Träumen leben – Einsichten.* Verlag Darmstädter Blätter, Darmstadt 1981.
HILDEGARD SCHWARZ: *Aus Träumen lernen.* Knaur Verlag, München 1987.

Astrologie

STEPHEN ARROYO: *Astrologie, Psychologie und die vier Elemente.* Hugendubel Verlag, München 1982.
NIKOLAUS KLEIN/RÜDIGER DAHLKE: *Das senkrechte Weltbild. Symbolisches Denken in astrologischen Urprinzipien.* Hugendubel Verlag, München 1986.
PETRA NIEHAUS (HRSG.): *Sternenlichter. Astro(Jahres)kalender.* Verlag Petra Niehaus, Aachen.
FRITZ RIEMANN: *Lebenshilfe Astrologie. Gedanken und Erfahrungen.* Pfeiffer Verlag, München 1976.
DANE RUDHYAR: *Die astrologischen Zeichen. Der Rhythmus des Zodiak.* Hugendubel Verlag, München 1983.
HANS TAEGER: *Astroenergetik. Die zwölf kosmischen Energien.* Papyrus Verlag, Hamburg 1983.

Psychologie

FRANZ ALT (HRSG.): *Das C. G. Jung-Lesebuch.* Walter Verlag, 6. Auflage, Olten 1988.
CARL GUSTAV JUNG: *Grundwerk.* 9 Bände. Walter Verlag, Freiburg 1984.
CARL GUSTAV JUNG: *Der Mensch und seine Symbole.* Walter Verlag, Olten 1979.
CARL GUSTAV JUNG: *Erinnerungen, Träume, Gedanken.* Walter Verlag, Olten 1979.

Bücher zu FISCHE-Themen

FRANZ ALT: *Frieden ist möglich. Die Politik der Bergpredigt.* Piper, 25. Auflage, München 1989.

ANGELUS SILESIUS: *Der cherubinische Wandersmann.* Diogenes Verlag, 7. Auflage, München 1991.
Die Bibel. Altes und Neues Testament. Einheitsübersetzung. Herder Verlag, Freiburg o. J.
FRITJOF CAPRA: *Das Tao der Physik.* Scherz Verlag, Bern-München 1984.
MEISTER ECKEHART: *Werke.* Zwei Bände. Deutscher Klassiker Verlag, Frankfurt/Main 1993.
Das Geheimnis der goldenen Blüte. Walter Verlag, 15. Auflage, Olten 1982.
ROMANO GUARDINI: *Vom lebendigen Gott.* Matthias-Grünewald Verlag, 3. Auflage, März 1991.
HELMUT HARK: *Träume vom Tod.* Kreuz Verlag, Stuttgart 1987.
LAO-TSE: *Tao Te King.* Hugendubel Verlag, 7. Auflage, München 1991.
MAX PICARD: *Die Welt des Schweigens.* Piper Verlag, München 1988.
Das tibetanische Totenbuch. Walter Verlag, 18. Auflage, Olten 1993.
RICHARD WILHELM (Hrsg.): *I Ging – Das Buch der Wandlungen.* E. Diederichs Verlag, 21. Auflage, München 1993.
HELLMUT WOLFF: *Metaphysik der Ehe.* Bernadette Wolff Verlag, Kempten 1985.

Seminarhinweis

Leserinnen und Leser, die sich für Seminare oder Einzelberatungen des Autors interessieren oder eine Horoskopgrafik erstellen lassen wollen, wenden sich bitte an folgende Adresse:

Norbert Teupert, Postfach 16 01 44, D-95427 Bayreuth

Die Tierkreisreihe von Norbert Teupert im Ariston Verlag umfaßt folgende Bände:

Die Rätsel des Lebens
Energetische Astrologie und Traumarbeit
(erschienen) ISBN 3-7205-1821-3

Die FISCHE und ihre Lebensrätsel
(erschienen) ISBN 3-7205-1855-8

Der WIDDER und seine Lebensrätsel
(erschienen) ISBN 3-7205-1823-X

Der STIER und seine Lebensrätsel
(erschienen) ISBN 3-7205-1825-6

Die ZWILLINGE und ihre Lebensrätsel
(erschienen) ISBN 3-7205-1857-4

Der KREBS und seine Lebensrätsel
(erscheint 1995) ISBN 3-7205-1863-9

Der LÖWE und seine Lebensrätsel
(erscheint 1995) ISBN 3-7205-1865-5

Die JUNGFRAU und ihre Lebensrätsel
(erscheint 1995) ISBN 3-7205-1867-1

Die WAAGE und ihre Lebensrätsel
(erscheint 1996) ISBN 3-7205-1869-8

Der SKORPION und seine Lebensrätsel
(erscheint 1996) ISBN 3-7205-1871-X

Der SCHÜTZE und seine Lebensrätsel
(erscheint 1996) ISBN 3-7205-1873-6

Der STEINBOCK und seine Lebensrätsel
(erscheint 1996) ISBN 3-7205-1875-2

Der WASSERMANN und seine Lebensrätsel
(erscheint 1996) ISBN 3-7205-1877-9